Historische Aspekte
im Mathematikunterricht an
Schule und Universität
G. Biegel, K. Reich, Th. Sonar (Hg.)

Historische Aspekte im Mathematikunterricht an Schule und Universität

*Tagungsbericht einer gemeinsamen Tagung
der Technischen Universität
Carolo-Wilhelmina in Braunschweig,
des Braunschweigischen Landesmuseums
und der Universität Hamburg
am 2. und 3. Oktober 2004*

Herausgegeben von

Gerd Biegel, Karin Reich, Thomas Sonar

Termessos

Dr. h.c. Gerd Biegel, M.A.

Braunschweigisches Landesmuseum
Burgplatz 1
38100 Braunschweig

Prof. Dr. Karin Reich

Institut für die Geschichte der Mathematik
und der Naturwissenschaften
Universität Hamburg
Bundesstraße 55
20146 Hamburg

Prof. Dr. Thomas Sonar

Computational Mathematics
Technische Universität Braunschweig
Pockelsstraße 14
38106 Braunschweig

Termessos
Göttingen / Stuttgart 2008

ISBN 978-3-938016-08-4

Inhaltsverzeichnis

Vorwort   7
Gerd Biegel   Karin Reich   Thomas Sonar

Wie wird mit den Fingern gezählt und gerechnet?   11
Thomas Bensch

Genetischer Aufbau der reellen Zahlen   23
Harald Boehme

Adam Ries(e) und das Rechnen auf den Linien
– Erfahrungen mit Grundschulkindern   41
Claudia Böttinger

Die Mathematik des Adam Ries im Vergleich mit der
heutigen Mathematik des Realschullehrplans   55
Michaela Hauser

Der Ursprung unserer Zahlschrift, Proportionen
und die Einführung der reellen Zahlen.
Ein Unterrichtskonzept für die 9. Klasse   69
Claudia Knütel

„Woher die Zahlen kommen" – ein Projekttag
der „kleinen Kinder-Uni" in Erfurt   83
Uta Knyrim

Das Teilungsproblem
Ein Beispiel für den Einsatz historischer Quellen
im Stochastikunterricht *103*
Eckhard Lohmann

Mathematik verstehen mit Geschichte
Ein Plädoyer zur Einbeziehung historischer Aspekte
in Unterricht und Ausbildung *111*
Arne Madincea

Bericht über eine Vorlesung „Kulturgeschichte der
Mathematik" im Rahmen des Lehramtsstudiums *121*
Knut Radbruch

Der Jesuitengelehrte Christoph Scheiner
und sein Lehrbuch zum Zeichengerät Pantograph *137*
K. Richter und S. Schöneburg

Einige Beiträge der Mathematikgeschichte
zur Lehramtsausbildung *199*
Peter Ullrich

Erfahrungen mit Einführungsvorlesungen
Geometrie und Analysis *231*
Gerhard Wanner

Personenindex *265*
Bibliographische Angaben zum Buch, Errata *270*

Vorwort

Die Kenntnisse unserer Abiturienten im Fach Mathematik haben sich in den letzten Jahren im Mittel in beängstigender Weise verschlechtert. Auch das Fach Geschichte erfreut sich im schulischen Bereich keiner großen Begeisterung und das Unwissen vieler junger Menschen über historische Zusammenhänge bei Veranstaltungen im Braunschweigischen Landesmuseum oder in unseren mathematik- und kulturhistorischen Vorlesungen an der Technischen Universität Carolo-Wilhelmina in Braunschweig und an der Universität Hamburg ist zuweilen atemberaubend. So mag es nicht verwundern, dass sich die Mathematikgeschichte als Kombinationsfach in unserem Land auf dem Rückzug befindet. Während in Großbritannien an inzwischen mehr als 25 Universitäten mathematikhistorische Studiengänge bzw. Kurse etabliert sind, sind schon mathematikhistorische Institute bei uns die absolute Ausnahme und im universitären Leben eines Studierenden der Mathematik spielen mathematikhistorische Vorlesungen, wenn sie denn überhaupt angeboten werden, nur eine untergeordnete Rolle.

Trotzdem ergeben sich durch die Mathematikgeschichte interessante Impulse für den Mathematikunterricht einerseits, aber auch für den Geschichtsunterricht andererseits. Die von Otto Toeplitz Anfang des 20. Jahrhunderts aus der Taufe gehobene „genetische Methode"[1] lehrt mathematische Sachverhalte auf den Spuren ihrer geschichtlichen Entwicklung. Schüler und Studierende lernen Mathematik nicht in Form von scheinbar aus dem Nichts geborenen Theoremen und Definitionen, sondern durch Rückgriff auf die Meister, in deren Arbeiten sich die Begriffe und Resultate aus gewissen Notwendigkeiten herausgeschält haben. Einer von uns hat im Wintersemester 2002 eine einführende Analysisvorlesung genetisch gehalten und die Erfahrung gemacht, dass sich die Studierenden deutlich länger begeistern ließen, als das mit der üblichen Methode möglich gewesen wäre. Leider ist die genetische Methode weitestgehend verschwunden, da sie zeitaufwändiger ist als die herkömmliche axiomatische Methode. Eine äußerst rühmliche Ausnahme unserer Tage macht da die Analysisvorlesung der beiden Genfer Mathematiker Hairer und Wan-

---

[1] O. Toeplitz – Entwicklung der Infinitesimalrechnung I: Eine Einleitung in die Infinitesimalrechnung nach der genetischen Methode. *(Springer-Verlag, 1949).*

ner[2]. Aus der reichhaltigen Literatur des englischen Sprachraumes heben wir nur die Arbeit des Schotten George Phillips[3] hervor und auch in den USA finden wir einschlägige Veröffentlichungen[4]. Da sich die genetische Methode nicht nur für die universitäre Lehre, sondern auch – und gerade – für den schulischen Unterricht eignet, haben wir im Jahr 2004 beschlossen, eine gemeinsame zweitägige Tagung zum Thema Historische Aspekte im Mathematikunterricht an Schule und Universität durchzuführen. Als Gastredner konnten Herr StD Arne Madincea von der Herder-Oberschule Berlin und die Universitätskollegen Profs. Dres. Peter Ullrich (jetzt Koblenz/Landau) und Gerhard Wanner (Genf) gewonnen werden. Nach der Versendung von Werbematerial für diese Tagung war die Reaktion überwältigend: in kürzester Zeit hatten wir ein anspruchsvolles Programm aus Schule und Universität zusammen und während der Tagung konnten bis zu 50 Zuhörer gezählt werden. Nach langer Zeit des Wartens ist es nun soweit: Der Tagungsbericht liegt vor!

Wir möchten uns bei allen bedanken, die zum Erfolg dieser Tagung beigetragen haben. Das sind in erster Linie die Vortragenden, aber auch die Heinzelmännchen hinter den Kulissen, die uns mit Kaffee, Tee und Keksen versorgt haben; insbesondere Frau Dorothea Agthe und Frau Ines Engling, die, ohne mit der Wimper zu zucken, ein Wochenende ihrer Freizeit geopfert haben, um die Tagung zum Erfolg zu bringen. Herr StD Markus Eberle gehörte unserem Organisationsteam an und sorgte nicht nur dafür, dass unsere Tagung für Lehrkräfte als offizielle Fortbildung anerkannt wurde, sondern kümmerte sich auch um die Kaffeeversorgung. Der Firma Heimbs-Kaffee ist zu danken, dass sie zum wiederholten Male unbürokratisch und kostenlos eine ihrer großen Kaffeemaschinen und dazu den herrlichen Heimbs-Kaffee zur Verfügung gestellt hat. Herr StR Uwe Feyerabend gehörte ebenfalls zum Organisationsteam und steuerte im Vorfeld wertvolle Hinweise bei. Herrn Klaus P. Sommer gebührt unser Dank, diesen Tagungsband in das Programm seines Termessos-Verlages aufgenommen und es mit einem Personenregister versehen zu haben.

Unsere Tagung wurde inspiriert durch die Tagung *„History in the Undergraduate Mathematics Curriculum: Why and How?"* der *British Society for the History of Mathematics (BSHM)* im November 2003 in Oxford. Für diese

---

[2] E. Hairer, G. Wanner – Analysis by Its History. *(3te Auflage, Springer-Verlag, 2000).*

[3] G. M. Phillips – Two Millennia of Mathematics. *(Springer-Verlag, 2000)*

[4] V. Katz (edt.) – Using History to Teach Mathematics: An International Perspective. (The Mathematical Association of America, 2000);
R. Calinger (edt.) – Vita Mathematica: Historical Research and Integration with Teaching. (The Mathematical Association of America, 1996).

Inspiration und die neidisch machenden Einblicke in die wissenschaftliche Verankerung der Mathematikgeschichte an britischen Universitäten danken wir der BSHM und speziell der Organisatorin der Oxforder Tagung, Frau Dr. Eleanor Robson.

Wir würden uns sehr freuen, wenn wir mit der Tagung und dem vorliegenden Tagungsbericht nicht nur einen Beitrag zur Aufwertung der genetischen Methode geleistet hätten, sondern auch zur Annäherung von schulischem und universitärem Mathematikunterricht.

Braunschweig, im März 2007

Gerd Biegel   Karin Reich   Thomas Sonar

Wie wird mit den Fingern gezählt und gerechnet?

Thomas Benesch

Kurzzusammenfassung

Dieser Artikel führt durch die magische Welt der Zahlen und erzählt von Ursprüngen des Zählens und Rechnens mit dem Körper. Es werden Arbeitsweisen aus früheren Kulturen zum Thema „zählen und rechnen" dargestellt. Einfache, aber umso mehr verblüffende Methoden zum Rechnen im Kopf runden diesen Artikel ab.

Einleitung

In den nachfolgenden Seiten wird anhand unterschiedlicher Zahlen die Bedeutung derselben im täglichen Sprachgebrauch aufgezeigt. Ebenso wird der Zusammenhang von Aufzählungen betrachtet, die in rhythmischer – manchmal sogar mystischer – Form ihre Verwendung für einprägsame (Werbe-) Zwecke oder auch nur Er„zähl"ungen finden.

Ein weiterer Schwerpunkt liegt im historischen Entstehungsprozess des Zählens. Dieser wird mittels Überlieferungen aus verschiedenen, alten Kulturen erklärt und darüber hinaus aufgezeigt, welche Anwendungen sich davon bis in die heutige Zeit durchgesetzt haben.

Das Thema Rechnen an sich wird mittels einer Begegnung mit (im europäischen Raum) unbekannten Methoden zur Multiplikation mit den Händen aufbereitet, ergänzend dazu erfolgt eine Anleitung zum so erstaunlichen wie wirkungsvollen „Wurzelziehen im Kopf".

Die Welt der Zahlen

Zum Einstieg werden Sie Teilhaber einer sehr verwunderlichen Entdeckung. Was meinen Sie, was haben „Don Quixote" und „Sancho Pansa" gemeinsam? In Cervantes' Roman treten die Namen Don Quixote und Sancho Pansa kurioserweise gleich oft auf: nämlich 2.143mal!

Ist das nun Zufall – oder vielleicht sehr bewusst gemacht? Ist in der Zahl 2.143 etwas Geheimnisvolles verborgen, ein Rätsel womöglich? Oder hat dies am Ende ohnedies keine Bedeutung und ist bloß eine witzige Sinnlosigkeit?

Doch wer kommt denn dann auf die kuriose Idee, diese beiden Begriffe einander überhaupt gegenüberzustellen? Viele offene Fragen und schuldig bleibt die Antwort …

Der folgende Teil widmet sich einer weitaus angenehmeren Tatsache, weil logisch und nachvollziehbar: es geht um die wunderbare Welt der Zahlen. Zu Beginn werden eingehend die Zahlen Zwei, Drei, Vier, Sieben, Zwölf und Sechzig betrachtet und der Mystik in ihrem Bezug gefolgt.

Die Zahl Zwei

In der ersten geraden Zahl, der Zwei, verbirgt sich nach Friedrich Rückert unheimlich Gefährliches:

> *Die Zwei ist Zweifel, Zwist,*
> *ist Zwietracht, Zwiespalt, Zwitter.*
> *Die Zwei ist Zwillingsfrucht am Zweige, süß und bitter.*

Die Liebe zur „Doppelsinnigkeit" der Zwei mit ihrer Bestimmung zur Paarbildung wird im sprachlichen Alltag bei Begriffen und im Rhythmus deutlich – sie ist daher im übertragenen Sinne keine „ein"sichtige Zahl …

Die Zahl Drei

Die Drei – wie alle ungeraden Zahlen – hat eine symmetriestiftende „Mitte", d.h. sie beinhaltet Anfang, Mitte und Ende. Die Drei ist die erste Zahl mit einer Mitte, mit einer Symmetrie.

Die römische Dreierregel *„Ehrenhaft leben, den anderen nicht verletzen, jedem das Seine geben"* und Goethes triadische Mahnung: *„Edel sei der Mensch, hilfreich und gut"* lassen sich in die Welt von heute übersetzten:

- Volkswagen Slogan: „Er läuft und läuft und läuft"
- Müll, Macht und Moneten
- Mars macht mobil
- Veni, vidi, vis(c)a(i)

Die Macht der Drei zeigt sich nirgendwo so brutal wie in der Dreiteilung, „Zukunft, Gegenwart und Vergangenheit". Die Drei ist weiters in unserer Sprache sehr stark verankert; denken Sie beispielsweise an die drei Musketiere, die heiligen drei Könige, die drei Affen (die nichts sehen, nichts hören und nichts sprechen). Außerdem gibt es bei guten Feen stets drei Wünsche frei und wenn wir schon fluchen, dann sollten wir dies in drei Teufels Namen tun! Der gesamte Alltag ist im Grunde überhäuft mit der Drei, wie die folgenden Beispiele aufzeigen:

- Beim Zählen: Eins, zwei, drei – ganz viele oder auch: er kann nicht bis drei zählen
  (dies deutet übrigens auf die Tatsache hin, dass wir ohne Ziffern wirklich nur drei unterschiedliche Gegenstände unterscheiden können).
- Bei Entscheidungen: eine schwierige Entscheidung sollten wir dreimal überdenken; vor dem Einkauf den Groschen dreimal umdrehen; aller gute Dinge sind drei und weiters traue keinem über Dreißig.
- Aber auch die Naturprozesse halten sich an die Zahl Drei: Essen – Verdauen – Ausscheiden und: Werden – Sein – Vergehen.

Die Zahl Vier – als ein geometrisches Quadrat

Der russische Maler Kasimir Malewitsch (1878–1935) hat das Quadrat in seinem Bild „Schwarzes Quadrat" verherrlicht, und dies zu Recht, denn jede Zahl ist die Summe von vier Quadratzahlen. Sehen Sie die Fundamentalzahlen in der Natur: die vier Mondphasen, die vier Himmelsrichtungen, die vier Jahreszeiten und auch die vier Winde.

Die Natur besteht aus vier Hauptgruppen: Mineralien, Pflanzen, Tiere und Menschen; es gibt weiters vier Haupteinteilungen der Tiere: kriechende, fliegende, zweibeinige und vierbeinige. Es gilt, vier Zustände zu unterscheiden: heiß, kalt, feucht und trocken. Nicht zu vergessen sind die vier zu durchlaufenden Lebensstufen: Säugling, Kleinkind, dann reifer Mensch und zuletzt der Greis. Und wie sieht es aus mit den vier anzustrebenden Kardinaltugenden: Klugheit, Tapferkeit, Besonnenheit und Gerechtigkeit?

Doch die Zahl Vier hat auch Bedeutung in der Astrologie: die Gliederung der zwölf Zeichen des Tierkreises mittels vier Elemente in vier Dreiergruppen:

feurige Zeichen:	Widder, Löwe, Schütze
luftige Zeichen:	Zwillinge, Waage, Wassermann
wässrige Zeichen:	Krebs, Skorpion, Fische
erdhafte Zeichen:	Stier, Jungfrau, Steinbock

Die Zahl Sieben

... findet sich etwa bei der Anwendung in Reden wie bei den Sieben Thesen, den sieben Punkten oder den sieben Verschwendungen (dies ist eine Warnung in japanischen Fabriken).

Die Sieben ist „ungezeugt" (sie ist eine Primzahl) und ist in der Dekade {1, 2, ... , 10} „nicht zeugend" (ihre Vielfachen 14, 21 ... gehören nicht zu dieser Dekade). Die Griechen waren versucht, sie mit der Göttin Athene zu vergleichen, die ungezeugt aus Zeus' Haupt entsprungen ist und keine Kinder hervorbringt. Die Griechen und die Sieben haben sich verewigt in den sieben Titanen, den sieben Weisen und klarerweise in den bekannten sieben Weltwundern. Doch es existieren noch weitere Verknüpfungen mit der Zahl Sieben.

- Bundesgesetzbuch: Im Alter von sieben Jahren wird der Mensch beschränkt geschäftsfähig, nach Ablauf der nächsten sieben Jahre religionsmündig, und nach weiteren sieben Jahren wurden sie in der guten alten Zeit „mündig"; heutzutage wird es der Jugendliche bereits mit 18 Jahren, weil vielleicht in heutigen Tagen alles besser geworden ist.
- In jedem siebten Jahr soll der Acker brach liegen, gleichermaßen auch verliehenes Geld.
- Selbst unser Körper besteht aus sieben Teile: Kopf, Brust, Bauch, zwei Hände und zwei Füße.
- Der siebte Tag ist gefährlich für Neugeborene, das siebte Jahr für die Ehe, auch Märchen ziehen die Sieben an.

Weiters tragen wir sieben mögliche Emotionen in uns: Freude, Trauer, Überraschung, Furcht, Wut, Ekel oder Verachtung. Es existieren sieben Grundeinheiten: Meter, Kilogramm, Sekunde, Ampere, Kelvin, Mol und Candela. Und nicht zuletzt erzählen unsere Märchen von

- den sieben Raben
- den sieben Schwaben
- den sieben Zwergen hinter den sieben Bergen und
- vom Wolf mit den sieben Geißlein.

Die Zahl Zwölf

Ganze zwölf Sternbilder geben der Zahl Zwölf einen göttlichen Rang. Zwölf ist die Summe der drei unmittelbar aufeinander folgenden Zahlen 3, 4, 5: 12 = 3 + 4 + 5; und die sumerisch-babylonische Grundzahl 60 ist das Produkt dieser Zahlen: 60 = 3 x 4 x 5.

Die angloamerikanische Jury besteht aus 12 Geschworenen; und die Umlaufzeit des Planeten Jupiter beträgt ebenfalls – wie Sie mittlerweile bereits vermuten werden – zwölf Jahre.

In Deutschland war das Zwölfersystem weit verbreitet. Die Längenmessung (ausgehend von der „Linie" = 2,18 mm) beträgt für 12 Linien = 1 Zoll, 12 Zoll = 1 Fuß und 12 Fuß = 1 Rute. Im Weinbau weist das Fassmaß „Stück" zwölfhundert Liter und im Fischverkauf ist das „Großhundert" genau 120 Stück, also 10 Zwölfer. Zwölf ist die Zahl der Stämme Israels, zwölf Tore hat das himmlische Jerusalem – und Zwölf ist auch die Zahl der Apostel.

Die Bedeutung des 60. Geburtstages

Unser sechzigster Geburtstag ist die sumerische „Große Eins", der „Große Nagel", die sumerische Neustartmarkierung. Die Zählschrift wurde von babylonischen Mathematikern und Astronomen kurz vor der Epoche des Königs Hammurapi erfunden (ungefähr 1792 – 1750 v. Chr.).

Die Zählschrift der babylonischen Gelehrten verwendete das sexagesimale System und davon lediglich zwei Ziffern: einen senkrechten Nagel für die Einheit 1 und einen Winkel für die Zahl 10. Die Zahlen von 1 bis 59 bildeten die Einer bzw. die Einheiten der 1. Ordnung. Die Sechziger stellten die Einheiten der 2. Ordnung dar und die Vielfachen von 60 (oder die Sechziger der Sechziger) die Einheiten der 3. Ordnung usw.

Der zahlenmystisch Beschlagene wird bei der Feier seines sechzigsten Geburtstages daran denken, dass 60 = 5 + 21 + 34 ist, und dass die Summanden 5, 21, 34 nicht inhaltsleere Zahlen sind, sondern vielmehr zu den wundersamen Fibonaccizahlen gehören!

Die Geschichte der Zahlen

Zählen, ohne eine Zahl zu kennen, nur durch das Zählen mit dem menschlichen Körper: Dies funktioniert, die Elema und die Papua Neuguineas, die Buschmänner in Südafrika, die Lengua aus dem Chaco von Paraguay haben ebenso wie andere Eingeborene Ozeaniens, Afrikas und Amerikas noch zu Beginn des 20. Jahrhunderts ein Verfahren benutzt, in dem sie sich in vorher festgelegter Reihenfolge auf die Finger der Hand und die Fußzehen, die Gelenke von Armen und Beinen, die Augen, die Ohren, die Nase, den Mund, auf den Brustkorb, die Brüste, die Hüften, das Brustbein bezogen. Und damit konnten sie je nach Stamm „visuell" bis 17, 29, 33 oder noch weiter zählen.

Der Zählvorgang verläuft so: nacheinander erfolgt ein Berühren der Finger der rechten Hand – beginnend mit dem kleinen Finger – dann das Handgelenk, der Ellbogen, die Schulter, das Ohr und das Auge der rechten Körperhälfte. Danach geht es weiter mit Nase und dem Mund, und dann zurück auf der linken Körperhälfte wieder mit dem Auge, dem Ohr, die Schultern, dem Ellbogen und dem Handgelenk, und zuletzt dem kleinen Finger der linken Hand. So sind diese Völker bis zur Zahl 22 gelangt! Wenn das nicht ausreichte, wurden anschließend die Brüste, die Hüften und das Geschlecht, weiters die Knie, die Knöchel und die Fußzehen von rechts nach links hinzu gefügt. Das sind demnach weitere 19 Einheiten und es wurde in Summe die Zahl 41 erreicht.

Zählen mit zehn Fingern – die Basis Fünf

Hier wird mit einer Hand gezählt und die zweite Hand als Erinnerungsstütze bei der Weiterführung zur Hilfe genommen.

Zunächst werden die fünf ersten Einer gezählt, indem nacheinander die Finger der linken Hand ausgestreckt werden. Sobald die Zahl Fünf erreicht ist, wird der rechte Daumen ausgestreckt und bis zehn weitergezählt, indem erneut die Finger der linken Hand gehoben werden. Danach den rechten Zeigefinger strecken, um die fünf weiteren Einer – die gerade gezählt wurden – festzuhalten. Auf diese Weise ist es möglich, bis 25 zu zählen. Sollte dies nicht genügen, so kann dieses Zählverfahren bis 30 erweitert werden, indem ein weiteres Mal die Finger der linken Hand gezählt werden.

Bei der Api-Sprache der Neuen Hebriden haben die ersten fünf Zahlen übrigens eigene Namen – und zwar werden die Zahlen Fünf bis Zehn wie folgt zusammen gesetzt:

- tai   für 1
- lua   für 2
- tolu   für 3
- vari   für 4
- luna   für 5 (wörtlich: die Hand)
- otai   für 6 (wörtlich: die neue Eins)
- olua   für 7 (wörtlich: die neue Zwei)

- otolu   für 8 (wörtlich: die neue Drei)
- ovari   für 9 (wörtlich: die neue Vier)
- lualuna für 10 (wörtlich: die beiden Hände)

Danach wird der letzte Name wie eine neue Zähleinheit benutzt. So wird für 12 beispielsweise folgendes gesagt: lualuna i lua (= 2 x 5 + 2).

Zählen mit zwanzig Fingern und Zehen – das Vigesimalsystem

Die ersten zwanzig Zahlennamen der Azteken können mit den Fingern und Zehen in Verbindung gebracht werden. Viele Völker haben die Basis Zwanzig benutzt, weil sie auch mit den zehn Zehen gezählt haben – bevorzugt zählten sie Lebewesen und Dinge in Zwanzigergruppen und deren Potenzen.

Beispiele:

Dieses System wird/wurde angewendet bei den Malinke in Westafrika, bei den Banda in Zentralafrika, den Yebu und Yoruba in Nigeria, den Tamana am Orinoco (am Fuße der Hochebene von Guyana in Venezuela), bei den Eskimo in Grönland, den Ainu auf der Insel Sachalin (nahe der ostasiatischen Künste, zwischen Japanischem und Ochotskischem Meer) und bei den Maya und Azteken im präkolumbianischen Mittelalter. So könnten, wie in Abbildung 1 veranschaulicht, Männer als „Zählmaschine" dienen, wenn sich zum Beispiel ein Stamm auf einen Kriegszug vorbereitet und die Anzahl seiner Krieger zählt.

Abb. 1: Männer dienen als „Zählmaschine"

Einige Beispiele aus der Sprache – Vigesimalsystem:

- Eskimo in Grönland und die Tamana am Orinoco: 53 = vom dritten Mann drei am ersten Fuß
- Banda in Zentralafrika: 20 = einen Mann nehmen
- Malinke in Westafrika: 20 = ein ganzer Mann und 40 = ein Bett (d.h. Anzahl von Fingern und Zehen von Mann und Frau in einem Bett).

Mit fünf Fingern bis Zwölf zählen

Im Handel wurde früher mit der Zahl Zwölf gezählt, wovon bis heute das Dutzend und das Gros (ein Dutzend Dutzend) zeugen. Mit dem Dutzend zählen – das Duodezimalsystem.

Es ist ohne weiteres möglich, von 1 bis 12 zu zählen, indem die Finger einer einzigen Hand benützt werden. Dabei werden mit dem Daumen nacheinander jedes der drei Glieder oder der drei Gelenke der vier Finger dieser Hand berührt. Jeder Finger hat drei Glieder oder Gelenke, die Glieder des Daumens werden nicht gezählt (da der Daumen die Zählung vornimmt), so dass sich das Dutzend dabei als Basis eines Zahlensystems ergeben kann. Veranschaulicht ist diese Methode auf Abbildung 2:

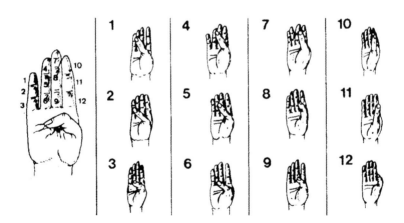

Abb. 2: Mit fünf Fingern bis Zwölf zählen

Verwendet wird dieses Zählsystem noch heute in Indochina, Pakistan, Afghanistan, Ägypten, Syrien, Türkei, Irak und im Iran.

Mit zehn Fingern bis Zwölf bzw. bis Sechzig zählen

Die rätselhafte Basis Sechzig – Verschmelzung zweier verschiedener Kulturen? 60 ist das kleinste gemeinsame Vielfache von 10 und 12 und die kleinste ganze Zahl, die als Teiler die ersten sechs Zahlen besitzt.

Das folgende Zählsystem ist ebenfalls noch in unseren Tagen vom Vorderen Orient bis nach Indien und Indochina in Gebrauch: an der rechten Hand von 1 bis 12 zählen, indem der Daumen nacheinander jedes der drei Fingerglieder der vier Finger dieser Hand berührt. Wenn so die Zwölf erreicht wird, den kleinen Finger der linken Hand krümmen. Dann an der ersten Hand auf dieselbe Weise mit dem Zählen von 13 bis 24 fortfahren. Ist die Zahl 24 erreicht, den linken Ringfinger umbiegen und dann an der rechten Hand von 25 bis 36 weiterzählen. Nun krümmt man den Mittelfinger der linken Hand und zählt auf diese Weise mit beiden Händen schließlich bis zur Zahl Sechzig, bei der die fünf Finger der linken Hand eine Faust bilden.

Dies ist eine weitere Methode der Zählweise, diesmal von den Inkas. An einer Hauptschnur waren verschiedene, dünnere Schnüre geknüpft, die in regelmäßigen Abstände Knoten aufwiesen. Der Inka nahm eine Schnur, auf der in gleichmäßigen Abständen Markierungen angebracht waren. Für die Einer der festzuhaltenden Zahl wurden nun auf der Höhe der vom unteren Ende der Schnur aus ersten Markierung entsprechend viele Knoten geknüpft; dann wurden die Zehner durch die entsprechende Anzahl von Knoten auf der Höhe der zweiten Markierung dargestellt, die Hunderter auf der Höhe der dritten Markierung und so fort. Für die Zahl 3.643 wurden beispielsweise drei Knoten auf der Höhe der ersten Markierung gemacht, vier Knoten auf der Höhe der zweiten, sechs Knoten auf der Höhe der dritten und drei auf der Höhe der vierten Markierung. Ein Beispiel der Zahl 3.643 nach der Methode der Inka zeigt Abbildung 3:

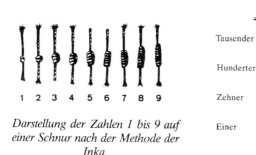

Darstellung der Zahlen 1 bis 9 auf einer Schnur nach der Methode der Inka.

Abb. 3: Darstellung der Zahl 3.643 nach der Methode der Inka

Ein ähnliches Beispiel kommt aus Peru, Bolivien und Ecuador (siehe Abbildung 4). Noch im 19. Jahrhundert zählten im peruanischen Hochland die Schäfer ihre Tiere mit Knoten:

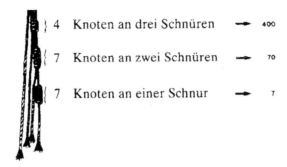

Abb. 4: Darstellung der Zahl 5.477 nach der Methode aus Peru, Bolivien und Ecuador

Rechnen: Mit Fingern und Kniffeleien

Die menschliche Hand lässt sich aber nicht nur zum Zählen, sondern natürlich ebenfalls gut zum Rechnen gebrauchen. Das Rechnen mit Fingern – so wie es heute noch in Indien, Irak, Syrien, Serbien und Nordafrika praktiziert wird – zeigt die nachfolgende Vorgehensweise (siehe dazu Abbildung 5).

Zuerst erfolgt ein Einknicken: (8–5) Finger einer Hand und (6–5) Finger der anderen Hand. Das Resultat: 4 Finger eingeknickt, 2 Finger an einer Hand und 4 an der anderen sind ausgestreckt; also: $8 \times 6 = 4 \times 10 + 2 \times 4 = 48$

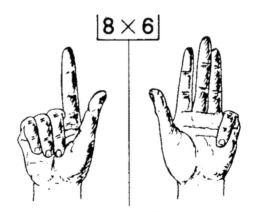

Abb. 5: Multiplizieren mit Fingern

Dieses konkrete Verfahren ist einfach unfehlbar und erlaubt die schnelle Durchführung von Multiplikationen aller Zahlen zwischen 5 und 10.

Ziehen der dritten Wurzel im Kopf

Nun kommt die Königsdisziplin: aus 4- bis 6-stelligen Kubikzahlen die Wurzel im Kopf auszurechnen! Wie dies funktioniert, erläutert der nachfolgende Abschnitt.

Als Beispiel dient die dritte Potenz einer zweistelligen Zahl, etwa 185.193. Die dritte Wurzel aus der angenommenen 4- bis 6-stelligen Zahl kann daher mit 57 angegeben werden. Eine 4- bis 6-stellige Zahl kann nur die dritte Potenz einer zweistelligen Zahl sein, da $10^3 = 1.000$ und $100^3 = 1.000.000$ ist.

Das Verfahren – erster Schritt (Zehner)

Es werden die Kubikzahlen betrachtet:

$1 (0)^3 = 1 (000)$
$2 (0)^3 = 8 (000)$
$3 (0)^3 = 27 (000)$
$4 (0)^3 = 64 (000)$
$5 (0)^3 = 125 (000)$
$6 (0)^3 = 216 (000)$
$7 (0)^3 = 343 (000)$
$8 (0)^3 = 512 (000)$
$9 (0)^3 = 729 (000)$
$0 (0)^3 = 0$

Mühelos kann die Größe der genannten Zahl in dieser Kolonne eingeordnet werden, so liegt 185.193 zwischen 125.000 und 216.000. Der gesuchte Wurzelwert liegt daher mit Sicherheit zwischen 50 und 60.

Das Verfahren – zweiter Schritt (Einer)

Die Kubenkolonne zeigt ferner, dass zu jeder Einerzahl der dritten Potenz eine einzige Einerzahl als Basis existiert. Im vorliegenden Beispiel von 185.193 kann der Einer 3 daher nur von 7 x 7 x 7 = 343 herrühren. Damit steht der Basiseiner 7 fest und das Ergebnis heißt: 57!

Schlussfolgerung

Dieser Artikel richtete seinen Fokus mit einem etwas anderen Blickwinkel zur Pädagogik darauf, die Welt der Zahlen nicht in herkömmlicher Form darzulegen. In diesem Zusammenhang ist festzuhalten, dass Ziffern, oder generell das Arbeiten mit Zahlen unter dem Oberbegriff der Mathematik keinesfalls grundsätzlich eine trockene Materie darstellen muss! Hilfreich zu einem veränderten Zugang erweist sich die Verbindung zum alltäglichen Sprachgebrauch, und schnell zeigt sich, wie selbstverständlich und bereichernd Zahlen im Vokabular wirken. Zur Darstellung der Leichtigkeit des Rechnens – wie das Multiplizieren oder Wurzelziehen – sind einfache Beispiele erläutert worden. Diese Methoden – wie verschiedene Varianten des Zählens mit dem Körper – sind zum Teil sehr alte Überlieferungen von Völkern, denen ihrerseits die Welt der Zahlen – so wie wir sie kennen – nicht geläufig war.

Dieser Artikel möchte etwas Bestimmtes bezwecken (und der Autor hofft, dies ist gelungen): Er möchte den Anreiz geben, einen wichtigen Schlüsselfaktor zu vermitteln – niemals den Spaßfaktor an der Mathematik zu vergessen (so wie Snoopy, der in Abbildung 6 den binomischen Lehrsatz zitiert) für letztendlich mehr Freude am Lernen!

Abb. 6: Snoopy von den Peanuts beim Zitieren des binomischen Lehrsatzes

Dipl.-Ing. Mag.rer.soc.oec. Mag.et.Dr.rer.nat. Dr.techn.Thomas Benesch
MBA MPA Institut für Medizinische Statistik
Medizinische Universität Wien
Spitalgasse 23
1090 Wien, Austria
E-Mail: thomas.benesch@meduniwien.ac.at

Genetischer Aufbau der reellen Zahlen

Harald Boehme

Einleitung

Nach E. Landau versteht man unter dem genetischen Aufbau der reellen Zahlen deren schrittweise Konstruktion. Ausgehend von den natürlichen Zahlen werden zunächst die positiven rationalen Zahlen konstruiert, die Schnitte darin sind die positiven reellen Zahlen, woraus sich dann unter Hinzunahme von Null und entsprechenden negativen Zahlen die Gesamtheit der reellen Zahlen ergibt. Jedoch widerspiegelt diese Konstruktion nicht die historisch-genetische Entwicklung der reellen Zahlen. Noch für R. Dedekind war die Stetigkeit der geraden Linie das Vorbild für die Vollständigkeit der reellen Zahlen, sie wurden immer als Größen aufgefasst, die geometrisch repräsentiert sind. Auch die Einführung der reellen Zahlen im Unterricht geschieht nicht als abstrakte Konstruktion, sondern folgt eher dem historischen Verlauf, indem geometrische Probleme zu irrationalen Größen führen, die als neue Zahlen angesehen werden. Versteht man unter Genese aber Entwicklung, dann wird die Geschichte zum Leitfaden für den Aufbau der reellen Zahlen. Dieser genetische Aufbau ist jedoch keine Geschichte der reellen Zahlen, in der erzählt wird, wie es geschah, sondern bedeutet eher deren logische Rekonstruktion. Oder wie es O. Toeplitz ausgedrückt hat: „Nicht um die *Geschichte* handelt es sich, sondern um die *Genesis* der Probleme, der Tatsachen und Beweise, um die entscheidenden Wendepunkte dieser Genesis." (Toeplitz, 1927)

1. Am Anfang: Geometrie

In der Mitte des 5. Jhd. v.u.Z. erlebte Griechenland eine Zeit der Aufklärung; dazu gehörte es, dass Gelehrte, Sophisten, damit begannen, Mathematik zu lehren, und zwar nicht als praktische Anweisung, sondern als theoretisches Wissen. Seitdem wird unser Fach als *to máthema,* die Lehre, bezeichnet, und eine der ersten Lehren war es, dass man, entgegen der gewöhnlichen Vorstellung, in der Geometrie eben *nicht* alles gegeneinander messen, d.h. in einem Zahlverhältnis ausdrücken kann. Praktische Geometer hatten die Erfahrung gemacht, dass für ein Quadrat der Fläche n die Seite d meistens nicht genau berechnet werden kann; aber es war eine entscheidende Erkenntnis, dass dies dann auch im Prinzip nicht möglich ist. Platon berichtet von einer Lehrstunde des Theodoros, in der gezeigt wurde, dass für $n = 3, 5, \ldots 17$, die Strecke d mit

$d^2 = ne^2$ inkommensurabel zur Einheitsstrecke e ist (*Theätet* 147d). Theaitetos bewies dann, dass dies für alle Zahlen n gilt, wenn n keine Quadratzahl ist. Die Folge dieser Erkenntnis war nun nicht, dass die Mathematiker nach neuen Zahlen, heute so genannten irrationalen Zahlen, gesucht haben. Denn für sie blieb der Zahlbegriff an das real Zählbare gebunden, und für inkommensurable Strecken hat man gezeigt, dass sie eben nicht beide mit einer Einheit gezählt werden können. So mussten die Strecken selbst zum Gegenstand der Geometrie werden; anstatt mit Maßverhältnissen zu rechnen, ging es nunmehr darum, die geometrischen Verhältnisse als solche zu definieren. Insofern liegen die Anfänge der Analysis nicht in der Arithmetik, sondern in der geometrischen Analyse, welche uns in den *Elementen* des Euklid überliefert ist.

Deren Postulate verallgemeinern die in der praktischen Geometrie vollzogenen Handlungen, z.B. dass man von jedem Punkt nach jedem Punkt eine Strecke ziehen kann, oder dass, was einander deckt, einander gleich ist (*Elemente* I). Ihre moderne Form erhält die Geometrie der *Elemente* in den *Grundlagen der Geometrie* von D. Hilbert, worin, beschränkt auf die Ebene, mit den Axiomengruppen I – III, der Verknüpfung, der Anordnung und der Kongruenz eine erste Geometrie gegeben ist, die so genannte Hilbertsche Ebene (Hartshorne, 2000, § 10). In dieser Ebene ist für zwei verschiedene Punkte A, B die Strecke AB gegeben, und für zwei Strecken AB, CD sagen wir: Es ist AB äquivalent CD, wenn AB kongruent CD.

Die dadurch definierten Äquivalenzklassen nennen wir Längen, im Unterschied zu den Strecken, die sie repräsentieren. Die Gesamtheit der Längen bezeichnen wir mit L, darin lässt sich eine Addition erklären; aus zwei Längen a, b bilden wir die Summe $a + b$, indem wir entsprechende Strecken auf einer Geraden aneinander legen, so dass der Endpunkt von a gleich dem Anfangspunkt von b ist. Für die Äquivalenzklassen der Strecken ist das wohl definiert und es gelten die Regeln:

1) $a + (b + c) = (a + b) + c$
2) $a + b = b + a$

Definition: *Es ist $a < b$, wenn es eine Länge x gibt, so dass $a + x = b$.*

Satz 1: *Für je zwei Längen a, b ist entweder $a < b$, $a = b$ oder $a > b$.*
  Mit diesen Eigenschaften ist (L; +, <) ein Größenbereich.

Satz 2: *Für je zwei Längen a, b mit $a < b$ gibt es eine Länge c, so dass $a < c < b$.*

Dazu bilden wir das arithmetische Mittel $c = \frac{1}{2}(a + b)$, welches existiert, weil sich jede Strecke halbieren lässt. Der Größenbereich L ist also dicht. Sei $N = \{1, 2, 3, \ldots\}$ die Menge der natürlichen Zahlen, Q^+ der Bereich der positiven, rationalen Zahlen und Q der Körper aller rationalen Zahlen. Für eine Länge a und eine natürliche Zahl n ist das Vielfache na rekursiv definiert durch

i) $1a = a$ und   ii) $(n + 1)a = na + a$.

Sei g eine Gerade und A ein Punkt, der nicht auf g liegt, dann gibt es in der Hilbertschen Ebene eine zu g parallele Gerade h durch A (*Elemente* I.31). Dass die Gerade h dadurch eindeutig bestimmt ist, folgt aus dem

Axiom der Parallelen: *Für eine beliebige Gerade g und einen Punkt A außerhalb g gibt es höchstens eine Gerade durch A, die g nicht schneidet.*

Dies Axiom IV von Hilbert ist dem Parallelenpostulat von Euklid äquivalent. Als eine Anwendung folgt daraus der erste Strahlensatz, zunächst für ganzzahlige Verhältnisse.

Satz 3: *Wird ein Zweistrahl von zwei Parallelen geschnitten, so dass auf dem einen Strahl eine Länge a und deren Vielfaches na abgeschnitten werden, dann auf dem anderen Strahl eine Länge b und deren Vielfaches nb.*

Es folgt die beliebige Teilbarkeit von Längen.

Satz 4: *Für jedes $n \in N$ und $c \in L$ gibt es eine Länge $a \in L$, so dass $na = c$.* Wir setzen $a = \frac{1}{n} c$, dann ist das Vielfache $ma = \frac{m}{n} c$. Da der Bruch aber eine positive rationale Zahl repräsentiert und äquivalente Brüche das gleiche Resultat ergeben, ist damit auch das Produkt $b = rc$, mit $r \in Q+$ definiert.

Definition: *Zwei Längen a, b sind kommensurabel, wenn es eine Länge e gibt, so dass $a = me$ und $b = ne$, mit $m, n \in N$.*

Es ist dann $a = \frac{m}{n} b$, d.h. die Längen stehen in einem rationalen Verhältnis; dafür gilt wiederum der erste Strahlensatz.

Korollar: *Sind die abgeschnittenen Längen a, b auf dem einen Strahl kommensurabel, dann sind die abgeschnittenen Längen c, d auf dem anderen Strahl gleichfalls kommensurabel und stehen im selben Verhältnis.*

Weiter ergibt sich die Einbettung der rationalen Zahlen in einen Halbstrahl g^+. Sei O der Anfangspunkt, dann entspricht zunächst jeder Länge a genau ein Punkt $A \in g^+$ mit $a = OA$. Sei E ein beliebiger, fest gewählter Punkt auf g^+, $e = OE$ die Einheitsstrecke, dann ist die Einbettung N → L mit $n \to ne$ gegeben, also auch die Einbettung N → g^+. Beides lässt sich fortsetzen zu Einbettungen Q^+ → L, mit $r \to re$, und entsprechend Q^+ → g^+. Insgesamt erhalten wir dadurch g^+ als „Zahlenstrahl", doch seit den Sophisten wissen wir, dass darauf zwar jede positive rationale Zahl abgebildet ist, aber nicht jedem Punkt eine solche Zahl entspricht, z.B. wenn die Diagonale eines Quadrats mit der Seite e auf g^+ abgetragen wird.

2. Theorie der Proportionen

Bei zwei ähnlichen Figuren stellen wir fest, dass für entsprechende Strecken a, b und c, d analoge Verhältnisse gelten; wir schreiben dafür $a : b \sim c : d$ (proportional). Ein Verhältnis ist ein Paar und die Proportion ist nichts anderes, als eine Äquivalenzrelation für Paare. Sind die Strecken jeweils kommensurabel, dann ist $a : b \sim m : n$ mit $m, n \in$ N; die Proportion ist also durch ein und dasselbe Zahlverhältnis gegeben. Inkommensurable Strecken sollen aber gleichfalls ein Verhältnis haben, daher fordern wir entsprechend Euklid (*Elemente* Def. V.4) das

Axiom des Archimedes: *Für je zwei Längen $a, b \in$ L gibt es eine Zahl $n \in$ N, so dass $a < nb$.*

Es folgt der für die weitere Theorie grundlegende

Satz 5: *Seien $a, b, c \in$ L Längen, $b < a$, dann gibt es eine rationale Zahl $r \in Q^+$, so dass $b < rc < a$.*

Wir sagen dazu, Q^+ liege dicht in L. Damit sind die rationalen Zahlen das entscheidende Instrument der Geometrie, weil sich die Längen durch sie auflösen, d.h. analysieren lassen.
Die Frage ist nun, welches ist die allgemeine Definition der Proportion? Gegeben seien zwei Längenpaare a, b und c, d, wenn sie proportional sind, dann muss offensichtlich für die Vielfachen mit $p, q \in$ N gelten: Wenn $a < pb$, dann ist $c < pd$, und wenn $qa > b$, dann ist $qc > d$. Diese Beziehungen sind sicher notwendig, werden alle derart möglichen Beziehungen kombiniert, sind sie auch hinreichend; dies ist der Inhalt der Definition des Euklid (*Elemente* Def. V.5):

Definition: *Seien vier Längen a, b, c, d gegeben, dann ist a : b ~ c : d, wenn für alle p, q ∈ N gilt: qa ist kleiner, gleich oder größer als pb genau dann, wenn entsprechend qc kleiner, gleich oder größer als pd ist.*

Für qa kleiner pb schreiben wir $a < \frac{p}{q} b$, ebenso für gleich und größer, wobei der Bruch jeweils eine rationale Zahl repräsentiert; damit erhalten wir äquivalent die

Definition: *Es ist a : b ~ c : d, wenn für alle r ∈ Q$^+$ gilt: a ist kleiner, gleich oder größer als rb genau dann, wenn entsprechend c kleiner, gleich oder größer als rd ist.*

Zur Demonstration dieser Definition beweisen wir den ersten Strahlensatz allgemein.

Satz 6: *Wird ein Zweistrahl von zwei Parallelen geschnitten, dann gilt für die Abschnitte a, b auf dem einen Strahl sowie c, d auf dem anderen Strahl a : b ~ c : d.*

Beweis: Sei $r \in Q^+$, dann ziehen wir eine dritte Parallele durch den Endpunkt von rb, nach Satz 3 schneidet diese den anderen Strahl im Endpunkt von rd. Wenn $a < rb$, dann ist evident $c < rd$; ebenso für gleich und größer (Fig. 1a). Was evident ist, folgt auch aus den Axiomen; wenn $a < rb$ und $c = rd$, dann ist dies ein Schnittpunkt der Parallelen, für $c > rd$ ergibt sich ein Schnittpunkt nach dem Axiom von Pasch (Fig. 1b). In beiden Fällen wäre die dritte Gerade nicht parallel, im Widerspruch zur Konstruktion, also ist $c < rd$.

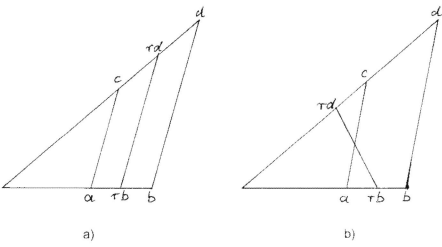

Fig. 1

Es ist zu betonen, dass ein Beweis des ersten Strahlensatzes nur mit einer adäquaten Definition der Proportion möglich ist. Dabei ist die von Euklid gefundene Definition nicht nur historisch vorgegeben, sondern sie hat auch den Vorteil, dass sie keine Approximation durch rationale Verhältnisse benötigt, sondern mit beliebigen derartigen Verhältnissen auskommt. In jedem Fall ist der erste Strahlensatz jedoch eine der ersten Erkenntnisse der geometrischen Analyse, und daher der Analysis überhaupt.

Korollar: *Seien a, b, c drei Längen, dann existiert eine vierte proportionale Länge x, so dass $a : b \sim c : x$.*

Bei der Konstruktion von x mittels des ersten Strahlensatzes bleibt allerdings offen, ob die vierte Proportionale eindeutig bestimmt ist. – Für die Definition der Proportion lässt sich noch zeigen, dass *eine* Ungleichung genügt.

Satz 7: *Es ist $a : b \sim c : d$ genau dann, wenn $\forall r \in \mathbf{Q}^+: a > rb \Leftrightarrow c > rd$.*

Dementsprechend bilden wir nach O. Hölder die folgende

Definition: *Für zwei Längen a, b ist die Menge $\alpha = \{r \in \mathbf{Q}^+ : a > rb\}$ das Maß für das Verhältnis $a : b$, geschrieben $\alpha = [a : b]$.*

Damit sind Verhältnisse proportional genau dann, wenn ihre Maße gleich sind, d.h. $a : b \sim c : d \Leftrightarrow [a : b] = [c : d]$.

Für ein rationales Verhältnis mit $a = sb$, $s \in \mathbf{Q}^+$, ist das Maß $[a : b] = \{r \in \mathbf{Q}^+ : r < s\}$; die gewöhnliche Maßzahl wird also durch ihren unteren Abschnitt ersetzt. Aber auch jedes Maß ist ein unterer Abschnitt gemäß dem folgenden

Satz 8: *Seien a, b Längen, $\alpha = [a : b]$ das Maß für ihr Verhältnis, dann gilt*

 i) $\alpha \neq \emptyset, \alpha \neq \mathbf{Q}^+$.
 ii) *Sei $r \in \alpha$ und $r' < r$, dann ist $r' \in \alpha$.*
 iii) *α hat kein größtes Element.*

Definition: *Eine Teilmenge $\alpha \subseteq \mathbf{Q}^+$ mit den Eigenschaften* i), ii) *und* iii) *heißt ein Schnitt in $\mathbf{Q}^+$.*

Jedes Verhältnis erzeugt also einen Schnitt, ob die Umkehrung gilt, muss vorerst offen bleiben.

Im Folgenden benötigen wir noch eine Ordnung der Verhältnisse.

Definition: *Es ist $a : b < c : d$, wenn $[\,a : b\,] \subsetneq [\,c : d\,]$.*

Satz 9: *Für Längen a, b, c, d gilt entweder $a : b < c : d$, gleich oder größer.*

Satz 10: *Für Längen a, b, c ist $a < b$, gleich oder größer, genau dann, wenn entsprechend $a : c < b : c$, gleich oder größer ist.*

Korollar: *Die vierte Proportionale ist eindeutig bestimmt.*

Daraus folgt die Umkehrung des ersten Strahlensatzes, d.h. wenn die Verhältnisse der Abschnitte auf den Strahlen dieselben sind, dann sind die Geraden parallel. Außerdem gelten noch die folgenden Sätze für Proportionen:

1) *Wenn $a : b \sim c : d$, dann ist $a : c \sim b : d$ (Vertauschen der Innenglieder).*
2) *Wenn $a : b \sim c : d$, dann ist $a : (a \pm b) \sim c : (c \pm d)$ (Korrespondierende Addition und Subtraktion).*

3. Multiplikation von Längen

Descartes definierte das Produkt von Strecken als Strecke, so dass nunmehr mit Strecken auch multiplikativ gerechnet wurde. Geometrische Eigenschaften konnten dadurch algebraisch untersucht werden, es entstand die analytische Geometrie. Dabei wird die Multiplikation relativ zu einer beliebig festgelegten Einheitsstrecke *e* definiert, im Gegensatz zur Addition ist sie also nicht unmittelbar gegeben, sondern bedarf einer Konvention.

Definition: *Seien a, b Längen, dann ist das Produkt ab die vierte Proportionale in $e : a \sim b : ab$* (Fig. 2a folgende Seite).

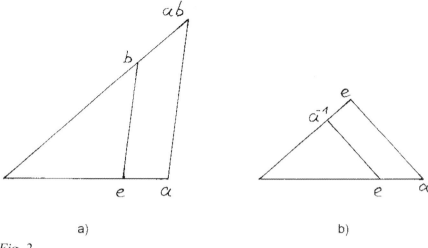

a)   b)

Fig. 2

Aus e : e ~ a : a folgt ea = a, also ist e das Einselement. Sei a^{-1} die vierte Proportionale in e : a ~ a^{-1} : e, dann folgt aa^{-1} = e, also hat jede Länge eine inverse Länge (Fig. 2b). Weiter lässt sich zeigen

1) $a(bc) = (ab)c$
2) $ab = ba$
3) $a(b + c) = ab + ac$

Für das Produkt schreiben wir auch $a \cdot b$, damit ist (L; +, ·, <) ein positiver Zahlbereich, d.h. die Menge der positiven Elemente eines angeordneten Körpers. Ferner gilt die Kürzungsregel $a : b$ ~ $ac : bc$, und schließlich folgt die Korrespondenz von Proportion und Multiplikation.

Satz 11: *Seien a, b, c, d Längen, dann ist a : b ~ c : d genau dann, wenn ad = bc.*

Es sei aber betont, dass Satz 11 hier keineswegs als Definition der Proportion gelesen werden kann, denn dies würde die Multiplikation von Strecken voraussetzen, obwohl diese erst mittels Proportion definiert wurde. – Lesen wir Satz 11 rückwärts, dann folgt aus den gleichen Produkten eine Proportion, also geometrisch eine Parallelität, dies ist aber genau der

Satz von Pascal: *Bei einem Zweistrahl seien A, B, C drei Punkte auf dem einen, und A′, B′, C′ drei Punkte auf dem anderen Strahl; wenn CB′ parallel BC′ und CA′ parallel AC′ ist, dann ist auch BA′ parallel AB′.*

Die Figur dazu findet sich bei Hilbert (1972), Satz 40. Sein Beweis benutzt allerdings nicht das Axiom des Archimedes, welches wir voraussetzen, entsprechend der historisch gegebenen Definition der Proportion.

Als weitere Anwendung ergeben sich elementare Sätze der Geometrie, z.B. der Höhensatz. In einem rechtwinkligen Dreieck sei die Höhe h, die davon erzeugten Abschnitte auf der Hypothenuse seien u und v; aus der Ähnlichkeit der Teildreiecke folgt mit dem ersten Strahlensatz $u : h \sim h : v$, also ist $h^2 = uv$. Damit haben wir eine analytische Beziehung der betrachteten Größen, die Gleichung besagt a priori *nicht*, dass das geometrische Quadrat über h inhaltsgleich (d.h. zerlegungsgleich) einem Rechteck mit den Seiten u und v ist. Vielmehr stehen auf beiden Seiten Maße für diese Flächen relativ zur gewählten Einheitsstrecke, aber als Produkte von Längen sind dies wieder Längen und keine Flächen. Erst P. Gerwien bewies, dass Figuren mit gleichem Inhaltsmaß auch zerlegungsgleich sind (Hartshorne, 2000, §24).

Es bleibt noch die Frage nach der Existenz von Wurzeln; für die Griechen war eine *dynamis* eine Strecke d_n mit $d_n^2 = ne$, wobei $n \in \mathbb{N}$ keine Quadratzahl ist. Diese Länge ist rekursiv für alle $n \geq 2$ definiert. Mit $d_2^2 = 2e$ ist die Diagonale im Einheitsquadrat gegeben; sei d_n gegeben, dann erhalten wir im rechtwinkligen Dreieck mit den Seiten e und d_n die dritte Seite mit $d_{n+1}^2 = e^2 + d_n^2 = e + ne = (1 + n)e$.

Weitergehend ist das Problem, ob für eine Länge c die Gleichung $x^2 = c$ immer eine Lösung hat. Die gesuchte Länge ist dann die mittlere Proportionale von e und c gemäß $e : x \sim x : c$; Euklid konstruiert diese mit Hilfe des Höhensatzes (*Elemente* VI.16). Äquivalent dazu ist der Sehnensatz: Zeichnet man eine Gerade, die den Durchmesser eines Kreises senkrecht schneidet, dann gilt für die zwei (gleichen) Abschnitte a auf der Geraden und für die Abschnitte u, v auf dem Durchmesser die Gleichung $a^2 = uv$ (Fig. 3 folgende Seite). Denn in den ähnlichen Dreiecken ergibt sich die Proportion $u : a \sim a : v$; setzen wir $u = c$ und $v = e$, dann ist $a^2 = c$. Bei dieser Konstruktion wird vorausgesetzt, dass die Gerade den Kreis schneidet, so dass eine Sehne entsteht; die Existenz der Schnittpunkte folgt aber nicht aus den Postulaten des Euklid, sondern wird anschaulich angenommen.

Jedoch gilt die Umkehrung: Wenn eine Länge a mit $a^2 = uv$ gegeben ist, und eine Gerade, die den Durchmesser senkrecht schneidet, dann ist darauf die Strecke der Länge $2a$ eine Sehne, d.h. die Endpunkte liegen auf dem Kreis (Fig. 3). Denn sei M der Mittelpunkt des Kreises, A der Schnittpunkt mit dem Durchmesser und P ein Endpunkt der Strecke, dann gilt nach dem Satz des Pythagoras $PM^2 = AP^2 + AM^2$. Mit $AP = a$, $AM = ½(u - v)$ und dem Radius des Kreises $r = ½(u + v)$ folgt $PM^2 = a^2 + [½(u - v)]^2 = [½(u + v)]^2 = r^2$, also liegt P auf dem Kreis.

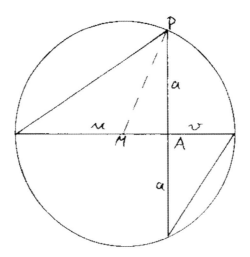

Fig. 3

4. Vollständigkeit

Ein altes Problem ist die Quadratur des Kreises, eine von einer gekrümmten Linie begrenzte Fläche soll inhaltsgleich einem Quadrat sein; dies zu bestimmen, gelang aber nicht per Konstruktion, sondern nur durch eine Approximation. Euklid konstruiert dazu ein dem Kreis einbeschriebenes Quadrat, halbiert die Bögen, verbindet die Punkte auf dem Kreis und erhält so ein einbeschriebenes 8-Eck. Das Verfahren wird fortgesetzt, so dass eine Folge von regulären, dem Kreis einbeschriebenen Polygonen mit jeweils doppelter Eckenzahl entsteht. Diese Konstruktion war alt, Antiphon, der Sophist, dachte, die Polygone würden schließlich die Fläche des Kreises ausschöpfen ($\delta\alpha\pi\alpha\nu\alpha\omega$ (exhaurio), nach Simplicius, Becker 1964) und so dem Kreis gleich werden. Aber die Geometer erkannten, dass die geraden Polygonseiten der gekrümmten Kreislinie niemals gleich werden können. Es gilt dann auch für die Polygonflächen, dass sie die Kreisfläche niemals ausschöpfen, sondern ihr nur beliebig nahe kommen; genau das wird von Euklid bewiesen (*Elemente* XII.2). Für den Kreis K und die Folge P_n der Polygone zeigt er

i) $\forall n \in \mathbb{N} : P_n < K$.
ii) $\forall F \, \exists n : K \setminus P_n < F$, F ist ein beliebig kleines Flächenstück.

Mit diesen Eigenschaften ist der Kreis die obere Grenze der Polygone, dies gilt jedoch nicht für die Figuren, sondern nur für deren Inhalt. Euklid setzt dabei voraus, dass der Kreis einen bestimmten Flächeninhalt hat, also die prinzipielle Möglichkeit der Quadratur des Kreises (nicht zu verwechseln mit der Konstruktion eines gleichen Quadrats). Diese Möglichkeit hatte Bryson wie folgt begründet: „Der Kreis ist größer als alle ihm einbeschriebenen Polygone und kleiner als alle umbeschriebenen. In gleicher Weise verhält sich auch das zwischen den einbeschriebenen und umbeschriebenen Polygonen gezeichnete Polygon" (nach Themistius, Becker, 1964). Es wurde also angenommen, dass sich ein dazwischenliegendes Polygon zeichnen lässt, und dieses musste dann dem gleichfalls dazwischenliegenden Kreis gleich sein. Die Gleichheit der dazwischenliegenden Gebilde wurde als Prinzip formuliert, die Existenz des Dazwischenliegenden erschien jedoch evident. Denn die Polygone konnten quadriert werden, die Quadratseiten liegen dann alle auf einem Halbstrahl, wobei für die Seiten a_n der einbeschriebenen Quadrate und für die Seiten b_n der umbeschriebenen Quadrate gilt $a_n < a_{n+1}$, $b_{n+1} < b_n$, $a_n < b_n$ *für alle* $n \in \mathbb{N}$. Das dazwischenliegende Quadrat hat dann eine Seite c, so dass $a_n < c < b_n$ *für alle* $n \in \mathbb{N}$. Die Existenz von c folgt gemäß der Anschauung, dass der Halbstrahl einen stetigen Zusammenhang bildet, der keine Lücken hat. Dagegen wurde im 19. Jahrhundert unter anderem von B. Bolzano die Forderung erhoben, rein mathematische Aussagen nicht länger auf ihre Evidenz zurückzuführen, sondern aus definierten Grundgesetzen abzuleiten. Die Mathematik als rein analytische Wissenschaft kann sich dann nicht mehr auf eine Synthesis a priori (Kant) als vorausgesetztem Zusammenhang berufen, sondern muss diesen auch analytisch darstellen. Bolzano stellt dazu den Lehrsatz auf, dass später so genannte Cauchy-Folgen konvergieren; einfacher ist jedoch das in der Geometrie immer schon verwendete

Axiom der Intervallschachtelung: *Auf einer Geraden g sei eine Folge von Strecken A_nB_n gegeben, so dass $A_{n+1}B_{n+1} \subseteq A_nB_n$, dann gibt es einen Punkt P auf g, so dass $P \in A_nB_n$ für alle $n \in \mathbb{N}$.*

Die Folge der Strecken bildet dabei eine Intervallschachtelung, und der Punkt P liegt in allen Intervallen. Wenn zusätzlich für die Längen der Intervalle gilt $\lim A_nB_n = 0$, d.h. A_nB_n wird beliebig klein, dann ist der innere Punkt P eindeutig bestimmt.

Wird in der Hilbertschen Ebene das Axiom des Archimedes und das Axiom der Intervallschachtelung vorausgesetzt, dann ist diese Ebene vollständig und die dadurch gegebene Geometrie wird absolute Geometrie genannt (Efimow, 1970). Gilt darin noch das Parallelenaxiom, dann sprechen wir von Euklidischer Geometrie.

Mit der absoluten Geometrie ist L ein vollständiger Größenbereich, aus den Axiomen folgt dann:

1) Jede nicht leere nach oben beschränkte Menge $M \subseteq L$ hat eine obere Grenze (Supremum, Ebbinghaus, 1983, Kap. 2, § 5). Mit dem Auswahlaxiom für abzählbar viele nicht leere Teilmengen von L folgt weiter: Es gibt eine Folge $x_n \in M$ mit $\lim x_n = \sup M$.

2) Für alle $n \in N$ ist jede Länge durch n teilbar (Rautenberg, 1979, Kap 10). Diese Folgerung ist demnach unabhängig vom Parallelenaxiom, es wird durch die Existenz des Supremums ersetzt.

Proportionen sind auch in der absoluten Geometrie wie oben definiert, offen bleibt vorerst die Existenz der vierten Proportionalen, die oben mit dem Parallelenpostulat gezeigt wurde. Um dies in der absoluten Geometrie zu beweisen, benötigen wir wiederum die Schnitte in Q^+.

5. Reelle Zahlen

Die Menge der Schnitte in Q^+ nennt Landau „positive reelle Zahlen" und bezeichnet sie mit R^+. Um jedoch den Begriff „Zahl" zu rechtfertigen, bedarf es in R^+ einer Addition, Multiplikation und Ordnung.

Definition: *Sei $\alpha, \beta \in R^+$, es ist $\alpha < \beta$, wenn $\alpha \subsetneq \beta$.*

Satz 12: *Für zwei Schnitte $\alpha, \beta \in R^+$ gilt entweder $\alpha < \beta$, $\alpha = \beta$, oder $\alpha > \beta$.*

Sei $e \in L$ eine beliebige, fest gewählte Einheitslänge, dann ist für jede Länge a das Maß $[a : e]$ ein Schnitt in Q^+, also ein Element von R^+. Damit haben wir eine Abbildung $\varphi_e: L \to R^+$, mit $\varphi_e(a) = [a : e] = \{r \in q^+ : re < a\}$.

Satz 13: *φ_e ist injektiv und ordnungstreu.*

Schließlich folgt der entscheidende Satz von O. Hölder (1905).

Satz 14: *Sei L vollständig, dann ist die Abbildung $\varphi_e: L \to R^+$ bijektiv.*

Beweis: Gegeben sei $\alpha \in R^+$, dann bilden wir in L die nicht leere Menge $M = \{re : r \in \alpha\}$, nach Voraussetzung existiert $a = \sup M$; zu zeigen ist

$\varphi_e(a) = \alpha$, also die Mengengleichheit $\{r \in \mathbb{Q}^+ : re < a\} = \alpha$. 1. Sei $re < a$, dann gibt es ein $se \in M$, so dass $re < se$ mit $s \in \alpha$, daraus folgt aber $r \in \alpha$. 2. Sei $r \in \alpha$, dann ist $re \in M$ und damit $re \leq a$. Sei $re = a$, dann gibt es $r'' \in \alpha$ mit $r < r''$ und $r''e \in M$, aber daraus folgt $a = re < r''e \leq a$. Dies kann nicht gelten, also ist $re < a$, q.e.d.

Korollar: *In L existiert die vierte Proportionale.*

Beweis: Seien $a, b, c \in L$ gegeben, dann ist $[b : a] = \alpha \in \mathbb{R}^+$, es gibt also eine Länge d, so dass $[d : c] = \alpha$. Es folgt $b : a \sim d : c$, also $a : b \sim c : d$.

Damit ersetzt auch hier die Vollständigkeit von L das Parallelenpostulat, denn allein mit der vierten Proportionalen kann in L die Multiplikation erklärt werden.

Im Folgenden benötigen wir den

Hilfssatz: *Seien u, v Längen, $a = \frac{1}{2}(u + v)$ das arithmetische Mittel, dann ist $u < a < v$ und $a^2 > uv$.*

Satz 15: *Sei L vollständig, $c \in L$, dann hat die Gleichung $x^2 = c$ eine Lösung.*

Beweis: Wir bilden die Mengen $M = \{x \in L : x^2 < c\}$, sie ist nicht leer und nach oben beschränkt, also existiert $a = \sup M$, zu zeigen ist $a^2 = c$. Sei $a^2 < c$, dann ist $a < \frac{c}{a}$, für das arithmetische Mittel $b = \frac{1}{2}(a + \frac{c}{a})$ gilt dann $b < \frac{c}{a}$ und $b^2 > c$, also $(\frac{c}{b})^2 < c$. Es folgt $a < \frac{c}{b}$ und $\frac{c}{b} \in M$, im Widerspruch dazu, dass a eine obere Schranke von M ist. Ebenso führt die Annahme $a^2 > c$ zum Widerspruch, also ist $a^2 = c$.

Für $a^2 = c$ schreiben wir $a = \sqrt{c}$. Mit der Existenz der Wurzel wurde oben in der Euklidischen Geometrie gezeigt, dass sich Geraden und Kreise in entsprechender Lage schneiden.

Die Vollständigkeit kann ebenso in jeder total geordneten Menge definiert werden, also auch in $\mathbb{R}^+$. Wenn also $\varphi_e : L \to \mathbb{R}^+$ bijektiv und ordnungstreu ist, dann ist auch $\mathbb{R}^+$ vollständig. Dies lässt sich aber in $\mathbb{R}^+$ selbst begründen; sei S eine nicht leere Teilmenge von $\mathbb{R}^+$, also eine Menge von Schnitten in $\mathbb{Q}^+$, dann ist die Vereinigung $\sigma = \bigcup_{\alpha \in S} \alpha$ wiederum ein Schnitt. Ferner ist σ eine obere Schranke für S, und zwar die kleinste, damit ist $\sigma = \sup S$, also ist $\mathbb{R}^+$ vollständig. – Man mache sich aber klar, dass die Existenz der Vereinigung keine selbstverständliche Tatsache ist, sondern als Axiom für Mengen ebenso eine verständige Abstraktion wie das Vollständigkeitsaxiom für Längen ist.

Es folgt die Umkehrung des Satzes von Hölder.

Satz 16: *Sei die Abbildung* φ_e: $L \to R^+$ *bijektiv, dann ist L vollständig.*

In R^+ wird nunmehr eine Addition und Multiplikation definiert.

Definition: *Seien* $\alpha, \beta \in R^+$, *dann ist*
i) $\alpha + \beta = \{r \in Q^+ : r = u + v, u \in \alpha, v \in \beta\}$
ii) $\alpha \cdot \beta = \{r \in Q^+ : r = u \cdot v, u \in \alpha, v \in \beta\}$

Dies sind wieder Schnitte in Q^+, also Elemente von R^+.

Satz 17: *Sei L vollständig, dann ist die Abbildung* φ_e: $L \to R^+$ *ein Isomorphismus.*

Beweis: Sei $\varphi_e(a) = \alpha$, $\varphi_e(b) = \beta$, wir behaupten i) $\varphi_e(a+b) = \alpha + \beta$, zu zeigen ist also die Mengengleichheit $\{r \in Q^+ : re < a+b\} = \alpha + \beta$.
1. Sei $re < a + b$, $d = Min\{a, b, a+b-re\}$; es gibt dann u und $v \in Q^+$, so dass $a - \frac{1}{2}d < ue < a$ und $b - \frac{1}{2}d < ve < b$, d.h. $u \in \alpha$ und $v \in \beta$. Da $re + d \leq a + b$ folgt $re \leq a + b - d = a - \frac{1}{2}d + b - \frac{1}{2}d < ue + ve = (u+v)e$, also ist $r < u + v \in \alpha + \beta$ und damit $r \in \alpha + \beta$.
2. Sei umgekehrt $r \in \alpha + \beta$, dann ist $r = u + v$, $u \in \alpha$, $v \in \beta$, also ist $ue < a$, $ve < b$, daraus folgt aber $re = ue + ve < a + b$.
ii) Die Behauptung ist $\varphi_e(a \cdot b) = \alpha \cdot \beta$, also die Gleichheit $\{r \in Q^+ : re < a \cdot b\} = \alpha \cdot \beta$. 1. Sei $re < a \cdot b$, dann setzen wir $rd = ab$, ferner sei $e < d_1 < d$ und $d_1 d_2 = d$, dann ist auch $e < d_2$. Mit $\frac{a}{d_1} < a$ und $\frac{b}{d_2} < b$ folgt der Rest analog i). 2. Die Umkehrung ist ebenso analog i), womit alles gezeigt ist.

Fassen wir zusammen: Unter Voraussetzung der absoluten Geometrie der Ebene ist $(L; +, \cdot, <)$ ein vollständiger positiver Zahlbereich, auf Grund der Isomorphie ist dann auch $(R^+; +, \cdot, <)$ ein vollständiger positiver Zahlbereich. Es ist also berechtigt, von „positiven reellen Zahlen" zu sprechen. Wir schließen dabei von den Rechengesetzen in L auf dieselben Gesetze in R^+, dabei müssen wir allerdings annehmen, dass L existiert, d.h. wir setzen die Widerspruchsfreiheit der absoluten Geometrie voraus. Da diese die natürlichen Zahlen umfasst, kann die Widerspruchsfreiheit nach den Sätzen von Gödel mit den Mitteln der absoluten Geometrie nicht bewiesen werden; ihre Existenz begründet sich daher letztlich durch ihre Anwendung in den empirischen Wissenschaften wie empirischer Geometrie und Mechanik. Es erscheint vielleicht mathematisch unbefriedigend, wenn die Rechengesetze der reellen Zahlen letztlich in der Empirie gegründet sind; aber dadurch erklärt sich auch ihre Anwendbarkeit, welche eben nicht auf einer *prästabilierten Harmonie* von reellen Zahlen und Realität beruht, sondern auf der Abstraktion dieser Zahlen aus der Realität.

Man kann auch, wie E. Landau es getan hat, die Gesetze der Addition und Multiplikation für Schnitte allein arithmetisch aus deren Definition beweisen. Dieser Weg ist nicht nur mühevoll, sondern entbehrt auch der Anschauung, die mit der Euklidischen Geometrie gegeben ist. Denn fügen wir das Parallelenpostulat hinzu, dann ergibt sich etwa die Existenz des inversen Elements der Multiplikation durch eine Parallele (a^{-1} ist die vierte Proportionale in $a : e \sim e : a^{-1}$); für den arithmetischen Beweis benötigt E. Landau drei Seiten (Satz 152). Außerdem beruht die arithmetische Konstruktion der reellen Zahlen wiederum auf der Widerspruchsfreiheit der natürlichen Zahlen, welche ebenso nach Gödel mit den Mitteln der Arithmetik nicht bewiesen werden kann. Jedoch bildet der Zahlenstrahl ein Modell der Arithmetik; wenn dieser also widerspruchsfrei ist, dann auch jene. Da andererseits die Euklidische Geometrie ihr Modell in der Cartesischen Ebene $R \times R$ hat, bedingen sich Arithmetik und Geometrie letztlich gegenseitig.

6. Was sind reelle Zahlen?

Sei K ein angeordneter Körper und K^+ die Menge der positiven Elemente von K.

Satz 19: *K ist genau dann vollständig, wenn K^+ vollständig ist.*

Entsprechend φ_e ist jetzt die Abbildung $\varphi : K^+ \to R^+$ bzgl. 1 definiert, so dass $\varphi(a) = \{r \in Q^+ : a > r\}$, es folgt dann

Satz 20: *Sei K ein angeordneter, vollständiger Körper, dann ist $\varphi : K^+ \to R^+$ ein Isomorphismus.*

Insgesamt erhalten wir also die Isomorphismen

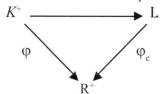

Die Zusammensetzung $\varphi_e^{-1} \circ \varphi : K^+ \to L$ ist dann gleichfalls ein Isomorphismus; wir geben nun drei Antworten auf die eingangs gestellte Frage.

1) Zunächst definieren wir die Schnitte in Q^+ als positive reelle Zahlen R^+. Durch Hinzufügen eines Elements 0 als „Null", sowie der negativen Elemente $R^- = \{-\alpha : \alpha \in R^+\}$ erhalten wir $R = R^+ \cup \{0\} \cup R^-$ als die Menge der reellen Zahlen. Durch Erweiterung von Addition, Multiplikation und Ordnung entsteht schließlich $(R; +, \cdot, <)$ als angeordneter, vollständiger Körper der reellen Zahlen.

2) Gegeben sei die absolute Geometrie der Ebene, dann ist L ein vollständiger, positiver Zahlbereich und die Erweiterung $L^* = L \cup \{0\} \cup L^-$ ist ein angeordneter, vollständiger Körper. Die Elemente von L^* lassen sich als gerichtete Strecken (Pfeile) auf einer Geraden darstellen, wobei zwei gerichtete Strecken äquivalent sind, wenn sie sich durch eine Translation der Geraden ineinander überführt werden.

3) Sei *K* ein angeordneter, vollständiger Körper, dann erweitern wir die obigen Isomorphismen zu

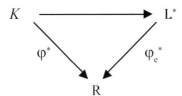

Für $a \in K^+$ ist $\varphi^*(a) = \varphi(a)$, $\varphi^*(-a) = -\varphi(a)$ und $\varphi^*(0) = 0$, analog ist φ_e^* definiert. Damit können wir die Elemente eines derartigen Körpers gleichfalls als „reelle Zahlen" bezeichnen.

Für die Gesamtheit der reellen Zahlen haben wir also eine *abstrakte* Definition, als angeordneter, vollständiger Körper *K*, eine *geometrische* Definition, als die auf einer Geraden liegenden gerichteten Längen L^*, und eine *arithmetische* Definition, R als Erweiterung von R^+, den Schnitten in Q^+ (äquivalent dazu, R als Schnitte in Q). Alle drei Definitionen sind natürlich isomorph, wir können uns also mit einem angeordneten, vollständigen Körper *K* als Gesamtheit der reellen Zahlen begnügen und für dessen Existenz auf L^* verweisen, wodurch zugleich die Anwendbarkeit in der Geometrie gegeben ist. Schnitte in den rationalen Zahlen, also die ursprünglich von R. Dedekind geschaffenen reellen Zahlen, sind in der Isomorphie von *K* und L^* aufgehoben, in der Analysis spielen sie keine Rolle mehr. Mit ℝ, d.h. „reelle Zahlen", wird sowohl der abstrakte Körper *K* als auch die geometrische Struktur L* bezeichnet, welche in der Zahlengeraden repräsentiert ist, obwohl beides eigentlich keine Zahlen sind.

Literatur

Becker, O.: Grundlagen der Mathematik in geschichtlicher Entwicklung. Freiburg 1964.

Dedekind, R.: Stetigkeit und irrationale Zahlen. Braunschweig 1872.

Descartes, R.: Geometrie. Übers. L. Schlesinger. Darmstadt 1981.

Ebbinghaus, H.-D. et al.: Zahlen. Verlag Springer. Berlin 1983.

Efimow, N. W.: Über die Grundlagen der Geometrie. Berlin 1970.

Euklid: Die Elemente. Übers. C. Thaer. Darmstadt 1973.

Hartshorne, R.: Geometry: Euclid and Beyond. Springer, Berlin 2000.

Hilbert, D.: Grundlagen der Geometrie. Teubner Stuttgart 1977.

Hölder, O.: Die Axiome der Quantität und die Lehre vom Maß. In: Berichte über die Verhandlungen der königlich Sächsischen Gesellschaft der Wissenschaften zu Leipzig. Mathematisch-Physikalische Klasse, 53, 1901. S. 1–46.

Kirsch, A.: Elementare Zahlen- und Größenbereiche. Göttingen 1970.

Landau, E.: Grundlagen der Analysis. Leipzig 1930.

Rautenberg, W.: Reelle Zahlen in elementarer Darstellung. Stuttgart 1979.

Toeplitz, O.: Die Entwicklung der Infinitesimalrechnung. Springer, Berlin 1949.

Dr. Harald Boehme, FB Mathematik/Informatik, Universität Bremen, Postfach 330440, DE-28334 Bremen, hboehme@uni-bremen.de

Adam Ries(e) und das Rechnen auf den Linien – Erfahrungen mit Grundschulkindern

Claudia Böttinger

Mathematikgeschichte für Grundschulkinder?

An der Universität Duisburg-Essen (Standort Essen) gibt es ein Projekt zur Förderung mathematisch interessierter Grundschulkinder. Eingerichtet wurde der Förderkreis an der Universität Essen von Prof. Jahnke, um Konzepte zu entwickeln, die über eine reine mathematische Förderung der Kinder hinausgehen.

Es gibt einen Katalog von Förderschwerpunkten für mathematisch interessierte Grundschulkinder von BARDY 2003, der sich sehr stark an innermathematischen Zielen orientiert, wie z. B. Argumentieren, schlussfolgerndes Denken oder räumliches Vorstellungsvermögen. Darüber hinaus schlägt KÄPNICK 2003 vor, auch thematische Problemdiskussionen, mathematische und naturwissenschaftliche Experimente oder auch Erkundungs- und Anwendungsprojekte in derartige Förderkurse mit einzubeziehen. Dies erscheint aus der persönlichen Erfahrung in der Begabtenförderung sowohl mit Erst- und Zweitklässlern als auch mit Dritt- und Viertklässlern überaus wichtig zu sein. Themen, die neben der Mathematik weitere inhaltlich interessante Aspekte bieten, über die man sprechen kann, stoßen bei den Kindern immer auf großes Interesse. Sie lernen die verschiedenen Facetten der Mathematik kennen und interessieren sich für ihre Bedeutung in der Gesellschaft. Daher ist es das verstärkte Anliegen, Themen zu suchen, die diesem Bedürfnis entgegen kommen. In diesem Zusammenhang spielen historische Themen eine herausragende Rolle. Gestützt wird ein derartiges Vorgehen durch die Beobachtungen der Hochbegabtenforschung, z. B. FEGER, PRADO 1998, S. 67, wonach sich hochbegabte Grundschulkinder häufig auch durch vielseitige Interessen auszeichnen.

KÄPNICK 2001 empfiehlt darüber hinaus, gelegentlich etwas aus dem Leben berühmter Mathematiker zu erzählen und auch Knobelaufgaben von Mathematikern zu besprechen. Hier gehen wir noch einen Schritt weiter. Mathematikgeschichtliche Themen werden grundsätzlich in den historischen (und ggf. in den geographischen oder kulturellen) Kontext eingebettet. Dabei wird besonderer Wert auf Authentizität gelegt, d.h. dieser Hintergrund wird möglichst nicht vermeintlich kindgemäß reduziert. Dass hierbei trotz alledem auf Verständlichkeit geachtet werden muss, versteht sich von selbst.

Aber nicht nur für interessierte oder begabte Grundschulkinder sind mathematikgeschichtliche Themen von Bedeutung. Für sie gelten dieselben Gründe, wie sie auch für Kinder anderer Schulstufen gelten. Durch die geringeren mathematischen und historischen Vorkenntnisse bei Grundschulkindern ist die Gewichtung der einzelnen Faktoren gelegentlich anders als bei älteren Kindern:

JAHNKE (1998) führt im Wesentlichen drei Gründe an, speziell mathematikgeschichtliche Themen in den Unterricht zu integrieren:

„Geschichte der Mathematik kann beitragen

- *zu Einsichten in die Entwicklung mathematischer Begriffe,*
- *zu einem vertieften Verständnis der Rolle der Mathematik in unserer Welt: Bezug zu Anwendungen, Kultur und Philosophie,*
- *zur Wahrnehmung und zum Verstehen der subjektiven Seite der Mathematik: Ziele und Intentionen mathematischer Begriffsbildungen und Verfahren, Möglichkeiten alternativer Wege, persönliche Aspekte."*

Bei Grundschülern besteht auf Grund der geringen mathematischen Vorkenntnisse hier Klärungs- bzw. Spezialisierungsbedarf. Mathematische Begriffe sind ihnen nur im begrenzten Ausmaß bekannt. Daher bietet es sich ganz besonders an, auf die Entwicklung des Zahlbegriffs, des Rechnens oder elementarer Rechenverfahren einzugehen. Von besonderem Interesse kann in diesem Zusammenhang sein, dass die Entwicklung der Zahlschrift und der Rechentechniken eng verbunden ist mit Handelsaktivitäten der Bevölkerung. Aus diesem sozialen Kontext heraus hat sich das Rechnen erst allmählich losgelöst bis hin zum kontextfreien Operieren mit Zahlen. Zu diesen Wurzeln kann man mit Grundschulkindern vorstoßen. Am Beispiel „Adam Ries und das Rechnen auf den Linien" soll dies aufgezeigt werden.

In diesem Zusammenhang spielt die Art der Heftführung eine besondere Rolle. Vorbild für die Notationen der Kinder sind die Reisetagebücher bei GALLIN UND RUF (2003), aber im bescheidenen Rahmen. Die drei Aspekte, die ein Reisetagebuch erfüllen soll – chronologisch, ausformuliert, unzensiert (GALLIN, RUF S. 90) – sind eine Leitidee. Die Kinder werden gezielt angehalten, Ideen, Lösungsansätze und persönliche Eindrücke zu notieren. Dabei ist das dialogische Lernen – wie Gallin und Ruf es nennen – mit einem Kreislauf aus Kernidee, Auftrag, Reisetagebuch, Rückmeldung wegen des großen Abstands zwischen zwei Förderstunden nur schwer umzusetzen. Die individuelle Auseinandersetzung jedes einzelnen Kindes mit dem Thema hat Vorrang vor optimierten Musterlösungen und Standardverfahren. Betrachtet man die häufig zitierten Merkmale und Fähigkeiten Hochbegabter wie divergentes Denken, schnelle Auffassungsgabe oder Kreativität (etwa C. FELS 1998), so wird deutlich, dass durch das Konzept des Reistagebuchs diese Eigenschaften produktiv genutzt werden können.

Adam Ries(e) und seine Zeit

Das Verständnis der Zeit, in der ein (mathematik-)geschichtliches Thema angesiedelt ist, ist von zentraler Bedeutung, will man Wichtigkeit verstehen. An dieser Stelle soll daher kurz der historische Hintergrund beleuchtet werden, der für das Thema „Rechnen auf den Linien" von Bedeutung ist; wohl wissend, dass man damit sicherlich nicht der ganzen Epoche gerecht wird. Eine ausführliche Darstellung der Zeit der Renaissance mit all ihren Facetten – aufgearbeitet für die Schule – findet sich im Rahmen eines Projekts der Universität Heidelberg.

Zeitlich befinden wir uns im 15./16. Jahrhundert – die Zeit der Renaissance. Sie ist geprägt durch einen sich ausdehnenden (Fern-)Handel. Das Geschäft mit Seide aus China und Gewürzen aus Indien nimmt einen hohen Rang ein. Für die auftretenden Zahlungsschwierigkeiten hatten italienische Kaufleute erste Lösungen, es erwuchs der Wechselbrief als Kreditpapier. Es entstanden Bankiers- und Kaufmannsfamilien, die auch politischen Einfluss gewannen. Die berühmtesten Beispiele sind sicher die Medici in Italien und die Fugger aus Augsburg in Deutschland. Damit einher ging eine Zunahme der Handelszentren, gekoppelt mit dem entsprechenden Bevölkerungszuwachs in diesen Orten. Dies hatte eine Veränderung der Landwirtschaft zur Folge, weil die eben diese Stadtbevölkerung mitversorgen musste.

Vor diesem Hintergrund wird verständlich, dass damit auch die Anforderungen an die Rechenfertigkeiten enorm anwuchsen. Da der Großteil der Bevölkerung aber nicht nur nicht lesen und schreiben konnte, sondern auch nicht rechnen, gab es Rechenschulen (geführt von Rechenmeistern). Ein derartiger Rechenmeister war Adam Ries, (gelegentlich auch Adam Riese, was der Mode der damaligen Zeit entsprach, s. ROCH 1959). Er wurde 1492 in Staffelstein am Main geboren. Nach einiger Zeit in Zwickau und Erfurt, wo er wohl schon eine Rechenschule führte, siedelte er 1522/23 nach Annaberg im Erzgebirge, weil die dortige Silbererzgewinnung einen größeren Bedarf an Rechenmeistern versprach. Details dieser Berechnungen kann man z.B. bei W. SCHELLHAS 1977 nachlesen. Adam Ries unterhielt eine Rechenschule und übernahm eine Reihe öffentlicher Ämter, die alle im Zusammenhang mit seinen Rechenfertigkeiten standen. Besonders berühmt geworden ist seine

Brotordnung, in der es um den Brotpreis in Abhängigkeit vom Getreidepreis ging. Adam Ries verstarb im Jahre 1559 in Annaberg. Er schrieb drei Rechenbücher, von denen gerade das zweite wegen seiner Verständlichkeit besondere Verbreitung gefunden hat. FRITZ UND HILDEGARD DEUBNER 1960 (zitiert nach H. WUSSING 1992) haben 108 Auflagen nachweisen können.

Das folgende Bild zeigt das Deckblatt des dritten Rechenbuchs (A. RIES, 1550/1976) mit dem einzigen bekannten Portrait von Adam Ries:

Adam Ries
1492 * in Staffelstein (Franken)
1509 Lehrjahre in Zwickau,
Rechenschule in Erfurt
1518 „Rechnung auff der Linihen"
1522 „Rechenung auf der linihen und federn"
1559 † in Annaberg

Das besondere Verdienst der Rechenmeister im allgemeinen liegt darin, dass sie für die Verbreitung unseres indisch-arabischen Ziffersystems und der damit verbunden Rechenverfahren verantwortlich sind. Sie stehen für den Übergang vom Rechnen auf den Linien zu dem Rechnen mit der Feder, d.h. dem ziffernweisen Rechnen auf Papier. Adam Ries(e) im Speziellen ist von Interesse, weil er durch sein zweites Rechenbuch sehr bekannt war und sich von daher die Redensart „Nach Adam Riese ist 2 x 2 = 4" (o.ä.) erhalten hat.

Zwischen den „Abacisten" und „Algorithmikern" hat sich sogar ein Streit entwickelt, in den sich auch die Kirche eingemischt hat, ein Zeichen für die oben erwähnte subjektive Seite der Mathematik. Dieser hat sich im Laufe des 16. Jahrhunderts zu Gunsten der Algorithmiker entschieden; Grund genug, sich einmal mit dem Rechnen der Abacisten zu beschäftigen.

Bevor mit den uns bekannten Ziffern gerechnet wurde, waren die römischen Zahlen verbreitet. Genaueres über die Verwendung der römischer Zahlen im Mittelalter findet sich bei K. MENNINGER (1958). Gerechnet wurde auf dem Rechenbrett oder auf Rechentischen. Ein seltenes Original kann man im Braunschweiger Landesmuseum noch besichtigen. K. MENNINGER 1958 zeichnet auch die Entwicklungsgeschichte vom römischen Abakus bis zum Rechnen auf den Linien (und zur russischen Rechenmaschine) nach.

Die Linien haben eine Wertigkeit von 1, 10, 100, 1000, die Zwischenräume eine von 5, 50, 500. Zahlen werden mit Hilfe von Rechenpfennigen gelegt; die verschiedenen Spalten dienen zur Darstellung verschiedener Zahlen.

Schematischer Aufbau eines Rechenbretts

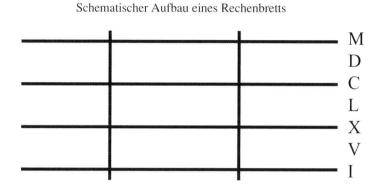

Bei der Darstellung von Zahlen sind zwei Regeln einzuhalten:

1. Auf der Linie dürfen max. 4 Rechenpfennige liegen
2. Zwischen den Linien darf max. 1 Rechenpfennig liegen

Die verschiedenen Spalten dienen zur Darstellung verschiedener Zahlen, insbesondere auch verschiedener Maße, auf die hier nicht eingegangen werden soll.

Anzumerken ist, dass Adam Ries auch mit den „neuen" indisch-arabischen Ziffern in Verbindung mit dem Rechenbrett gearbeitet hat, s. etwa RISE, ADAM 1574/1992. Die Arbeit mit dem Rechenbrett sah er gerade als sinnvolle Vorstufe zum Rechnen mit Zahlen. Die Verwendung der römischen Zahlzeichen hatte bei uns didaktische Gründe, s.u.

Umsetzung des Themas für die Kinder

Nach Klärung des historischen Hintergrunds (s.o.) wurden mit den Kindern zunächst die römischen Zahlzeichen behandelt. Sie haben die römischen Zahlzeichen I, V, X, C, D, M kennen gelernt sowie die Regeln zur Zusammensetzung. Dabei haben wir die Notationen IV für 4 und CM für 900 etc. verwendet, dies entspricht der gängigen Darstellung in den Schulen, vgl. etwa W. TRAPP (2001). Bei uns hatte die Benutzung römischer Zahlzeichen den Sinn der Verfremdung. Die Kinder sollten davon abgehalten werden, im Kopf oder schriftlich mit den gewohnten Zahlen zu rechnen. Vorerfahrungen mit Zweitklässlern haben gezeigt, dass die Kinder auf diese Weise das „Rechnen auf den Linien" gern umgehen.

Zu Demonstrationszwecken war ein großes nachgebautes Rechenbrett vorbereitet. Die Kinder waren gehalten, für das eigene Arbeiten selbst Linien ins Heft einzutragen (DIN A4 quer!).

Die Kinder sollten selbstständig Aufgaben zur Addition und Subtraktion bearbeiten, wobei es uns nicht auf historische Richtigkeit ankam, wohl aber auf richtige Verfahren. Hinweise auf mögliche Verfahren wurden den Kindern nicht an die Hand gegeben.

Hier hatte die individuelle Auseinandersetzung mit dem Thema Vorrang vor der Mathematikgeschichte. Auf diese Weise erhofften wir eine intensivere Beschäftigung und Identifikation mit dem Rechenbrett. Multiplikation mit einstelligen Faktoren war in der vorgegebenen Zeit (90 Minuten) mit Dritt- und Viertklässlern nicht möglich. Erst bei der Arbeit mit Sechstklässlern fanden sich vereinzelt Schüler, die auch die Multiplikationsaufgaben in der vorgegebenen Zeit gelöst haben. Darauf soll an dieser Stelle aber nicht näher eingegangen werden.

Kinderlösungen

Lösung von David:

Lösung von Sandra:

Sehr typisch für viele Kinderlösungen war auch, dass alle drei Spalten des Rechenbretts verwendet wurden: Für jeden Summanden eine und eine für das Ergebnis. Folgende Lösung, die schematisch nachgezeichnet wurde, kann stellvertretend für viele ähnliche stehen. Beispiel XVII+XXXIV

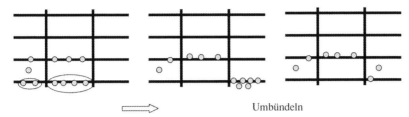

Umbündeln

Von den unteren zu den oberen Linien wird dann analog weiter gearbeitet.

Schwierigkeiten

Bei den vorgestellten Aufgaben lassen sich zwei Probleme besonders isolieren:

1. Die Darstellung von Zahlen der Form IV und IX (u.ä.) war manchmal problematisch. Hier ist die Darstellung in römischer Schreibweise und die Darstellung auf dem Rechenbrett nicht parallel. Erfreulicherweise haben sich die Kinder gegenseitig erklärt, wie diese Zahlen gelegt werden müssen. Anschließend waren die Kinder durchaus in der Lage, richtig zu legen. Zu überlegen ist, ob die historisch richtige Notation IIII für unsere 4 und VIIII für 9 sinnvoller ist. Sie weicht aber von der Notation ab, wie sie in Schulen unterrichtet wird.

2. Die folgende Lösung von Julius bringt ein zentrales Problem deutlich zum Ausdruck:

So habe ich das gemacht: Ich habe zuerst die Plä die Plättchen auf die Zeichen gelegt und dann auf Deutsch nachgerechnet.

Obschon mit römischen Zahlen gearbeitet wurde und das Ergebnis mit Hilfe römischen Zahlen angegeben werden sollte, haben einige Kinder den Umweg über das Rechnen mit den heute gewohnten Zahlen gewählt. Durch die Verwendung der römischen Zahlzeichen konnte dieses Problem deutlich zurückgedrängt werden, es ließ sich aber offensichtlich nicht ganz ausräumen. Es ist auch ein Zeichen dafür, dass für diese Kinder das mathematische Problem (Addition zweier Zahlen) Vorrang vor dem historischen Problem (Addition mithilfe des Rechenbretts) hat.

Didaktische Anmerkungen zum Rechnen auf den Linien

Die Lösungen von Julius und David zeigen sehr deutlich Ansätze für unterschiedliche Begabungsausprägungen. Dass diese existieren, hat KÄPNICK 1998 mit Hilfe seines Indikatortests in Verbindung mit einer Faktorenanalyse gezeigt. Es ist davon auszugehen, dass die Kinder, die an die Universität kommen, in der Schule gute Mathematikleistungen zeigen. Kinder, die – aus bisher nicht erforschten Ursachen – nicht angemessen mit bildlichen Darstellungen umgehen, haben bei den vorgestellten Aufgaben erhebliche Nachteile. Die Lösung von Julius kann ein Hinweis auf ein derartiges Problem sein, während die Lösung von David ein sehr gutes Verständnis der bildlichen Darstellungen zum Ausdruck bringt (s.o.). Auf diese Weise hat das Thema „Rechnen auf den Linien" einen gewissen diagnostischen Charakter.

Das Beispiel zeigt darüber hinaus aber auch, dass die Arbeit mit dem Rechenbrett für einige Kinder eine größere Herausforderung darstellt als das Rechnen mit den großen Zahlen. Dem ersten Anschein nach ist dies eine Trivialität, weil das Rechenbrett völlig neu ist. Erst auf den zweiten Blick wird die Bedeutung klarer:

1. In der Grundschule werden Arbeits- und Anschauungsmittel als zentrales Mittel gesehen, um mathematische Beziehungen darzustellen. Dass der Umgang mit diesen Materialien Lernstoff ist, der gesondert gelernt werden muss, ist dabei allgemein anerkannt. Die Schwierigkeiten beim Rechnen auf den Linien zeigen aber, dass es (auch für leistungsstarke Kinder) durchaus große Probleme bereiten kann, mit Veranschaulichungen zu arbeiten.

2. Es wurden auch Aufgaben gestellt, die über den in der Schule behandelten Zahlenraum hinausgingen. Das (richtige) Rechnen mit mehrstelligen Zahlen im Kopf ist durchaus eine anspruchsvolle Tätigkeit. Wir haben im Heft von Julius keine weiteren Notizen von Zwischenergebnissen o.ä. gefunden.

3. Dieselben Beobachtungen macht man auch bei leistungsstarken Zweitklässlern. Für sie war sowohl das Rechnen mit großen Zahlen als auch der Umgang mit dem Rechenbrett neu. Es gab Kinder, die keine Probleme hatten, im Kopf weit über den in der Schule behandelten Zahlenraum hinaus zu rechnen. Der Umgang mit dem Rechenbrett bereitete ihnen aber große Schwierigkeiten.

Es deutet sich an, dass es sich beim Erlernen des Rechnens und bei der aktiven Deutung von bildlichen Darstellungen um zwei verschiedene Fähigkeiten handelt, die man auch unabhängig voneinander beobachten kann. Inwieweit der flexible Wechsel zwischen diesen beiden Darstellungen auch bei jüngeren Kindern ein Begabungsmerkmal darstellt und welche qualitativen Unterschiede man bei unterschiedlichen Leistungsgruppen beobachten kann, bedarf genauerer Untersuchung.

(Nicht nur) aus den obigen Beobachtungen kann man nun die Forderung ableiten, dass es sinnvoll ist, auch leistungsstarke Schüler mit Veranschaulichungsmitteln arbeiten zu lassen. Leider haftet den Schulmaterialien immer der Makel an, nur Hilfsmittel für schwache Kinder zu sein. Daher werden sie von den guten Kindern in der Regel abgelehnt. Hier ist das Rechnen auf den Linien ein idealer Ersatz. Durch die historische Einbindung entfällt der Aspekt des „Rechenhilfsmittels" völlig. Einen ähnlichen Effekt kann man auch beim Üben bzw. beim Wiederholen der schriftlichen Rechenverfahren erzielen. H. BIERMANN 1998 zeigt sehr schön, wie man das Rechnen auf den Linien in der 5. Klasse einsetzen kann. Auch hier befinden sich die Kinder durch den historischen Hintergrund nicht im Kontext „Üben und Wiederholen". *Mathematikgeschichte kann demnach auch dazu dienen, (für die Kinder) vermeintlich einfache Themen in einen anderen Kontext zu stellen und so wieder attraktiv zu machen.*

Eine kleine Bemerkung am Rande: Eine Besonderheit, die das Rechnen auf den Linien aufweist, ist die mögliche enge Verbindung zwischen den verschiedenen Kopfrechenstrategien (bzw. halbschriftlichen Rechenstrategien) und den Legestrategien am Rechenbrett. Grundsätzlich bestehen zwei verschiedene Möglichkeiten, die Aufgabe 17 + 34 zu rechnen, (vgl. MÜLLER, WITTMANN (1993), die durchaus unterschiedlich bewertet werden können (vgl.: ROTTMANN und SCHIPPER 2002):

1. Variante: 17 + 4 = 21 anschließend 21 + 30 = 51.
2. Variante: 10 + 30 = 40, 7 + 4 = 11, abschließend rechnet man 40 + 11 = 51

Analoge Strategien sind bei der Subtraktion möglich. Beide Strategien lassen sich parallel am Rechenbrett darstellen. Interessanterweise geht dies mit den zurzeit gängigen Materialien wie Hunderterrahmen oder Hunderter-Punkte-Feld nicht. Lediglich der Rechenrahmen aus dem Montessori-Programm funktioniert wie das Rechenbrett: Punkte auf Linien erhalten unterschiedliche Wertigkeiten (z. B. EICHELBERGER, 1999).

Unser Fazit

Allgemein kann man sagen, dass die Kinder das Thema „Rechnen auf den Linien" gerne bearbeitet haben. Da die Kinder freiwillig kommen, ist – neben allen didaktischen Erwägungen – die Zufriedenheit der Kinder für uns immer von besonderer Bedeutung. Einzelne Äußerungen der Kinder belegen dies recht deutlich:

> Was habe ich gelernt?
> Ich habe die römischen Zahlen gelernt und
> das rechnen mit dem Rechenbrett.
> Was habe ich erlebt?
> Ich hatte Spaß.

Anzumerken ist an dieser Stelle, dass „Spaß haben" im Zusammenhang mit Schule und Lernen von der Autorin ausdrücklich nicht verwendet wird. Die angegebene Äußerung ist vom Kind daher nicht übernommen werden (nach dem Motto „Hat es Euch denn Spaß gemacht?").

Für die Kinder war nicht nur das Rechenbrett neu, sondern häufig auch die römischen Zahlzeichen. In diesem Punkt bestand auf unserer Seite eine gewisse Unsicherheit. Die folgende Aussage (und auch die vorhergehende) mag dies belegen:

Der historische Aspekt des Themas ist bei den Kindern angekommen. Die Formulierung „früher" in der folgenden Aussage belegt dies ganz gut.

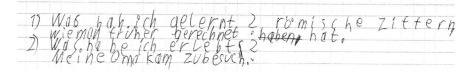

Darüber hinaus haben auch einige Kinder angemerkt, dass das Rechenbrett ja wohl der Taschenrechner von früher sei. Dieser Aussage kann man voll zustimmen, sie ist Zeichen für ein angemessenes Verständnis der historischen Situation.

Insgesamt können wir aus unserer Erfahrung sagen, dass man das „Rechnen auf den Linien" als Unterrichtsthema weiterempfehlen kann. Es ist unter verschiedenen Zielsetzungen einsetzbar und wird von den Kindern gut angenommen.

Literatur

Bardy, Peter, Aufgaben zur Förderung mathematisch leistungsstarker Viertklässler – Ziele und Erfahrungen, in: S. Ruwisch, A. Peter-Koop (Hrsg.): Gute Aufgaben im Mathematikunterricht der Grundschule, Mildenberger, Offenburg 2003, S. 182–195

Biermann, Heike, Rechner am Tisch, Mathematik lehren, Heft 91, 1998, S. 9–13

Deubner, Fritz, Adam Ries, der Rechenmeister des deutschen Volkes, NTM 1. Jg. (o. J.) Heft 3 (1960) S. 11–44

Eichelberger, Harald, Handbuch zur Montessori-Didaktik, Studien-Verlag, Innsbruck – Wien, 1999

Feger, B., Prado, T. M., Hochbegabung, die normalste Sache der Welt, Wissenschaftliche Buchgesellschaft, Darmstadt, 1998

Fels, Christian, Identifizierung und Förderung Hochbegabter in den Schulen der Bundesrepublik Deutschland, Verlag Paul Haupt, Bern Stuttgart Wien, 1998

Feger, Barbara, Identifikation von Hochbegabten. In K. J. Klauer & H.-J. Kornadt (Hrsg.)

Gallin, Peter, Ruf, Urs, Dialogisches Lernen in Sprache und Mathematik, Seelze-Velber, Kallmeyer, 2003

Jahnke, Hans Niels, Historische Erfahrungen mit Mathematik, Mathematik Lehren, Heft 91 (1998) S. 4–8

Käpnick, Friedhelm, Mathematisch begabte Kinder, Greifswalder Studien zur Erziehungswissenschaft, Bd. 5, Peter Lang, Frankfurt a. M., 1998

Käpnick, Friedhelm, Aufgabenformate für die Förderung mathematisch interessierter und begabter Grundschulkinder, in: S. Ruwisch, A. Peter-Koop (Hrsg.): Gute Aufgaben im Mathematikunterricht der Grundschule, Mildenberger, Offenburg 2003, S. 169–181

Käpnick, Friedhelm, Mathe für kleine Asse, Klasse 3/4, Volk und Wissen, 2001

Kießwetter, Karl, Die Förderung von mathematisch besonders begabten und interessierten Schülern – ein bislang vernachlässigtes sonderpädagogisches Problem, 38. Jg. 1985, MN, Heft 5 (1985) 300–306

Menninger, Karl, Zahlwort und Ziffer. Eine Kulturgeschichte der Zahl, Vandenhoeck und Ruprecht, Göttingen, 1958

Müller, Gerhard N., Wittmann, Erich Ch., Handbuch produktiver Rechenübungen, Klett, Stuttgart, 1993

Riese, Adam, Rechenung nach der lenge, auff den Linihen und Feder, Nachdruck der Ausgabe von 1550, Verlag Dr. H. A. Gerstenberg, Hildesheim, 1976

Riese, Adam, Rechenbuch auff Linien und Ziphren in allerly Hand, Nachdruck der Ausgabe von 1574, Verlag Th. Schäfer, Hannover, 1992

Roch, Willy, Adam Ries – Ein Lebensbild des großen Rechenmeisters, Verlag Klaus Edgar Herfurth, Frankfurt/Main (1959)

Rottmann, Thomas, Schipper, Wilhelm, Das Hunderterfeld – Hilfe oder Hindernis beim Rechnen im Zahlenraum bis 100? JMD 23 (2002), 51–74

Schellhas, Walter, Der Rechenmeister Adam Ries (1492 bis 1559) und der Bergbau, Veröffentlichung des Wissenschaftlichen Informationszentrums der Bergakademie Freiberg Nr. 74/1 (ca. 1977)

Trapp, Wolfgang, Kleines Handbuch der Maße, Zahlen, Gewichte und der Zeitrechnung, Reclam, Stuttgart, 2001

Wussing, Hans, Adam Ries, Teubner Verlagsgesellschaft, Leipzig, 1992

    Dr. Claudia Böttinger
    Universität Duisburg-Essen – Standort Essen
    Fachbereich Mathematik
    45117 Essen
    claudia.boettinger@uni-due.de

Die Mathematik des Adam Ries im Vergleich mit der heutigen Mathematik des Realschullehrplans[1]

Michaela Hauser

Sprichwörtlich ist Adam Ries den meisten Menschen bekannt aus der umgangssprachlichen Redewendung „… 3 x 4 ist nach Adam Riese 12 …". In der Redensart wird sein Name in falscher Schreibweise gebraucht (Riese anstatt Ries) und lässt ihn damit in übergroßer Gestalt erscheinen. Sein Ruhm beruht auf seinen pädagogischen, in deutscher Sprache geschriebenen Rechenbüchern.

1.0   Mathematik von Adam Ries

1.1   Drei Bücher und deren Inhalte

Das erste Rechenbuch von Adam Ries erschien 1518. Das Rechnen zu Adam Ries Zeit war das Linienrechnen, besser bekannt als Rechnen mit Rechenpfennigen. Dies ist ein rein mechanisches Verfahren, man brauchte bloß zählen können. Eine Additionsaufgabe sieht auf dem Rechenbrett wie folgt aus[2]:

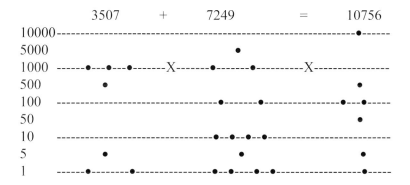

---

[1] Dem Vortrag liegt der bayerische Realschullehrplan zugrunde, wobei sich die meisten Themengebiete mit großer Sicherheit in jeder Mittelstufenmathematik bzw. Sekundarstufe I wieder finden dürften.

[2] Roch 1959; S. 37

Da auf einer Linie höchstes vier, in einem Spatium nur ein Zahlenpfennig liegen kann, muss man eventuell umwandeln. Dieses Umwandeln nennt man *elevieren*, d.h. aufheben.

Die Art der Zahlendarstellung war kein reines Zehnersystem sondern gemischtes Fünfer- und Zehnersystem, entsprechend der römischen Numeration I, V, X, L, C, D, M.

Das „Fünferbündeln" praktizieren wir noch heute z.B. der Wirt beim Anschreiben auf dem Bieruntersetzer.

Im zweiten Rechenbuch, welches 1525 erschien, verbindet Ries das Linienrechnen mit dem Rechnen „auf der Federn". Rechnen auf der Federn ist das schriftliches Rechnen mit der indisch arabischen Zahlenschreibweise. Beim Addieren auf der Federn besteht zwischen damals und heute kein Unterschied. Dieses Buch lieferte entscheidende Impulse für die Durchsetzung des schriftlichen Rechnens mit indisch-arabischen Zahlenschreibweise.

Aus dem Inhaltsverzeichnis des zweiten Rechenbuchs werden seine Schwerpunkte ersichtlich:

– *Nummerieren* Lesen und Schreiben von Zahlen mit arabischen Ziffern im indischen Positionssystem wird gelehrt.

– *Von den Linien* Rechenoperationen auf den Linien: Addieren, Subtrahieren, Duplieren, Medieren, Multiplizieren, Dividieren

– *Rechnen auf der Feder*   Rechenoperationen auf den Linien: Addieren, Subtrahieren, Duplieren, Medieren, Multiplizieren, Dividieren

– *Progression* Berechnung der Summen von arithmetischen und geometrischen Reihen

– *Dreisatz*

– *Von gebrochenen Zahlen* Rechenoperationen mit Brüchen, Addieren, Subtrahieren, Duplieren, Medieren, Multiplizieren, Dividieren; sowie Bruchteile von Bruchteilen berechnen

– *Aufgabenbeispiele in Goldwährung*

– *Vom Geldwechsel*

– *Gewand, Minderwertige Ware, Safran*

– *Silber- und Goldrechnung*

– *Beschickung des Schmelztiegels*

– *Vom Münzschlag*

– *Von Handelsgesellschaften*

– *Vom Warentausch*

– *Regula de tri*

– *Zech- oder Jungfrauenrechnung*: Systeme diophantischer Gleichungen, d.h. Gleichungen, die ganzzahlige Lösungen verlangen

– *Konstruktion magischer Quadrate*

– *Schneckenalgorithmus*

Die von Ries gewählten Schwerpunkte waren[3]:

Kapitel (Inhalt)	Anzahl der Aufgaben
Vom Wechsel (Geldumrechnungen)	44
Regula detri (Dreisatz)	43
Von gebrochenen Zahlen	35
Regula falsi (doppelter falscher Ansatz)	34
Volgen etzliche exempel in golt	30

---

[3] Gebhardt 1994; S. 190

Silber und golt rechnung	21
Von Gesellschafften	10
Regula cecis oder virgina	8
Vom Stich (Warentausch)	5

Insgesamt beinhaltet das Buch neben reinen Übungen insgesamt 237 Anwendungsaufgaben.

Adam Ries gilt als ein Wegbereiter des Neuen. Im Volksmund wird er auch als „Rechenmeister des deutschen Volkes" bezeichnet.

Das dritte Rechenbuch, die „Praktika", erschien 1550. Auf dem Titelbild finden wir dieses zeitgenössische Portrait von Adam Ries, von dem Nürnberger Meister Sebald Beham (1500–1550) geschaffen. Natürlich bleibt völlig offen, in wieweit es das wahre Äußere von Ries wiedergibt.

4

Die Coß, das vierte Rechenbuch blieb bis 1992 unveröffentlicht. Coß nennt man Rechenbücher des 15./16. Jahrhunderts, die nicht nur Sammlungen von Beispielaufgaben enthalten, sondern nach allgemeinen Lösungen suchen und mathematische Symbole und Kunstwörter verwenden.

---

[4] Titelblatt des dritten Rechenbuches (1550), erste Auflage (Staffelsteiner Schriften Band 1; S. 153).

1.2 Mathematikdidaktik des Adam Ries in seinen Rechenbüchern

Die Rechenbeispiele in seinen Büchern waren auf die Bedürfnisse des täglichen Lebens zugeschnitten, z.B. Geldwechsel, Umrechnungen verschiedenster Maße, Gewichte und Währungen, Kauf von Vieh, Gewürzen, Eisenwaren und Textilien, Edelmetallgehalt von Münzen und Schmuckerzeugnissen. Jedoch findet man ebenso uralte Aufgaben der Unterhaltungsmathematik.

Der Erfolg seiner Bücher war vor allem in der methodischen Einheit von Linienrechnung und Rechen auf der Feder begründet.

Ries beginnt mit dem anschaulichen Linienrechnen, sichert Stufenerfolge beim Erwerb der Rechenkenntnisse, beachtet pädagogische Grundsätze wie „vom Leichten zum Schweren".

Die Steigerung des Schwierigkeitsgrades in den Aufgaben, d.h. vom Einfachen zum Zusammengesetzten beachtet Ries ebenfalls. 300 Jahre später lehrte Pestalozzi: „Anschauung ist das Fundament aller Erkenntnis".

Man nennt Adam Ries den „Drei-Stufen-Didaktiker", denn seine drei Rechenbücher weisen einen genetischen Stufengang auf. So beinhaltet das erste Buch nur das Linienrechnen, das zweite und dritte Buch die Linienrechnung mit Rechnen auf der Federn und im vierten Buch die Popularisierung algebraischer Methoden in der Coß.

Der Sprachgebrauch in seinen Büchern ist umgangssprachlich und im Rezeptstil. Ries verwendet wenig mathematische Fachbegriffe nur z.B. Addieren etc.

Im Gegensatz zur heutigen Begründungsdidaktik stehen folgende charakteristische Merkmale für die Mathematik von Adam Ries:

Er beachtet eine Gleichmäßigkeit des Verfahrens: Er beginnt mit Regel, Ansatz, Ausrechnung und Probe und übt daraufhin Beispiele. Er wiederholt immanent, getreu der Redewendung: „Übung macht den Meister!" Eine Begründung der Formalismen und Methoden gibt Ries nicht. Adam Ries praktiziert eine rein mechanische Mathematik – die so genannte *„Aufgabendidaktik"*.

Erfolg hatte Ries auf jeden Fall mit seiner Methode. Seine Bücher waren aktuell von ca. 1520 bis 1730.

2.0 Heutige Mathematikdidaktik

Die fachbezogenen Unterrichtsziele beinhalten so genannte Kulturtechniken, wie Volumenberechnung, Flächenberechnung, Ein mal Eins, Überschlag, Rechnen mit Größen sowie die Fähigkeit, einfache Umweltsituationen zu mathematisieren z.B. Sachaufgaben, Bruchrechnung, Prozentrechnung.

3.0 Vergleich der Mathematik des Adam Ries mit der heutigen Mathematik der Realschule anhand von ausgewählten Beispielen (Sekundarstufe I)

3.1 Überblick (Tabelle)

Eine Gegenüberstellung der mathematischen Lehrinhalte des Adam Ries und den vergleichbaren Lehrinhalten der heutigen Realschule:

Lehrinhalte des Adam Ries	Vergleichbare Lehrinhalte des heutigen Realschullehrplans
Addieren, Summieren, Duplieren, Medieren, Multiplizieren, Dividieren	vgl. Grundschullehrplan
Neunerprobe	5. Jahrgangsstufe: Teilbarkeitsregeln
Progression	Dieses Thema wird an der Realschule nicht behandelt.
Regula de tri	Berechnen fehlender Größen, Sachaufgaben lösen. 7. Jahrgangsstufe (LP Proportionalitäten)
Bruchrechnung	6. Jahrgangsstufe (LP Bruchterme)
Prozentrechnung	7. Jahrgangsstufe (LP Proportionalitäten)
Zinsrechnung	7. Jahrgangsstufe (LP Proportionalitäten)
Regula falsi (doppelter falscher Ansatz)	Heutige Lösung mit „Lösen eines Gleichungssystems": 9. Jahrgangsstufe (LP Systeme linearer Gleichungen und Ungleichungen)
Regula cecis oder virginum	Heutige Lösung mit „Lösen eines Gleichungssystems": 9. Jahrgangsstufe (LP Systeme linearer Gleichungen und Ungleichungen)

3.2.0 Einzelne Beispiele

Im Folgenden werden der Dreisatz, die Bruch- und Prozentrechnung sowie eine Vergleichsaufgabe zum Linearen Gleichungssystem vorgestellt.

3.2.1.1 Vergleichsaufgabe Regula de tri / Dreisatz bzw. Verhältnisgleichung:

Einführung in die Regula de tri im Originaltext von Adam Ries:

Eine einfache Dreisatzrechnung: Ellenberechnung
Der Originaltext von Adam Ries:

Originaltext von Adam Ries in moderner Fassung:

6 Ellen kosten 5 Gulden 5 Groschen und 3 Pfennige. Wie teuer kommen 32 Ellen? Ergebnis: 28 Gulden. - Setze

  6 5.5.3 32

Mache in der Mitte Gulden zu Groschen, danach Groschen zu Pfennigen[5]. Dann steht

  6 1323 32

Multipliziere, dividiere, es kommen Pfennige heraus. Die mache zu Groschen und danach die Groschen zu Gulden.

---

[5] Es gelten die Umrechnungen: 1 Gulden = 21 Groschen, 1 Groschen = 12 Pfennige, also sind 5 Gulden 5 Groschen 3 Pfennig = 1323 Pfennig (vgl. Anhang).

3.2.1.2 Gegenüberstellung der Lösungsverfahren:

Dreisatzschema von Ries:

6   1323   32

1. Rechenoperation:

Multiplikation der beiden hinteren Zahlen: $1323 \cdot 32 = 42336$

2. Rechenoperation:

Division des Ergebnisses der ersten Rechenoperation durch die erste Zahl:

$42336 : 6 = 7056$

Somit entsprechen 7056 Pfennig 28 Gulden.
 Ries führt in seinen Büchern nur das schlichte Ausrechnen von Sachaufgaben vor. Es scheint aus heutiger Sicht, als hätte er die Mathematik zu stark vereinfacht und damit ihr ihre Vielseitigkeit genommen.

Das heutige „Dreisatzschema" würde im Vergleich wie folgt aussehen:

6 Ellen   1323 Pfennig
32 Ellen   x Pfennig

Der Ansatz der heutigen Verhältnisgleichung sieht wie folgt aus:

$$\frac{x}{32} = \frac{1323}{6}$$

$$x = \frac{1323 \cdot 32}{6} = 28 \text{ Gulden.}$$

Es besteht also der Unterschied nur in der formalen Anordnung der Größen und in der Verwendung einer Variablen.

3.2.2 Vergleich Bruchrechnung:

Die Rechenregeln beim Bruchrechnen und die Vorgehensweise bei der Einführung unterscheiden sich kaum. Bei Adam Ries fehlt die Veranschaulichung am Zahlenstrahl. Des weiteren legt Ries keinen Wert auf die Bestimmung des Hauptnenners. Er addiert, subtrahiert bei ungleichnamigen Brüchen mit über Kreuz Multiplizieren, am Schluss kürzt er jedoch wieder.

3.2.3.1 Vergleich Prozentrechnung:

Ein Beispiel für eine Prozentrechnung bei Adam Ries finden wir in seinem Kapitel zu der Goldwährung.

Vergleichsaufgabe Prozentrechnung:

Im Originaltext von Ries lautet die Aufgabe wie folgt:

Der Text nun in moderner Fassung:

1 Zentner Wachs für 15 Gulden 3 Ort[6] – Wie viel Pfund kommen für 1 Gulden heraus, wenn man 7 Gulden an 100 gewinnen will?

Ergebnis: 5 Pfund 29 Lot 3 Quent 2 Pfenniggewicht und $\frac{1684}{6741}$ Hellergewicht.

Mach's ´so: Rechne zuerst, wie viel Wachs für 100 Gulden herauskommt. Sodann addiere die 7 Gulden zu 100 und sprich: 107 Gulden geben soviel Wachs, z.B. hier 634 $\frac{58}{63}$ Pfund. Was gibt ein Gulden?

Schreibe als Bruch. Dann steht: 6741   40000 Pfund   1 Gulden

---

[6]   Es gelten folgende Umrechnungen: 1 Ort = $\frac{1}{4}$ Gulden,
    1 Zentner = 100 Pfund; 1 Pfund = 32 Lot, 1 Lot = 4 Quent,
    1 Quent = 4 Pfenniggewicht, 1 Pfenniggewicht = 2 Hellergeweicht.

3.2.3.2 Gegenüberstellung der Lösungsverfahren

Ries rechnet:

mit zweifachem Dreisatz.

1. Dreisatz:

Berechnung von der Menge Wachs für 100 Gulden

Schema:

$15\frac{3}{4}$ Gulden   100 Pfund   100 Gulden

63 Gulden   100 Pfund   400 Gulden

Durch Berechnung dieses Dreisatzschemas ergeben sich
$\frac{100\cdot 400}{63} = \frac{40000}{63} = 634\frac{58}{63}$ Pfund für 100 Gulden.

Daraufhin addiert Ries die sieben Gulden Gewinn zu den 100 Gulden, er erhält: 107 Gulden.

2. Dreisatz:

107 Gulden $634\frac{58}{63}$ Pfund   1 Gulden

6741 Gulden   40000 Pfund   1 Gulden

Durch Berechnung des zweiten Dreisatzschemas ergibt sich $\frac{1\cdot 40000}{6741} = 5$ Pfund 29 Lot 3 Quent 2 Pfenniggewicht und $\frac{1684}{6741}$ Hellergewicht.

Die eigentliche Prozentrechnung von Ries erfolgt mit Hilfe des Dreisatzes.

Diese Prozentrechnung löst man heute wie folgt:

Berechnung des Prozentwertes:

$15\frac{3}{4} \cdot 7\% = 1\frac{41}{400}$

Addition des Prozentwertes zum Grundwert:

$1\frac{41}{400} + 15\frac{3}{4} = 16\frac{341}{400}$

Proportion:

100 Pfund – $16\frac{341}{400}$ Gulden (inklusiv 7 % Gewinn)

x Pfund   –   1 Gulden

Somit gilt:

$\frac{x}{1} = \frac{100}{16\frac{341}{400}}$ und man erhält für $x = \frac{40000}{6741}$.

Dies ergibt unter Berücksichtigung der Umrechnungen: 5 Pfund 29 Lot 3 Quent 2 Pfenniggewicht und $\frac{1684}{6741}$ Hellergewicht.

3.2.4.1 Vergleichsaufgabe Lineares Gleichungssystem:

Im Originaltext von Ries lautet die Aufgabe wie folgt:

> Item ein furman ferth von Leipzig gen Nürnberg yñ 6 tagen/vnd ein ander furman ferth des selbigen tags aus von Nürmbergk kummet yñ acht tagen gen Leypzigk ynn wievicl tagen kommen sie zusamen Machs also sie kommen seÿ zusamen yñ 3 tagen examinir kumet dem ersten ein zweyteyl des wegs vnd dem andern drey achteyl addir zusamen kommen siben achteyl des wegs leügt zu wenigk ein achteyl. Setz derhalben sie kommen zusammen yñ 6 tagen examinir wie yßt gethan leügt zuuil sechs achteyl steht also.
>
> 3   minus   1
> 6   plus   6   7
>
> Rechen es so kommen 3 tag vnd drey sibenteyl vnn so langer zeit kommen sie zusamen.

Der Text nun in moderner Fassung:

Ein Fuhrmann fährt von Leipzig nach Nürnberg in 6 Tagen. Ein anderer Fuhrmann fährt am selben Tag von Nürnberg ab und kommt in 8 Tagen nach Leipzig. In wie viel Tagen treffen sie zusammen?

Mach's ´so: Setze an, sie träfen sich in 3 Tagen zusammen, und überprüfe es. Dann hat der erste die Hälfte, der zweite $\frac{3}{8}$ des Weges zurückgelegt. Addiere, es kommen $\frac{7}{8}$ des Weges heraus. Das ist $\frac{1}{8}$ zu wenig. Setze deshalb an, sie träfen in 6 Tagen zusammen, und prüfe wie eben nach. Es kommen $\frac{6}{8}$ zuviel heraus. Dann steht:

```
3    minus    1
                    7
6    plus     6
```

Rechne es aus, es kommen $3\frac{3}{7}$ Tage heraus. Nach so langer Zeit treffen sie zusammen.

3.2.4.1 Gegenüberstellung der Lösungsverfahren

Ries löst die Aufgabe mit dem doppelten falschen Ansatz:

Die Versuchszahlen lauten in diesem Beispiel 3 und 6. Somit erhält man folgendes Schema:

```
3    minus    1/8
                     7/8
6    plus     6/8
```

Die Fehlbeträge werden mit 8 erweitert:

```
3    minus    1
                    7
6    plus     6
```

Aufgelöst wird das Schema wie folgt:

$$\frac{3\cdot 6+6\cdot 1}{7}=\frac{18+6}{7}=\frac{27}{4}=3\frac{3}{7}$$

Als Lösung erhält man $3\frac{3}{7}$ Tage.

Im Vergleich hierzu die heutige Lösung dieser Aufgabe:

Man nimmt an, die beiden Fuhrmänner treffen sich nach x Tagen.

Der Fuhrmann hat bis zum Treffpunkt $\frac{x}{6}$ zurückgelegt, der zweite Fuhrmann $\frac{x}{8}$.

Da die Summe der beiden Streckenanteile 1 ist, folgt:

$$\frac{x}{6}+\frac{x}{8}=1$$

Bei Auflösen der Gleichung ergibt sich für x der Wert $3\frac{3}{7}$.

Bei dem Vergleich der ursprünglichen Aufgabe des Adam Ries mit der Heutigen sind nicht viele Gemeinsamkeiten festzustellen. Adam Ries löst seine Aufgabe mit dem doppelten falschen Ansatz. Diese Rechenmethode ist gänzlich aus der heutigen Schulmathematik verschwunden.

Die Bewegungsaufgaben[7] werden sehr gerne in der Realschule behandelt, da sie einen gewissen praktischen Hintergrund und Praxisnähe haben. Diese Aufgaben werden durch Gleichungssysteme gelöst. Dieser Aufgabentyp fällt in den Lehrplan der 9. Jahrgangsstufe Realschule: Lösen eines Gleichungssystems.

Eine Verbindung der Algebra mit der Geometrie findet sich in diesen Aufgaben wieder.

Doch Ries hat diese Veranschaulichung seinen Schülern vorenthalten.

---

[7] vgl. Habler, E.: S. 32ff.

4. Zusammenfassung

Zusammenfassend lässt sich feststellen, dass im Vergleich der Unterrichtsmethodik von damals und heute Grundsätzliches – wie Beginn mit dem Einfachen, didaktische Reduktion, kleine Schritte, der Abbau der Hilfen und die dauernde Wiederholung – auch heute in der Didaktik seine Gültigkeit hat.

Für den Lehrer stellt sich allerdings die Frage, inwieweit er Themen, Methoden und Aufgaben aus dem Riesschen Rechenbüchern gewinnbringend einsetzen kann.

Die Verknüpfung eines mathematischen Sachverhaltes mit dem Namen eines berühmten Mathematikers jedoch ist hilfreich für die Vermittlung der Mathematik.

Literatur

Gebhardt, Rainer (Hrsg.) (1994): Einblicke in die Coß von Adam Ries, Eine Auswahl aus dem Original mit aktuellen Anmerkungen und Kommentaren, Schriften des Adam-Ries-Bundes, Bd. 4, Einblicke in die Wissenschaft; Stuttgart, Leipzig, Zürich

Habler E. und andere (1996): Mathematik für Realschulen 9. Jahrgangsstufe, Wahlpflichtfächergruppe I.; Frankfurt am Main, München

Ries, Adam (1992): Coß, Faksimile und Kommentar, hrsg. und kommentiert von Wolfgang Kaunzer und Hans Wussing; Stuttgart, Leipzig

Ries(e), Adam (1991): Rechnung auf Linien und Federn...", hundertvierzehnte Auflage mit einem Nachwort von Manfred Weidauer (erste Auflage 1522); Erfurt

Roch Willy (1959): Adam Ries, ein Lebensbild des großen Rechenmeisters; Frankfurt am Main

Verlag Staffelsteiner Schriften (Hrsg.) (1992): Adam Rieß vom Staffelstein, Rechenmeister und Cossist. Band 1.; Stadt Staffelstein

Michaela Hauser, Staatliche Realsschule Schwabach
info@michaelahauser.de

*Der Ursprung unserer Zahlschrift, Proportionen
und die Einführung der reellen Zahlen.*
Ein Unterrichtskonzept für die 9. Klasse

Claudia Knütel

Die natürlichen, ganzen und rationalen Zahlen sind offenbar ebenso eine Erfindung des Menschengeistes wie die reellen Zahlen. Ein Blick auf den Ursprung und die Entwicklung unserer indisch-arabischen Zahlschrift soll den Schülern verdeutlichen, dass alle ihnen bereits bekannten Zahlenarten und -systeme vom Menschen entwickelt wurden und die reellen Zahlen hier keine Ausnahmerolle spielen, sondern eine weitere bedeutende Stufe dieser Entwicklung darstellen, die sich historisch aus Notwendigkeit ergeben hat.

Ausgehend von der Proportionenlehre und dem Pentagramm können die Themen der Klassenstufe wie z.B. Inkommensurabilität, Strahlensätze, Satz des Pythagoras, quadratische Gleichungen und Goldener Schnitt ineinander übergreifend behandelt und die Notwendigkeit der Zahlbereichserweiterung verdeutlicht werden.

Es wird hier nicht auf die Dauer und den Aufbau einer solchen Unterrichtseinheit eingegangen. Der Lehrplan gibt Auskunft über die Wochenzahl für die zu behandelnden Themen, so dass man sich hieran orientieren und Schwerpunkte setzen kann.

Vorbemerkungen

Bis zu Beginn der 9. Klasse haben die Schüler in der Regel u.a. folgende Themen behandelt:
– *Stellenwertsysteme* zu verschiedenen Basen (z.B. 10, 2, 5, 6, 12).
– Addition und Subtraktion in einigen anderen *Zahlensystemen* (Römische Zahlen, Hieroglyphen, Keilschrift).
– *natürliche, ganze und rationale Zahlen.*

Daher bieten sich für den Einstieg in die Unterrichtseinheit zur Einführung der reellen Zahlen die folgenden Fragen an:

„Welche *Arten* von Zahlen und Zahlensystemen (Zahlschriften) kennt Ihr?"

„Was ist das Besondere (z. B. besonders praktisch oder unpraktisch) an ihnen?"
„Wann sind diese Zahlensysteme ungefähr entstanden?"

Im Unterrichtsgespräch wird sich dann vermutlich automatisch die Frage ergeben, *„was vorher war".* Der Lehrer sollte den Schülern an dieser Stelle die Gelegenheit geben, selber zu überlegen, wie man zu Aussagen hierüber kommt. Anhaltspunkte geben uns archäologische Funde, anthropologische und ethnographische Untersuchungen sowie die Kinderpsychologie. Einige dieser Aspekte werden sicherlich von den Schülern angesprochen werden. Deutlich gemacht werden sollte, dass diese Aussagen aufgrund fehlender Quellen zum großen Teil spekulativen Charakter haben.

Die Herausbildung der Urgesellschaft

Mit Auftreten des *Homo Sapiens* um ca. 50.000 v. Chr. begann die Geschichte der menschlichen Produktivität, des Denkens und der Sprache. Bis etwa 10.000 v. Chr. bildete sich die *Urgesellschaft* heraus, in der der Mensch in der Auseinandersetzung mit seiner Umwelt auch zu ersten mathematischen und astronomischen Kenntnissen gelangte. Auf archäologischen Funden (z.B. Waffen, Tongefäßen, Webereierzeugnissen) finden sich geometrisch gestaltete Ornamente. Es waren bereits erste Ansätze von Zahlensystemen und Kalenderrechnungen bekannt. In einem langen Prozess entwickelte sich hieraus der abstrakte Zahlbegriff.

Den Kern, aus dem unsere gegenwärtige Zahlenvorstellung entstanden ist, bildet ein uns offenbar angeborenes rudimentäres Zahlengefühl.

Verhaltensforscher haben gezeigt, dass auch bei domestizierten Tieren (z.B. Hund, Affe, Elefant) und ausgeprägter bei Vögeln (z.B. Stieglitz, Nachtigall, Rabe, Elster) ein solches rudimentäres Zahlengefühl vorhanden ist. Sie sind rudimentär in der Lage, konkrete Mengen in einem Augenblick unmittelbar wahrzunehmen. Wie Kinderpsychologie und anthropologische Untersuchungen gezeigt haben, unterscheidet sich die Fähigkeit, bestimmte Mengen unmittelbar wahrzunehmen, bei Kleinkindern (ca. 14 Monate) und heute lebenden „Primitiven" (damit sind Mitglieder menschlicher Gesellschaften gemeint, die auf einem im Vergleich zu unserem sehr elementaren intellektuellen Niveau verblieben sind) nicht von bestimmten Tieren, solange nicht ein Intelligenzniveau erreicht ist, das die Erfassung komplexer Zusammenhänge ermöglicht.

Mengen bis zu ca. 4 bzw. 5 Elementen können wir unmittelbar auf einen Blick erfassen, bei größeren Mengen greifen wir meistens zum Hilfsmittel des abstrakten Zählens, das für zivilisierte Menschen charakteristisch ist.

Dieses angeborene Zahlengefühl ist von der Natur der Gegenstände unablösbar. Dem Menschen war zunächst nicht bewusst, dass die Flügel eines Vogels, die Augen, die Ohren, die Arme oder die Beine eines Menschen eine gemeinsame Grundeigenschaft haben: das „Zweisein". Er hat die Zahl ihm bekannter Mengen von Lebewesen oder Gegenständen wahrgenommen, ohne sie zu begreifen, und daher hat er auch nicht die Zahl benannt, sondern die damit verbundene Gesamtheit. Z.B. sagen die Fidschi-Insulaner *bole* für 10 Kähne, aber *karo* für 10 Kokosnüsse.

Eine wichtige Rolle bei der Wahrnehmung einer Menge spielt eine eventuelle Anordnung oder Gruppierung der Gegenstände oder Lebewesen. Z.B. können wir ohne Schwierigkeiten eine Menge mit 10 Elementen unmittelbar erfassen, wenn die Elemente in zwei Fünfergruppen in ähnlicher Weise wie die fünf Punkte auf einem Würfel angeordnet sind. Oder wir können eine Menge von vier Paaren problemlos in einem Augenblick wahrnehmen.

Als Zahlen wurden zuerst die *Einheit* und das *Paar* erfasst, danach wurde die Einheit mit dem Paar und das Paar mit dem Paar gepaart. Darüber hinaus gab es ein Wort, was *viel, mehrere, eine Masse, eine Menge* oder *unzählig* bedeutete.

In der Folgezeit scheinen *Zweier-* und *Dreiersysteme* entstanden zu sein. Trotz der wenigen Zahlworte war der Mensch in der Lage, größere Mengen zahlenmäßig zu erfassen, indem er z.B. Kerbhölzer, Kieselsteine, Knoten, Stäbchen, Finger etc. verwendete und Einheit mit Einheit in Beziehung setzte.

Bei der paarweisen Zuordnung wird ein abstrakter Begriff gebildet, der von der Natur der Gegenstände vollkommen unabhängig ist, er bezeichnet eine den beiden Mengen gemeinsame Eigenschaft, dabei handelt es sich um eine konkrete Messung der *Quantität* einer Menge, unabhängig von der *Qualität* ihrer Elemente. Dieser abstrakte Begriff bildet den Ausgangspunkt der Entwicklung des abstrakten Zahlbegriffes.

Wenn z.B. ein Hammelhirte seine Herde allabendlich in einer Höhle untergebracht hat und überprüfen wollte, ob seine Herde vollzählig in die Höhle zurückgekehrt ist, dann war eine Möglichkeit, an einem Abend bei jedem vorbeikommendem Hammel eine Kerbe in einen Knochen zu ritzen und an den folgenden Abenden bei jedem zurückkehrenden Hammel den Finger in eine dieser Kerben zu legen. Eine andere Möglichkeit wäre gewesen, bei jedem zurückkehrenden Hammel ein Steinchen oder Stöckchen beiseite oder in einen Lederbeutel zu legen.

Die Beobachtungen von Eingeborenen geben uns eine Vorstellung davon, wie unsere Vorfahren vermutlich ihren Körper als Hilfsmittel zum Zählen eingesetzt haben. In einer festgelegten Reihenfolge wird bei jedem Gegenstand der Menge ein Körperteil berührt und sich gemerkt, bei welchem Körperteil man am Ende angekommen ist. Um die fragliche Zahl wieder zu finden, muss nur jedes dieser Körperteile bis zu dem Letzten erneut berührt werden. Die Eingeborenen sprechen zu jeder dieser Gebärden den Namen des entsprechenden Körperteils. Da manche Körperteile mit dem gleichen Namen bezeichnet werden (z.B. bedeutet bei den Papua aus Neu-Guinea *anusi* „Kleiner Finger" und steht für 1 oder 22), darf die Gebärde nicht fehlen. Es werden also keine Zahlwörter im eigentlichen Sinn verwendet.

Von mehreren Personen kann gemeinschaftlich z.B. folgendermaßen eine sehr große Zahl erfasst werden, z.B. beim Zählen einer Viehherde: die erste Person zählt an Hand ihrer 10 Finger die vorbeilaufenden Tiere ab, die zweite Person zählt, wie oft bei der ersten beide Hände voll sind usw. Drei Personen können auf diese Weise bis 1.000 zählen.

Im nächsten Schritt haben unsere Vorfahren vermutlich verschiedenen konkreten Mengen eine spezielle *Hilfsmenge (Repräsentationsmenge)* zugeordnet: z.B. 5 Finger einer Hand oder 10 Finger oder 20 Finger und Zehen.

Nach und nach entstanden *abstrakte Zahlwörter,* um auf alle Gegenstände anwendbar zu werden. Es ist zu vermuten, dass die späteren Zahlwörter auf die körperbezogene Zeichensprache zurückgehen.

Um sich die Zahlen anzueignen, sie zu behalten, zu unterscheiden und zu kombinieren, ordnete der Mensch ihnen neben den konkreten Zahlzeichen wie Kerben in Knochen, Kieselsteinen, Stäbchen etc. und den mündlichen Zahlzeichen wie *Augen* oder *Brüste* für das Paar, die *Finger einer Hand* für fünf auch schriftliche Zahlzeichen zu. Dazu zählen graphische Zeichen aller Art, z.B. Kerben, Striche, Bildzeichen, Buchstaben, abstrakte Symbole. Diese Zeichen bezeichnet man als *Ziffern*.

Es existieren zwei grundlegende Möglichkeiten, Zahlen darzustellen:

1. Die „kardinale Möglichkeit" gründet sich auf das Prinzip der paarweisen Zuordnung: der Einheit wird ein Symbol zugeordnet, dieses wird so oft wiederholt, wie die darzustellende Zahl Einheiten enthält.
2. Die „ordinale Möglichkeit" setzt zusätzlich die Folge der natürlichen Zahlen voraus: jeder Zahl, beginnend mit der Einheit, wird ein eigenes Symbol zugeordnet.

Beide Darstellungen stoßen schnell an Grenzen. Dem Menschen ist es im Laufe der Zeit gelungen, durch Zeichen, Worte oder Schrift alle Zahlen mit relativ wenigen Symbolen darstellen zu können. Wir halten heute i.d.R. den kardinalen und ordinalen Aspekt nicht mehr auseinander. Um die Kardinalzahl einer Menge zu bestimmen, zählen wir einfach ihre Gegenstände. Die Ordnungszahl des letzten Gegenstands der Menge gibt zugleich die Anzahl ihrer Bestandteile wieder.

Das gegenwärtig verbreitetste Zahlensystem ist das Dezimalsystem (z.B. sind in allen mongolischen, indoeuropäischen und semitischen Sprachen die Zahlensysteme auf der Basis 10 aufgebaut). Dies geht sicherlich auf die Anatomie unserer beiden Hände zurück. Da die Finger einer Hand oder beider Hände als Gesamtheit eine natürliche Abfolge von Elementen darstellen, wird hierdurch sogar sowohl das Prinzip der Kardinalzahl als auch das der Ordinalzahl veranschaulicht. Die Vorteile der Größenordnung der Zahl 10 bestehen darin, dass sie gerade noch überschaubar ist, wenige Zahlwörter gelernt werden müssen und die Zahlen nicht so viele Stellen haben wie bei einer kleineren Basis.

Von Praktikern wurde mehrfach die 12 als geeignetere Basis vorgeschlagen (wegen der vielen Divisoren) und von Mathematikern eine Primzahl (7, 11) wegen der eindeutigeren Darstellung.

Verbreitet waren und sind außerdem das Quinärsystem mit der Basis 5 und das Vigesimalsystem mit der Basis 20. Die jeweilige Verwendung ist darauf zurückzuführen, dass manche Völker nur die Finger einer Hand und andere die 10 Finger und 10 Zehen zum Zählen benutzten. Für die Zeit-, Kreis- und Winkelberechnung benutzen wir noch heute das Sexagesimalsystem mit der Basis 60.

Die Agrarische Revolution

Die Urgesellschaft endete in verschiedenen Gebieten der Erde zu unterschiedlichen Zeiten.

Im 6. Jahrtausend v. Chr. begann in einigen geographischen Regionen der Erde die Ablösung der Jagd- und Sammelwirtschaft durch *Ackerbau* und *Viehzucht* (erste gesellschaftliche Arbeitsteilung).

Dies führte zur Auflösung der Urgesellschaft und Entstehung einer auf Agrarproduktion beruhenden Klassengesellschaft, des Privateigentums und des Staates.

Die Herausbildung und Weiterentwicklung wissenschaftlicher Erkenntnisse war notwendig, u.a. für Probleme wie *Feldvermessung, Kanalbau,*

Dammbau, die Festlegung von *Aussaat* und *Ernte,* die Voraussage von *Überschwemmungen* z.B. des Nils, die Berechnung von *Steuern* und *Abgaben,* die Berechnung der Größe von *Vorratsbehältern* etc.

Die Griechen schrieben den Ursprung der Mathematik den Ägyptern zu. Kenntnisse über die *Ägyptische Mathematik* (ca. 3.000. v.Chr. – 300 v.Chr.) vermitteln vor allem drei aufgefundene Urkunden: das Papyrus Rhind (ca. 1700 v.Chr.), das Papyrus Moskau und die Lederrolle. Die Schriftsymbole waren *Hieroglyphen,* das Zahlensystem war dezimal aufgebaut, stellte aber *kein Stellenwertsystem* dar. Aufbauend auf die Addition konnten sie die vier Grundrechenarten durchführen, z.B. wurde die Multiplikation durch fortgesetzte Verdoppelung und Addition der Ergebnisse durchgeführt. Bruchrechnung wurde mithilfe von Stammbrüchen (das sind Brüche mit Zähler 1) behandelt. Die Ägypter konnten bereits lineare und rein quadratische Gleichungen in einer Unbekannten lösen und in der Geometrie den Flächeninhalt von Dreiecken, Rechtecken, Trapezen und die Volumenberechnung eines quadratischen Pyramidenstumpfes berechnen, für die Kreiszahl π verwendeten sie den Näherungswert $(16/9)^2$, aber sie besaßen keine Mathematik im eigentlichen Sinn mit Beweisen. Daher beschränkten sich die Kenntnisse, die die Griechen von den Ägyptern übernommen haben, auf Rechenvorschriften und Rechenregeln.

Kenntnisse über die *Babylonische Mathematik* (ca. 2500. v.Chr. – 100 v.Chr.) verdanken wir vor allem schriftlichen Quellen in Form von Keilschrifttäfelchen. Die mathematischen Kenntnisse der Babylonier waren wesentlich größer als die der Ägypter, es würde an dieser Stelle den Rahmen sprengen, sie alle aufzuzählen. Sie verwendeten Keilschrift und ein *Stellenwertsystem zur Basis 60,* wobei der Stellenwert der Ziffern nicht festgelegt war, so dass auch *Brüche* dargestellt werden konnten. Für die Null existierte noch kein Zeichen, erst ab ungefähr dem 6. Jahrhundert v.Chr. wurde ein Lückenzeichen verwendet. Die Babylonier verfügten schon über bemerkenswerte theoretische Kenntnisse, hatten aber noch keine begrifflich aufgebaute Mathematik in unserem Sinn, eine solche wurde erst von den Griechen entwickelt, die aber verschiedene Kenntnisse von den Babyloniern übernommen hatten. So sollen sich z.B. die bedeutenden griechischen Mathematiker Thales und Pythagoras eine Zeit lang bei den Babyloniern aufgehalten haben.

Die Griechen sind ca. 2.000 v.Chr. aus dem Norden in den Mittelmeerraum eingewandert und entwickelten allmählich eine hoch stehende Kultur. Seit dem 12./11. Jahrhundert v.Chr. wurde aufgrund der rasch zunehmenden Verwendung des Eisens eine höhere Produktivität erreicht und im 8./7. Jahrhundert bildete sich die antike Sklavereigesellschaft heraus. Insgesamt waren die wirtschaftlichen, politischen, geographischen und klimatologischen Bedingungen günstig für die wissenschaftliche Entwicklung.

Die *Griechische Mathematik* (ca. 600. v. Chr. – 300 n. Chr.) war im Wesentlichen eine „reine" Mathematik, das Streben nach Erkenntnis war eher auf das Gedankliche und Abstrakte als auf die reale Welt gerichtet. In dem Streben nach Erkenntnis um ihrer selbst Willen besteht der abendländische Wissenschaftsbegriff, den die Griechen hervorgebracht haben. Sie verwendeten ein alphabetisches Ziffernsystem bestehend aus 27 Buchstaben mit einem waagerechten Strich darüber (das *ionische Alphabet*, seit 403 v. Chr. offizielle Zahlschrift). Diese wurden in drei Zahlenkategorien aufgeteilt: neun Ziffern für die Einer, neun für die Zehner und neun für die Hunderter. Um die dazwischen liegenden Zahlen darzustellen, wurden die entsprechenden Hunderter, Zehner und Einer einfach nebeneinander geschrieben und addiert. Für die Tausender wurden die Ziffern für die Einer verwendet und mit einem Apostroph oben links versehen. Die Zehntausend, eine *Myriade*, wurde durch ein „M" gekennzeichnet, das durch ein kleines Alpha ergänzt wurde, die 20.000 entsprechend durch ein „M", ergänzt durch ein Betha etc. Das Verfahren konnte bis zur 9.999. Myriade ausgedehnt werden.

Es handelte sich also um ein *Dezimalsystem*, aber nicht um ein Stellenwertsystem. Da die Ziffernschreibweise kompliziert und umständlich war, übernahmen die antiken Astronomen zum Teil das babylonische Sexagesimalsystem, welches wir, wie oben erwähnt, heute in einigen Bereichen auch noch verwenden.

Der Vorteil eines Stellenwertsystems (Positionssystems) liegt nicht nur in einer Zahldarstellung mit möglichst wenigen Ziffern, sondern es kann damit auch sehr einfach gerechnet werden. Zusammen mit dem Positionsprinzip war die *Entdeckung der Null* entscheidend für die weitere Entwicklung der Mathematik. Die erste Zahlschrift mit der Basis 10, die wie unsere Zahlschrift aufgebaut ist und aus den Vorläufern unserer Ziffern bestand, wurde vor ungefähr 1500 Jahren in Nordindien entwickelt.

In dem großen Reich, das die Araber weniger als ein Jahrhundert nach dem Tod Mohammeds errichteten, setzten sie bei den unterworfenen Völkern ihre Sprache und Schrift durch. Dies bildete ein Band zwischen den Gelehrten unterschiedlicher Herkunft. Die Araber entdeckten ihnen überlegene Kulturen und eigneten sich die intellektuellen Vorstellungen der unterworfenen Völker an. Es entstand eine neue, eigenständige Kultur. Durch die nestorianischen Christen und die anderen Völker, die Anteil an der Griechischen Kultur hatten, wurden den Arabern die Werke der Mathematiker und Philosophen des antiken Griechenlands vermittelt. Außerdem übernahmen sie durch den Handel mit Indien über den Persischen Golf vom Hafen Basra aus auch Kenntnisse und Methoden der indischen Astronomie. Auf diese Weise verbanden die arabischen Gelehrten griechische und indische Wissenschaft miteinander, wobei sie manchmal auch babylonische Kenntnisse mit aufnahmen. So übernahmen sie wahrscheinlich im 8. Jahrhundert auch das Positionssystem und die Null. Die Form der indischen Zahlschrift wurde an die einzelnen arabischen Schreibstile angeglichen, wodurch eine Reihe von Zahlzeichen entstanden, die im Laufe der Jahrhunderte kaum noch verändert wurden, mit Ausnahme der 5 und der Null.

Der Franzose *Gerbert de Aurillac*, in Aquitanien um 945 geboren, war zunächst Benediktinermönch im Kloster Saint-Géraud in Aurillac. Während eines Aufenthaltes in Spanien (967–970) beschäftigte er sich unter Anleitung des Bischofs Attos von Vich mit Mathematik, Astronomie und den von den Arabern übermittelten Rechenmethoden, vielleicht in Sevilla oder Cordoba in direktem Kontakt mit westlichen Arabern, wahrscheinlicher aber im Kloster von Santa Maria de Ripoll. Danach leitete er die Domschule von Reims (972–982), von wo aus sein Unterricht großen Einfluss auf die Schulen seiner Zeit ausübte. 999 wurde er unter dem Namen Sylvester II. zum Papst gewählt. Er war der erste, der die indisch-arabischen Ziffern allgemein in Europa verbreitet hat.

Die Proportionenlehre und das Pentagramm

Pythagoras v. Samos (um 550 v. Chr.) war einer der bedeutendsten griechischen Mathematiker.

Der Überlieferung nach hat Pythagoras nach längeren Aufenthalten in Ägypten und Mesopotamien, wo er mit verschiedenen Mysterienkulten in Berührung kam, in Unteritalien einen politisch-religiösen *Geheimbund* gegründet, der zeitweise eine große politische Macht besaß. Das Ordenssymbol der *Pythagoräer* war das Pentagramm:

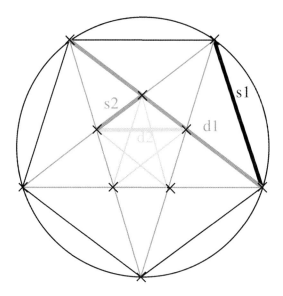

Die Pythagoräer glaubten, dass die Götter die Welt nach Zahlen und *Zahlenverhältnissen* geordnet hätten. Sie erkannten z.B., dass Töne von Saiten und Flöten, deren Längen sich wie ganze Zahlen verhalten, harmonisch klingen. Die *Eins* war für sie keine Zahl, sondern Ursprung der Zahl. Sie fassten die Zahl als Menge von Einheiten auf. Daher konnte man einen Bruch nur als Zahl auffassen, wenn man sich die Einheiten in Untereinheiten geteilt dachte, aber das war gegen ihre philosophischen Ansichten.

Das Wort Bruch kam bei ihnen auch nicht vor, sondern sie verwendeten den Begriff *Verhältnis*. Für das Rechnen mit diesen Verhältnissen entwickelten sie die *Proportionenlehre*. In den „Elementen" Euklids wird die hierfür grundlegende Definition folgendermaßen formuliert: „Zahlen stehen in Proportionen, wenn die erste von der zweiten Gleichvielfaches oder derselbe Teil oder dieselbe Menge von Teilen ist wie die dritte von der vierten."

Zahlen wurden geometrisch als Strecken interpretiert und die Rechenoperationen ebenfalls auf geometrischem Wege durchgeführt.

Man nannte zwei Größen *kommensurabel*, wenn sie ein gemeinsames Maß besitzen, d.h. es gibt eine Strecke (die Einheitsstrecke) derart, dass jede der beiden betrachteten Größen ein ganzzahliges Vielfaches davon ist.

Es wurde das Prinzip der *Wechselwegnahme* als geometrische Version des Euklidischen Algorithmus verwendet (s.u.).

Die Pythagoräer entwickelten die *Proportionenlehre* im Glauben, dass alle Strecken kommensurabel seien.

Im Gegensatz zu den aus Einheiten gebildeten (natürlichen) Zahlen sind Strecken aber unendlich oft teilbar, daher kann nicht unbedingt ein gemeinsames Maß vorausgesetzt werden, so dass diese elementare Proportionenlehre versagt. Diese Erkenntnis, die mit der Vorstellung der Pythagoräer von einer „arithmetica universalis" unvereinbar war, soll neben politischen Ursachen mit zum Zerfall ihres Bundes beigetragen haben. Und zwar wurden nach dem Tod von Pythagoras dessen Lehren von seinen Schülern verbreitet und weiterentwickelt. Einer Legende nach hat einer seiner Schüler, *Hippasos v. Tarent*, herausgefunden, dass ausgerechnet beim Pentagramm, ihrem Ordenssymbol, Seite und Diagonale nicht kommensurabel sind (d.h. kein rationales Verhältnis besitzen). Als er dies auch noch unter Nicht-Pythagoräern verbreitet hat, wurde er aus dem Bund ausgestoßen, und als er später im Meer umkam, sah man dies als Strafe der Götter an.

Die Inkommensurabilität von Diagonale und Seite des Pentagramms kann man mithilfe der Wechselwegnahme zeigen. Da das Prinzip die geometrische Version des Euklidischen Algorithmus ist, trägt ein Beispiel hierzu zum Verständnis bei:

Gesucht ist der größte gemeinsame Teiler der Zahlen 13.013 und 390. Durch Dividieren der größeren Zahl durch die kleinere, der kleineren durch den Rest 143 und jedes Restes durch den folgenden erhält man

$$
\begin{aligned}
13013 &= 390 * 33 + 143 \\
390 &= 143 * 2 + 104 \\
143 &= 104 * 1 + 39 \\
104 &= 39 * 2 + 26 \\
39 &= 26 * 1 + 13 \\
26 &= 13 * 2 + 0.
\end{aligned}
$$

D.h. 13 ist der gesuchte größte gemeinsame Teiler. Das Verfahren bricht nach endlich vielen Schritten ab, da die Reste jeweils um mindestens 1 kleiner sind als der Divisor. Falls man als größten gemeinsamen Teiler 1 erhält, dann sind die Zahlen teilerfremd.

Analog subtrahiert man beim Pentagramm die kleinere Seite von der größeren und den Rest von der kleineren und erhält mit den Bezeichnungen aus Abbildung 1:

$$
\begin{aligned}
d_1 - s_1 &= d_2 < s_1, & s_1 - d_2 &= s_2 < d_2, \\
d_2 - s_2 &= d_3 < s_2, & s_2 - d_3 &= s_3 < d_3, \\
d_3 - s_3 &= d_4 < s_3, & s_3 - d_4 &= s_4 < d_4, \ldots
\end{aligned}
$$

Die Wechselwegnahme bricht also nicht ab und liefert demzufolge kein gemeinsames Maß für Seite und Diagonale.

Bemerkung: Da $d_1 - d_2 = s_1$, führt auch der Vergleich dieser beiden Diagonalen zur Inkommensurabilität, beginnend mit $d_1 - 2*d_2 = s_2 < d_2$; $d_2 - s_2 = d_3 < s_2$, danach geht es weiter wie oben.

Zu Beginn muss natürlich gezeigt werden, dass der größere Abschnitt einer Diagonalen (z.B. von d_1) die Länge einer Seite der gleichen Stufe (z.B. s_1) hat und der kleinere Abschnitt die Länge der Diagonalen der folgenden Stufe (z.B. d_2).

Für den Unterricht bieten sich folgende *Arbeitsaufträge* an:

– „Welche *Besonderheiten* könnten den Pythagoräern am Pentagramm aufgefallen sein?"
– „Zeichnet ein Pentagramm mit Euklid."
– „Überlegt Euch *Geometrie-* und *Rechenaufgaben* zum Pentagramm, die die Klasse bearbeiten könnte. Schreibt jede Aufgabe auf ein blaues Oval (bzw. in das Lerntagebuch).
– Überlegt Euch eine oder mehrere Lösungsstrategien für Eure Aufgaben. Schreibt diese auf ein gelbes Oval (bzw. auch in das Lerntagebuch)."

Mögliche Aufgabenvorschläge der Schüler:

– Welche *Vielecke* kommen in dem Pentagramm vor?
– Um wie viel ist der kleine Stern verkleinert?

Die Aufgabenvorschläge und Lösungsstrategien der Schüler könnten mit der Kartenmethode gesammelt werden und anschließend müsste die Bearbeitung der Aufgaben mit den in Frage kommenden Strategien, teilweise in Gruppenarbeit, teilweise gemeinsam, organisiert werden.

Die Vielecke können z.B. mit Euklid mit Füllmustern versehen werden:

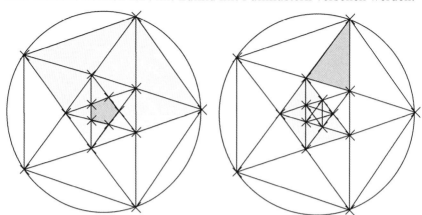

Um den *Verkleinerungsfaktor* und das (irrationale) Verhältnis von Diagonale und Seite zu bestimmen, kann der Lehrer die Strahlensätze einführen.

Wendet man diese auf das Pentagramm an, so erhält man mit den Bezeichnungen aus Abbildung 1:

$s_1/s_2 = d_1/d_2$ (I) und $d_1/s_1 = s_1/d_2$ (II). Da $d_2 = d_1 - s_1$ (III), liegt nach Gleichung (II) insbesondere ein *Goldener Schnitt* vor.

Aus dem möglichen Ansatz $d_1 = x*s_1$ (A) und Gleichung (II), umgestellt nach $d_1 = (1/d_2)*(s_1)^2$ folgt einerseits $d_2 = (1/x)*s_1$.

Andererseits folgt aus den Gleichungen (A) und (III) $d_2 = (x-1)*s_1$.

Aus diese beiden Gleichungen für d_2 folgt $1/x = x-1$, was äquivalent ist zu der *quadratischen Gleichung* $x^2-x-1 = 0$ mit der (für d_2 sinnvollen) Lösung $x = (1+\sqrt{5})/2$.

Man erhält also

$d_1 = x*s_1 = ((1+\sqrt{5})/2)*s_1$
$d_2 = (1/x)*s_1 = (2/(1+\sqrt{5}))*s_1 = ((\sqrt{5}-1)/2)*s_1$
$d_1 = (x^2)*d_2 = (((1+\sqrt{5})/2)^2)*d_2 = ((3+\sqrt{5})/2)*d_2$

Damit hat man gleichzeitig einen Übergang zum Thema „Quadratische Gleichungen" erhalten. Um das Pentagramm weiter zu erforschen, könnte man z.B. den Satz des Pythagoras einführen und vorkommende Höhen berechnen.

Moderationswand „Zahl oder nicht Zahl"

Es gibt viele Zitate bedeutender Mathematiker oder Physiker über Zahlen, bzw. darüber, ob etwas als Zahl zu bezeichnen ist oder nicht. Diese lassen sich gut für eine Gruppenarbeit verwenden: Jede Gruppe erhält eine oder mehrere Karten mit je einem Zitat.

Die Karten sollen danach sortiert werden, ob das Zitat eine Größe als Zahl einordnet, ob dies unklar bleibt oder die Größe nicht als Zahl eingeordnet wird.

Die Karten sollen anschließend an die Moderationswand geheftet und mit der gesamten Klasse über die Zuordnungen diskutiert und evtl. Änderungen vorgenommen werden.

Einige Zitate:

„Nun ist auch der Punkt der Ursprung der Linie, aber selbst keine Linie …
So ist auch bei den Zahlen die Einheit der Ursprung jeder Zahl."
(Nikomachos)

„Wie eine Maßeinheit der Anfang und die Grundlage des Messens, aber selbst kein Maß ist, so ist die Eins die Grundlage des Zählens, der Ursprung der Zahl, aber selbst keine Zahl."
(Aristoteles)

„Die Brüche unterscheiden sich der Sache nach nicht von den ganzen Zahlen. Der einzige Unterschied ist, dass die Brüche Dinge bezeichnen, die Teile der durch ganze Zahlen bezeichneten Dinge sind, und dass daher die Einheiten der gebrochenen Zahl relative, die Einheiten aber absolute Einheiten sind."
(Taquet 1656)

„Mit Recht wird bei den irrationalen Zahlen darüber disputiert, ob sie wahre Zahlen sind oder nur fingierte. Denn bei Beweisen an geometrischen Figuren haben die irrationalen Zahlen noch Erfolg, wo uns die rationalen Zahlen im Stich lassen, und sie beweisen genau das, was die rationalen Zahlen nicht beweisen konnten."
(Michael Stifel 1544)

„Unter Zahl verstehen wir nicht sowohl eine Menge von Einheiten, sondern vielmehr das abstrakte Verhältnis irgendeiner Größe zu einer anderen Größe derselben Gattung, die als Einheit genommen wird. Sie ist von drei-

facher Art: ganz, gebrochen und irrational."
(Newton)

„Es kann aber nicht etwas eine wahre Zahl benannt werden, bei dem es keine Genauigkeit gibt und was zu wahren Zahlen kein bekanntes Verhältnis hat. So wie eine unendliche Zahl keine Zahl ist, so ist eine irrationale Zahl keine wahre Zahl. …"
(Michael Stifel 1544)

„Du weißt doch, dass die echten Meister in dieser Kunst einen auslachen und es nicht zulassen würden, wenn jemand es unternehmen würde, die Einheit in Gedanken zu zerschneiden, und wenn du sie zerteilen wolltest, so würden sie sie vervielfältigen und es nie geschehen lassen, dass die Einheit wie als Einheit, sondern als viele Teile erscheinen."
(Platon)

Literatur

[1] Gellert, W.; Küstner, H.; Hellwich, M.; Kästner, H. (Hrsg.), Kleine Enzyklopädie – Mathematik, VEB Bibliographisches Institut, Leipzig, 1974

[2] Ifrah, G., Universalgeschichte der Zahlen; Campus-Verlag, Frankfurt, New York, 1991.

[3] Kaiser, H.; Nöbauer, W.; Geschichte der Mathematik; Oldenbourg Schulbuchverlag GmbH, München, 2002.

[4] Menninger, K.; Zahlwort und Ziffer, Eine Kulturgeschichte der Zahl; Vandenhoeck und Ruprecht, Göttingen, 1979.

[5] Schreiber, P.; Scriba, C. J.; 5000 Jahre Geometrie; Springer-Verlag, Berlin, Heidelberg, New York, 2003.

[6] Wußing, H.; Vorlesungen zur Geschichte der Mathematik; VEB Deutscher Verlag der Wissenschaften, Berlin, 1989

Dr. Claudia Knütel, Hamburg, knuetel@t-online.de

„Woher die Zahlen kommen" – ein Projekttag der „kleinen Kinder-Uni" in Erfurt

Uta Knyrim

Die Idee zu diesem Projekt hat viele Wurzeln und Quellen, die sich – in sich vernetzend – zu einer Intention verdichtet haben. Besonders dominante Wurzeln dieser Art sind die Vorlesungsreihe zur Geschichte der Mathematik in meiner Studienzeit, die Erfurter Tagung zur Geschichte der Mathematik 2002 (ROLOFF; WEIDAUER 2004), dabei insbesondere der Tagungsbeitrag „Über die Natur der Zahlen" (BEDÜRFTIG 2004, S. 21–35) sowie die spannende Reihe zur Geschichte der Pädagogik (PROTZ, 2002), in der – der Faust-Sage (QUENSEL 1993, S. 413) ähnlich – in mir die Figuren wie beispielsweise Sokrates im Menon-Dialog „lebendig" wurden, reale Umsetzung forderten.

Bis zur konkreten Projektplanung wuchs diese Idee mit einer Entstehungsgeschichte ganz eigener Art: Eine erste Umsetzung fand sie in der Gestaltung einer Vorlesung zur Geschichte von Mathematik und Unterricht, die in den Rahmen der allgemeinen mathematikdidaktischen Ausbildung integriert wurde, sowie in einer Seminarreihe „Alte und neue Medien – vom Rechenbrett bis zur Lernsoftware", wobei der Inhalt hier weiter gefasst wurde, unsere mathematische Zeitreise bei den altsumerischen Zahlzeichen und der fundamentalen Idee des Stellenwertsystems (hier des Sexagesimalsystems) begann. Fassen wir den Begriff „Medien" weiter als im heutigen Sprachgebrauch der „neuen Medien", beziehen Unterrichtsmaterialien mit ein, so folgt schnell die Idee des handelnden Entdeckens (WINTER 1987, 1991): Warum sollen wir uns beispielsweise die altsumerischen Keilschriftzeichen nur auf Abbildungen (GERICKE 2003, S. 12ff., S. 22; IFRAH 1991; S. 214ff.; MENNINGER 1979, Bd. I, S. 178; RESNIKOFF; WELLS 1983, S. 19, 65; WUSSING 1989, S. 34f.) oder Fotos (MENNINGER 1979, Bd. I, S. 177; RESNIKOFF; WELLS 1983, S. 58f., 62, 65; WUSSING 1989, S. 25, S. 34) anschauen? Warum nicht selbst ausprobieren?

Dieses erste Erproben fand sowohl bei den Studierenden als auch bei einer ersten Gruppe von Grundschulkindern (Sommersemester 2003) so große Resonanz und Begeisterung, dass es hier weiterzuforschen galt! Darauf aufbauend und mit dem Thema meines Forschungsprojektes verbunden entstand und entwickelte sich nun das oben genannte Projekt.

Die Projektbegründung

Gerade am Ende der Grundschulzeit in Klasse 4, wenn das *Stellenwertsystem* mit Zahlen bis zu 1 Million in (fast) unfassbare Größe gesteigert wird, ist ein guter Zeitpunkt zum Hinterfragen, um Transferleistungen anzuregen, Wissen und Können auf anderen Ebenen zu Anwendungen zu nutzen, um ein festes Fundament zu setzen. Gerade hier bietet es sich an, „durch das Sichtbarmachen der historischen Genese mathematischer Erkenntnisse" (HEYMANN 1997, S. 22) besondere Akzente zu setzen.

Einen weiteren Grund können wir aus ontogenetischer Sicht betrachten, wenn wir den Entwicklungsweg der Kinder bei der Aneignung unserer „basalen Kulturtechniken" (HEYMANN 1997, S. 22) und dabei genauer die *„zentrale Idee"* der *„Zahl"* im Unterricht (vgl. ebd.) untersuchen.

Stolz auf ihre ersten Schriftzeichen pinseln unsere Erstklässler ihre noch krakeligen Ziffern auf das Papier. Im Mathematiklehrgang wird nun hierarchisch immer weiter darauf aufgebaut (vgl. „Spiralprinzip" von BRUNER 1970, S. 44, 61ff.). Doch fragen die Kinder auch, warum wir solche Zahlen schreiben? Bei Zahleninversionen im Stellenwertsystem wird sich so mancher Lehrer fragen, warum wir es „so schwer" haben mit der Anordnung unserer Zahlen (LAUTER 1997, S. 254).

Aber fragen die Kinder, warum das so ist? Kinder fragen viel. Fragen sie danach oder nehmen sie die Aussagen einfach hin? Bekommen sie auch gute Antworten?

„Vor zweieinhalb Jahrtausenden ging *Sokrates* durch die Straßen Athens und brachte seinen Landsleuten das Fragen wieder bei: Das Zutrauen zu dem, was sie selber von der Welt sehen und verstehen konnten, gegen die Fülle vorgegebener Weisheit – alter und neuer –, wenn sie's nur wagten" (VON HENTIG 1969, in: WAGENSCHEIN 1999, S. 7). Wie kreativ und offen ist die heutige „Frage-Kultur"? Wie gehen wir als Mathematiklehrer mit den Fragen um?

Ein Hauch antiker griechischer Kultur, Philosophie und Mathematik wird in unser Projekt wehen, Sokrates (natürlich nicht im Original, aber im Schauspiel nach Originaltext [dank Platon!]) wird fragend in den Kreis der Kinder treten.

WAGENSCHEIN weist uns den Weg des *genetischen Lernens*. Genetisches Lernen ist nicht identisch mit einem historischen Lehrgang, allerdings führt unsere Frage, warum die Zahlen entstanden sind, auf den historischen Pfad zu einer „historischen Genese" (BEDÜRFTIG; MURAWSKI 2001, S. 266).

Also fragen wir gezielt nach, *woher die Zahlen kommen*, welchen Weg sie gegangen sind, welche Hürden sie nehmen mussten bis zu den heute in unseren Schulen verwendeten indisch-arabischen Zahlzeichen. Als ich (in meiner Kindheit) fragte, warum unsere Zahlen „indisch-arabisch" genannt werden, bekam ich die knappe Antwort, weil sie „halt" daher kämen. Wie spannend dieser kulturgeschichtliche Weg aber ist, konnte ich damals nicht erahnen.

Ist unsere mathematische Entdeckungsreise nun an fachliche Einengung gebunden? HEYMANN (1997) gibt uns die Antwort der Notwendigkeit von Verknüpfungen, erweitert Fachunterricht im Zusammenhang mit der Allgemeinbildung. Also Ideen, die sich mit denen anderer Fächer verknüpfen. Die zentralen „Ideen repräsentieren sozusagen ‚Schnittstellen' zwischen der Mathematik und der übrigen Kultur; sie stellen Verbindungen zu außermathematischen Tätigkeiten her und hängen vielfältig untereinander zusammen" (HEYMANN 1997, S. 22).

Fächerverbindende Möglichkeiten entstehen und bieten sich an. Der historische Entwicklungsweg kann mit einer gedanklichen Zeitreise untersucht werden (vgl. fächerübergreifende Leitthemen wie „Sich in Raum und Zeit orientieren" im Thüringer Lehrplan [1999, S. 10]). Der kulturhistorische Blick offenbart auch die Räumlichkeit der Entstehung (Aspekte der geographischen Kenntnisse, Heimat- und Sachkundeunterricht, später Geographie als Fach) sowie ethische Aspekte. Exemplarisch ausgewählte Reiseetappen lassen alte Kulturtechniken lebendig werden, künstlerisch-ästhetische Materialspuren können erprobt werden. Hierbei bietet es sich auch an, verschiedene Medien zu einer umfassenderen Sicht auf die jeweilige Kultur einzubringen: Musik, Fotos, Bilder können den jeweils ausgewählten Ort der Zeitreise erlebbar gestalten. Spannende Momente oder auch Konflikte bei der Entstehung unserer Zahlzeichen können dramaturgisch in Szene gesetzt werden.

Wir fragen also, „woher die Zahlen kommen". Und stürzen uns in ein kulturhistorisches Abenteuer, wählen dabei exemplarisch (WAGENSCHEIN) für das Grundschulalter bedeutsame Aspekte aus und vertiefen diese.

Zur Vorbereitung

Im letzten Sommersemester (2004) luden wir jeweils dienstags ein bis zwei Erfurter Schulklassen auf unseren Campus ein, so dass knapp 200 Kinder unsere „kleine Kinder-Uni" besuchen konnten. Für die Namensgebung möchte ich mich bei der Grundschulreferentin des Erfurter Schulamtes, Frau Glatz, bedanken.

In der Aufblühenszeit der „Kinder-Uni" hat unser Projekt ein etwas anderes Konzept.

Während bei den „Kinder-Universitäten", ausgehend von der Tübinger Idee, seit dem Sommersemester 2002 (JANSSEN; STEUERNAGEL 2003, S. 7) immer mehr Professoren die Chance wahrnehmen, Kinder früh für universitäre Bildungswege anzuregen, eine richtige Vorlesung (im übervoll besetzten) Hörsaal zu erleben, kindlichen Lerneifer somit zu stärken, aber auch das Wagnis auf sich nehmen, eine so junge, mobile Zuhörerschaft für eine ganze Vorlesungszeit zu haben, ist unser Konzept bezüglich der jeweiligen Zuhörerzahl quantitativ kleiner gedacht.

Auch wir laden die Kinder zu uns an die Universität Erfurt ein, nehmen dabei aber ein anderes Wagnis auf uns: 240 Minuten Mathematik „am Stück" für Neun- bis Elfjährige, die bereits sehr unterschiedliche „Lernkarrieren" haben, individuelle Vorkenntnisse und sehr differenzierte Lerneinstellungen. Also nicht das unbedingt interessierte, neugierige Klientel, das um Eintrittskarten der „Kinder-Universitäten" kämpft.

Die Kinder kommen zum Zuhören und zum selbst-aktiv-Werden, zum Ausprobieren.

Unser Projekt „Woher die Zahlen kommen", das die Kinder zu einer spannenden mathematischen Zeitreise einlädt, ist fächerübergreifend konzipiert mit Bezügen zum Kunstunterricht, zum Heimat- und Sachkundeunterricht (Elemente der Geschichte und Geographie) und Werkenunterricht. Es soll den Kindern Erlebnisse in Hörsaal und Seminarräumen bieten, für den Mathematikunterricht motivieren, Wissensstrukturen vernetzen helfen, historische und alltägliche Bezüge zur Mathematik entdecken lassen. Die Kinder sollen dieses Projekt aktiv miterleben: Neben Zuschauen und Zuhören ist vor allem das Ausprobieren, Umsetzen und Gestalten gefragt.

Mathematik in Verbindung mit anderen Fächern und sinnlich-ästhetischen Erfahrungen auszuprobieren, ist für uns ein spannendes Planungsfeld!

Zur Planung

Unsere Studenten verwirklichten mit der Vorbereitung, Organisation und Gestaltung des Projekttages individuellen Einsatz und Engagement im Rahmen ihres Fachpraktikums Mathematik, d.h. die Studierenden versuchten sich zumeist erstmals in ihrer Lehrer-Rolle vor und mit der Klasse sowie im individuellen mathematischen Gespräch mit einzelnen Schülern. Erschwerend kam hinzu, dass alle Kinder den Studierenden unbekannt waren und jede Woche andere (unbekannte) Kinder kamen.

Als Prolog eines solchen Unternehmens ist natürlich eine optimale Vorbereitung seitens der Einladenden notwendig: Dazu wurde den Studierenden eine kleine Vorlesung zu Aspekten der Mathematikgeschichte und ihren didaktischen Umsetzungsmöglichkeiten gehalten. Es folgte die konkrete Planung einzelner Phasen, das gemeinsame Suchen nach Ideen für noch Unfertiges (z.B. Aufgaben zur römischen Antike) und eine kleine Generalprobe.

Ein gewagtes Projekt: Neuland des Projektes, dazu das Neuland in der Lehrerrolle! Dazu noch viele Variablen. ...

Ablauf / Themen

Durch die bereits erwähnte exemplarische Herangehensweise bekam unser Projekttag folgende Struktur:
- Beginn der Zeitreise, Reise durch Raum und Zeit (Raum- und Zeitvorstellungen).
- Problematisierung der Entstehung der ersten Zahlzeichen (Steinzeit).
- Altsumerische Zahlzeichen, das Sexagesimalsystem als geniale Idee, die auch heute noch täglich genutzt wird.
- Altägyptische Bild-Zahlzeichen: Hieroglyphen, fächerverbindende Aufgaben zur ägyptischen Mathematik.
- Griechische Antike.
- Römische Zahlzeichen.
- Der schwere Weg der „Null" im Mittelalter, Fibonacci und die indisch-arabischen Zahlzeichen („Liber abaci" 1202).
- Zeit der Renaissance: Adam Ries und das alte und neue Rechnen, symbolische Eintrittskarte zur „Rechenschule nach Adam Ries".
- Ankunft in der heutigen Zeit mit unseren heutigen Zahlzeichen.

Zur genauen Ablaufplanung entstand eine Art „Drehbuch", um für alle Kinder in den verschiedenen Wochen auch eine analoge Zeitreise zu ermöglichen. Bei der Planung spielten neben allen inhaltlichen und organisatorischen Fragen insbesondere die Motivationsmöglichkeiten und der Erkenntniszuwachs eine bedeutende Rolle.

Abb. 1 und 2: Arbeitsergebnisse der Kinder (Die kleinen Tontäfelchen beim Trocknen)

Einzelne Phasen

Bei der Umsetzung mussten die Planungsschwerpunkte (vgl. obige Struktur) für den konkreten Projekttag noch differenziert und erweitert werden.

1. Treffpunkt Campus-Eingang

Eine Gruppe Studierender holt die Kinder am Campus-Eingang ab, erklärt bei einer kleinen Führung über den Campus die örtlichen Gegebenheiten und zeigt den Kindern kurz unseren größten Hörsaal (HS V). Im Hörsaal VI, wo unser Projekt beginnt, wurde natürlich alles (Material, Medien, Beleuchtung etc.) bereits vorbereitet.

2. Begrüßung, Vorstellung, Begriffsklärung

Mit leiser Musik im Hintergrund werden die Kinder im Hörsaal begrüßt. Die Studierenden erklären zunächst im fragenden Gespräch, was die Begriffe „Campus", „studieren" und „Universität" bedeuten. Die Kinder beginnen ihren „Studientag" mit einer „kleinen Einschreibung" und bekommen kleine Gast-Studentenausweise. Nach diesem etwas formalen Akt beginnt die Zeitreise, der Hörsaal wird verdunkelt.

3. Beginn der Zeitreise

3.1 Reise durch Raum und Zeit (Raum- und Zeitvorstellungen)

Mit Musik und riesigen farbigen Projektionen starten wir die Reise. Unser blauer Planet wird immer genauer betrachtet, wir gehen näher heran bis zur topographischen Darstellung (Reise durch den Raum). Die Reise durch die Zeit zeigen wir kontinuierlich an einem farbigen Zeitstrahl an der Tafel (im Dunkeln mit Taschenlampe).

3.2 Ankunft in der Renaissance

Durch schöne Musik der Renaissance kommen wir in dieser Zeit an, die beiden Reisebegleiter schlüpfen in die Rollen von *„Dr. Faustus"* und *„seinem Schüler"* (im Folgenden kurz: „Faust & Schüler" bezeichnet) und dabei auch ins passende Kostüm.

Abb. 3 und 4: Begrüßung im Hörsaal, Verwandlung der Reiseleiter (Fotos von Susanne Knob)

4. Weiterreise zur Steinzeit

Im dunklen Hörsaal gehen Faust & Schüler mit Taschenlampen (im Gespräch vertieft) eine Runde um alle Bankreihen. In der Zwischenzeit wird leise und schnell für die nächste Station vorbereitet. Beim Einschalten des Lichtes sitzt ein „Steinzeitmensch" im Zottelkostüm (breit grinsend) auf dem Tisch vor der Tafel und berichtet den Kindern von seiner Freude über seine heutige Idee. Faust & Schüler schauen gespannt zu, zeigen den Kindern auf dem Zeitstrahl, wo wir „gelandet" sind.

Die Kinder erleben im „deftigen" Schauspiel das Zählen einer Schafherde mit Hilfe von Ritzzeichen auf Wolfsknochen sowie den heftigen Streit zweier weiterer Steinzeitbewohner wegen der Anzahl ihrer Schäfchen. Wichtig ist hier die Problematisierung bei der Entstehung der ersten Zahlzeichen. Die Kinder kommen im Gespräch mit Faust & Schüler auf das Problem, dass diese ersten schon genialen gefundenen Zahlzeichen für große Zahlen (und Mengen) nicht ausreichen, finden so die Begründung, warum wir weiterreisen und nach „besseren" Zahlen suchen müssen. Einige Kinder äußern bereits sehr gute Ideen zur Lösung unseres Problems.

Es wird wieder dunkel, mit leiser Musik geht die Reise weiter, jetzt aber in anderer Richtung. Faust & Schüler zeigen die geänderte Richtung auf dem Zeitstrahl.

5. Zeitreise zu den alten Sumerern (mesopotamische, babylonische Mathematik)

5.1 Ankunft im Gebiet der alten Sumerer, multimediale Einstimmung

Faust & Schüler schauen wieder neugierig, wo unsere Reise hingeführt hat: dieses Mal bleibt der Raum dunkel, nur das Licht des Projektors mit gelber Folie soll auf Hitze und Wüstenlandschaft hinweisen. Mit passender (Wüsten-) Musik, leuchtenden Bildern von Wüstenlandschaften, Sandstrukturen (Folien) und literarischen Texten (am Pult gelesen), verfolgen wir den Weg einer Forschergruppe, die sich durch die Wüste kämpft, am Abend müde zur Rast kommt und den Kindern traurig gesteht, noch nichts gefunden zu haben. Dabei sitzen sie ermattet da, lassen Sand durch die Finger rieseln. Doch plötzlich stößt einer der „Forscher" auf etwas Hartes, sie buddeln kleine Tafeln aus Ton aus, zeigen sie den Kindern und fragen, was die eigenartigen Zeichen auf diesen Tafeln bedeuten könnten („Sind Vögel über den noch weichen Ton gelaufen?"). Die Kinder sehen dazu große Abbildungen von unseren Tontäfelchen, aber auch Fotos von Originalen (Folie).

5.2 Erarbeitung der altsumerischen Keilschriftzeichen

Die Kinder lernen schrittweise diese Zahlzeichen kennen, indem sie die Schreibtechnik gezeigt bekommen, dazu Abbildungen der einzelnen Zahlen auf Folien sehen können und die Zahlzeichen in Tontäfelchen mit einer Art Keilstift selbst eindrücken – eine für die Kinder sehr eindrucksvolle Erarbeitung.

Abb. 5: Arbeitsergebnisse der Kinder (Einige Tontäfelchen wurden sogar mit Zeilen versehen.)

Abb. 6: Arbeitsergebnisse der Kinder (Die kleinen Tontäfelchen wurden etwa handflächengroß geformt, mit Keilschriftzeichen ästhetisch schön gestaltet. Luftgetrocknet – also zerbrechlich und empfindlich wie die Originale, die die heutigen Forscher finden – erhalten die Kinder ihre Täfelchen zum Schuljahresende zurück, die Nummernsticker dienen dabei der korrekten individuellen Rückgabe.)

Wir gingen hier den Weg der Übersetzung der ikonischen/symbolischen Darstellungen (Zeichen auf Folie) (BRUNER 1988, S. 97) in die enaktive Handlungsebene, das konkrete „Schreiben" (= Drücken) der Keilschriftzeichen. Später während der individuellen Weiterarbeit werden die Ebenen gewechselt und weiter verknüpft. Dazu erhalten die Kinder kleine Aufgabenkärtchen.

Zur Vorbereitung dieser Arbeitsphase mussten vor dem Projektbeginn von uns zunächst geometrische Fragen gelöst werden: Wie sieht der Körper (unser Schreibgerät) aus, wenn die vorgegebenen Zahlzeichen „Keil" und „Winkelhaken" (GERICKE 2003, S. 12; „Keil" und „Winkel" bei MENNINGER 1979, Bd. I, S. 177; „Keil" und „Haken" bei WUSSING 1989, S. 34; „Nagel" und „Winkel" bei IFRAH 1991, S. 209; „Vertikalkeil" und „Winkelhaken" bei LÖFFLER 1918, S. 24) entstehen sollen? Eine Frage in Richtung der Abbildung von Körperschnitten. Die aus diesen Gedanken realisierten „Keilstifte" (geschnittene Profilleisten aus dem Baumarkt) ergeben ein mögliches Schreibgerät für die Kinder. Später fand ich eine Schreibanleitung (IFRAH 1991, S. 209).

5.3 Erarbeitung der Bedeutung des Sexagesimalsystems für unsere heutige Zeit

In der folgenden Phase arbeiten wir wieder mit unseren modernen Schreibgeräten. Wir erarbeiten mit den Kindern das Sexagesimalsystem als geniale Idee.

Mit Hilfe von multiplikativen Zahlenhäusern vergleichen die Kinder die Ergebnisse, wenn alle möglichen Aufgaben mit dem Produkt „10" (für unser Zehnersystem) und „60" gefunden werden, erkennen die Teilerfreundlichkeit der 60 und entdecken, dass wir dieses 60er-System ja noch täglich nutzen (Uhr), ohne dass die Kinder vorher wussten, wie alt dieses System ist und woher es kommt.

6. Reise zu den altägyptischen Zahlzeichen: Hieroglyphen

6.1   „Ägyptische" Frühstückspause

Nach dieser intensiven Arbeitsphase haben sich die Kinder ein gutes Frühstück und Bewegung an frischer Luft „verdient". Als kleine Überraschung haben wir zusätzlich zu den mitgebrachten individuellen Frühstückspaketen ein kleines Büfett mit verschiedenen Getränken und Traubenzucker in kleinen Päckchen aufgebaut. An der Ausgestaltung eines „ägyptischen" Aussehens müssen wir noch arbeiten ...

6.2 Kennenlernen der altägyptischen Bild-Zahlzeichen, der Hieroglyphen

Wieder erfolgt die Einstimmung mit Wüstenbildern und Musik. Faust & Schüler klären, dass wir zwar an anderem Ort (Ägypten), aber doch etwa zur gleichen Zeit „gelandet" sind. Folien von Pyramiden, geschmückten Säulen und Bildern führen zur Bildsprache der alten Ägypter hin. Viele Kinder bringen freudig ihre Vorkenntnisse zu den Hieroglyphen an. Mit Füller auf gutes Pergament (in Ersatz von Papyrus) schreiben die Kinder die einzelnen Zahlzeichen nach einer sehr bildhaften Geschichte (IGL; SENFTHAUSEN 1999, S. 34) auf.

6.3 Fächerverbindende Aufgaben zur ägyptischen Mathematik, Lernen an Stationen

Den Seminarraum neben dem Hörsaal haben wir zum Lernen an Stationen umgeräumt, alle Stationen sind aufgebaut und vorbereitet. Die Kinder erhalten einen kleinen Laufzettel und können frei nach Wunsch Art und Anzahl der besuchten Stationen wählen. Nur der Zeitfaktor wirkt hier einengend.

Die Kinder können folgende Stationen erproben:
– *Sandmodell* (Pyramiden von Giseh [aus Pappe in Originalproportionen, maßstabsgerecht verkleinert] in Sandwüste: (a) Raum-Lage-Beziehungen der Pyramiden anhand verschiedener Seitenansichten erkunden, (b) Ausrichten bzw. Kontrolle des Ergebnisses nach einer Karte als Bauplan, (c) Ausrichten der Modell-Landschaft mit Pyramiden nach den Himmelsrichtungen mittels Kompass),
– *Muster* erkennen, Quadratzahlen entdecken (Problemstellung eines ägyptischen Bauplaners, Arbeit mit Steckwürfeln),
– *Raumdiagonalen* im Würfelmodell kennenlernen (Kantenmodell), Anzahl dieser bestimmen, Gedankenexperiment: Entdeckung der Schnittfiguren,
– *malerisches Gestalten* von Pyramiden in der Wüstenlandschaft (Tempera auf Zeichenkarton [A4, A3]),
– *Arithmetische Aufgaben* und ein Weg in eine Pyramide,
– Suche nach dem kürzesten Weg durch ein Labyrinth,
– *Baumeister und ihre Planung* (Lego, duplo), Bauplan notieren bzw. skizzieren,
– *geometrische Konstruktion* eines Pyramidennetzes, Basteln einer Pyramide,

- *Messen* wie die Pyramidenbauer (mit Messstrick),
- *Leseecke* (Suche nach mathematischen Angaben, kritische Analyse von Internet-Texten: Das Sternzeichen „Orion" und der Bauplan der Pyramiden),
- *Schön-Schreibe-Ecke:* Hieroglyphen schreiben mit Feder und Tusche auf Pergament,
- als *Pyramidenbauer* auf einem ägyptischen „Baumarkt": Körper erkennen, benennen, sortieren, auswählen.

An den einzelnen Stationen nutzen wir die „sokratische Methode" (WAGENSCHEIN 1999, S. 75), noch bevor unsere Zeitreise Sokrates erreicht, „weil das Werden, das Erwachen geistiger Kräfte, sich am wirksamsten im Gespräch vollzieht" (WAGENSCHEIN 1999, S. 75). An jeder Station arbeitet jeweils ein Student mit und führt mit den Kindern mathematische Gespräche nach dem oben genannten Prinzip.

7. Zeitreise zu den alten Griechen (griechische Antike)

Da die griechische Antike in den späteren Schuljahren im Mathematikunterricht noch eine große Rolle spielen wird (griechische Buchstaben als Variablen für Winkelbezeichnungen, Satz des Pythagoras, Satz des Thales u.a.), wäre es hier ungünstig, den Stoff vorweg zu behandeln. Außerdem sind die griechischen Zahlzeichen nicht so leicht zu erlernen, würden eine Überforderung darstellen. Dazu kommt die abnehmende Aufmerksamkeit und Konzentrationsbereitschaft kurz vor dem Mittagessen.

Also weisen wir bezüglich der antiken griechischen Zahlzeichen auf spätere Schuljahre hin. Dafür tauchen wir mit den Kindern ein in ein Stück Zeitgefühl für die griechische Antike: die Hochkultur der Wissenschaften, der Kunst, der Mathematik! Exemplarisch führt uns die Reise dieses Mal zu einem Moment der Schule, zu den Fragen des Sokrates. Was die Kinder hier in einem kurzen Filmausschnitt sehen, können sie anschließend – dem griechischen Theater nachempfunden – in einer kleinen Aufführung im Original erleben.

Abb. 7: Das Treppenhaus als griechisches Theater (Ausschnitt aus dem Original-Menon-Dialog: Die Studierenden spielen den Dialog in Original-Rollen und Kostümen, zeichnen dabei die geometrischen Figuren [Problematik der Verdopplung des Quadrates] in den Sand.)

Allerdings haben wir kein richtiges Theater, das Stück wird im Keller gespielt, die Kinder sitzen und stehen auf den Treppenstufen wie auf vielen Rängen und Sitzreihen. Die Akustik ist gut, die Beleuchtung hüllt die Akteure in warmes Licht in der grauen Umgebung. Die Kinder können nun im Menon-Dialog den Gelehrten Sokrates im fragenden Gespräch mit seinem Sklaven sowie mit seinem Schüler Menon erleben, hören dabei Ausschnitte aus dem Originaltext (WINTER 1991, S. 8–10). Die Aufgabe, zu der beim Gespräch mit einem Stock in dem (echten) Sand eine Zeichnung entsteht, wird allerdings bei uns noch nicht gelöst: Wir geben sie als „mathematisches Futter" an leistungsstarke Schüler der einzelnen Klassen weiter. Die Klassenleiter erhalten dazu einige vorbereitete Arbeitsblätter mit der Aufgabenstellung.

8. Mittagspause mit Mensa-Essen

Drei Zeitstunden Mathematik sind natürlich auch anstrengend, machen hungrig. Wir bekamen von der Mensaleitung die Möglichkeit, mit den Kindern gleich am Anfang der Mittagszeit zu studentischen Preisen essen zu können. Und so brauchte keiner in einer übervollen Mensa Schlange zu stehen.

9. Römische Zahlzeichen

Wir nehmen das Mensa-Erlebnis zum Anlass, um die Kinder schätzen zu lassen: Wie viele Gäste hatte die Mensa anfangs? Wie viele waren es, als die Kinder fertig waren und die Mensa sich füllte? Wie viele Plätze hat die Mensa insgesamt? Die Ergebnisse lassen wir von den Kindern an die Tafel schreiben. Erstaunlich! Ganz selbstverständlich schreiben die Kinder die indisch-arabischen Zahlzeichen! Doch mit unserer Zeitreise sind wir noch nicht bei diesen angekommen!

Wir besuchen als nächstes die alten Römer, erarbeiten anschaulich deren Zahlzeichen. Auch hier bringen die Kinder freudig ihre eigenen Kenntnisse mit ein.

Die römischen Zahlzeichen begleiten uns in die nächste Etappe, das Mittelalter.

10. Der schwere Weg der „Null" im Mittelalter, Fibonacci und
   die indisch-arabischen Zahlzeichen („Liber abaci" 1202)

Die römischen Zahlen wurden zwar bis zum Ende des Mittelalters verwendet, doch beim Operieren mit ihnen waren die Grenzen schnell erreicht. Das Handwerk florierte, der Handel wuchs. Man musste immer mehr rechnen. Schriftliches Rechnen mit römischen Zahlen? Die Kinder probieren es und werden stutzig. Wieder eine Widerspruchssituation, die gelöst werden muss.

Hier tritt Leonardo von Pisa, genannt Fibonacci, auf den Plan. Er berichtet einem mittelalterlichen Mönch begeistert von seinen Reisen und den mathematischen Erkenntnissen, besonders von den neuen, so eleganten indisch-arabischen Zahlzeichen. Und er zitiert aus seinem Buch „Liber abaci" die neun Ziffern der Inder und das arabische „cephirum", die Null (MENNINGER 1979, S. 243). Die Kinder erleben im Schauspiel die Angst des Mönches vor den besonderen Kräften der Null und somit einen Grund, warum es unsere heutigen Zahlen so schwer hatten.

11. Zeit der Renaissance: Adam Ries und das alte und neue Rechnen, symbolische Eintrittskarte zur „Rechenschule nach Adam Ries"

Erst etwa 300 Jahre später war die Zeit dafür „reif", und ein anderer fleißiger, kluger Mann schafft es, geschickt die Vorteile der neuen Zahlen beim Rechnen dem alten, gebräuchlichen Rechnen auf den Linien gegenüberzustellen: Adam Ries. In einem von Studierenden gedrehten Film sehen die Kinder, wie Adam Ries an einem Marktstand eine schöne Einkaufsaufgabe löst, erfahren, wie das Rechnen auf den Linien (am Beispiel der Addition und Subtraktion) funktioniert. Doch auch hier möchten wir nichts vorwegnehmen: Zur „Rechenschule nach Adam Ries", einem wunderbaren Kurs der Erfurter Schülerakademie, übergeben wir eine symbolische Eintrittskarte (Faltblatt mit Informationen zum Kurs).

12. Ankunft in der heutigen Zeit mit unseren heutigen Zahlzeichen

Mit Adam Ries, anderen Rechenmeistern und klugen Mathematikern schafften es unsere heute gebräuchlichen Zahlen endlich zum Durchbruch, wir landen mit unserer Zeitreise „Woher die Zahlen kommen" wieder in der Gegenwart.

13. Reflexion

Bevor wir unseren Projekttag beenden, bitten wir die Kinder, uns ein kleines „Zeugnis" mit ihren Eindrücken von unserer mathematischen Zeitreise und ihrer Bewertung auszustellen.

14. Verabschiedung

Nach ca. 240 Minuten spannender mathematischer Zeitreise verabschieden wir uns von den Kindern mit unseren Wünschen: Weiterhin viel Neugier, viel Entdeckungsgeist, viel Spaß beim Erkunden, viele kluge Leute, die den Kindern Antworten geben. Vielleicht auch Neugier auf spätere „Universitätsluft". Und natürlich bekommen die Kinder eine kleine Urkunde für ihre Teilnahme in die Hand. Mit typischem Klopfen statt Klatschen verabschieden sich die Kinder.

Wir sammeln die Arbeitsergebnisse der Kinder, lassen Bilder und Tontäfelchen trocknen, sortieren dann nach den Nummern, ordnen die Materialien so den einzelnen Kindern zu. Noch vor der Zeugnisausgabe erhalten die Kinder ihre gesammelten Materialien vom Projekttag (Arbeitsblätter, Bilder, Tontäfelchen, gebastelte Pyramiden) an ihren Schulen zurück.

Erste Ergebnisse

Wir stellten den Kindern vor, während, zum Abschluss und danach einige Fragen (anonym) zu ihrer Motivation und zum Lernzuwachs.

Ein erstes Ergebnis: Während vor dem Projekttag von den teilnehmenden Schülern auf die Frage, ob ihnen Mathematik Spaß und Freude bereitet, rund 18 % der Schüler ganz besonders viel Freude bekundeten, 39 % sehr viel Freude, 35 % der Schüler einigermaßen Freude an Mathematik empfanden, 6 % wenig, 2 % gar keine Freude an Mathematik hatten (Selbsteinschätzung nach fünfstufiger Intensitätsskala), waren die Ergebnisse nach 240 Minuten mathematischer Zeitreise trotz Anstrengung und möglicher Ermüdungsphase zur Mittagszeit erstaunlich: 56 % der Nennungen lagen bei ganz besonders viel, 34 % der Nennungen bei sehr viel, 10 % der Nennungen bei einigermaßen viel Freude und Spaß an Mathematik und gar keine Nennungen (0 %) bei „wenig" sowie „gar nicht" (n = 196). Die Lerneinschätzungen haben sich also bei diesem Indikator in positiver Richtung verschoben. Dieses erste Ergebnis stimmt auch uns positiv, lässt eine Tendenz vermuten, allerdings steht eine umfassende Studie noch aus.

Die Angaben müssen noch exakt ausgewertet und auf signifikante Ergebnisse hin überprüft werden.

Ausblick

Im kommenden Frühjahr laden wir wieder viele Erfurter Kinder zu unserer „kleinen Kinder-Uni" ein, „feilen" bis dahin noch am Projekt, werden einiges überarbeiten. Geplant ist eine Veröffentlichung in Form von Arbeitsmaterialien für die Schule. Dazu muss natürlich das Ganze von unserem Projekt (hier ist in dieser Richtung der Name „Projekt" gerechtfertigt) zum Projekt für den Unterrichtsalltag umstrukturiert werden, d.h. ohne 24 begleitende Studierende realisierbar sein. Es muss also alles so umgebaut und verändert werden, dass die Kinder in einer Projektwoche selbständig in Gruppen auf

Entdeckungsreise gehen können, dabei einzelne Stationen der Zeitreise mit Hilfe von aufbereiteten Arbeitsmaterialien selbständig erkunden können und am Projektabschlussfest (letzter Projekttag) ihre Ergebnisse den Mitschülern (und Eltern?) präsentieren und darbieten können.

Ich bin schon gespannt auf das kommende Semester. Und möchte mich für das Bisherige ganz herzlich bedanken:

bei allen Kindern, die unsere „kleine Kinder-Uni" so aktiv nutzten,

bei allen Studierenden, die in den vielen verschiedenen Rollen und Positionen das Projekt erst realisierbar werden ließen,

bei Herrn Professor Dr. S. Protz für die geistige Unterstützung und die vielen Literaturtipps,

bei Herrn PD Dr. H. Roloff für die vielen Anregungen in mathematischen Fragen,

bei Herrn Weidauer und Frau Lange von der Erfurter Schülerakademie für die mathematikhistorischen Anregungen und die Weiterführung des Projektes in ihrer wunderbaren „Rechenschule nach Adam Ries".

Uta Knyrim
Diplom-Lehrerin, Wissenschaftliche Mitarbeiterin, Universität Erfurt

Literatur

BEDÜRFTIG, Thomas: Über die Natur der Zahlen. Skizzen aus der Geschichte des Zahlbegriffs. In: ROLOFF, Hartmut; WEIDAUER, Manfred (Hrsg.): Wege zu Adam Ries. Tagung zur Geschichte der Mathematik, Erfurt 2002. Augsburg: Rauner Verlag, 2004, S. 21–35.

BEDÜRFTIG, Thomas; MURAWSKI, Roman: Zählen. Grundlage der elementaren Arithmetik. Hildesheim: Franzbecker Verlag, 2001.

BRUNER, Jerome S.; OLVER, Rose R.; GREENFIELD, Patricia M.: Studien zur kognitiven Entwicklung. Stuttgart: Klett-Cotta, 1988 (2. Aufl.).

BRUNER, Jerome S.: Der Prozeß der Erziehung. Berlin: Berlin Verlag, 1970.

ECCARIUS, Wolfgang: Vorlesungen zur Geschichte der Mathematik (Wintersemester 1986/87, unveröffentlicht).

GERICKE, Helmut: Mathematik in Antike, Orient und Abendland. Wiesbaden: Fourier Verlag, 2003 (6. Aufl.).

HEYMANN, Hans Werner: Allgemeinbildung und Fachunterricht. Hamburg: Bergmann und Helbig Verlag, 1997.

IFRAH, Georges: Universalgeschichte der Zahlen. Frankfurt/Main; New York: Campus Verlag, 1991 (2. Aufl.).

IGL, Josef; SENFTHAUSEN, Hans-Günter: Projekte im Mathematikunterricht. Ich löse Sachaufgaben. Arbeitsheft für die Klassen Klasse 3 und 4. Berlin: Volk und Wissen, 1999.

JANSSEN, Ulrich; STEUERNAGEL, Ulla: Die Kinder-Uni. Forscher erklären die Rätsel der Welt. Stuttgart; München: Deutsche Verlags-Anstalt, 2003 (5. Aufl.).

LAUTER, Josef: Fundament der Grundschulmathematik. Pädagogisch-didaktische Aspekte des Mathematikunterrichts in der Grundschule. Donauwörth: Auer, 1997 (3. Aufl.).

LÖFFLER, Eugen: Ziffern und Ziffernsysteme. Die Zahlzeichen der alten Kulturen. Leipzig; Berlin: Teubner, 1918.

MENNINGER, Karl: Zahlwort und Ziffer. Eine Kulturgeschichte der Zahl. Göttingen: Vandenhoeck und Ruprecht, 1979 (3. Aufl.).

PROTZ, Siegfried: Stichwort: Unterricht. Erfurt, 2002.

PROTZ, Siegfried: Unterricht in historisch-systematischer Sicht – von der griechischen Antike bis zur Gegenwart. Vorlesung Allgemeine Didaktik. Erfurt: Universität Erfurt, Sommersemester 2002 (vgl. PROTZ 2002, „Stichwort: Unterricht").

QUENSEL, Paul (Hrsg.): Sagen aus Thüringen. Hamburg: Rowohlt, 1993.

RESNIKOFF, H. L.; WELLS, R. O.: Mathematik im Wandel der Kulturen. Braunschweig: Vieweg, 1983.

ROLOFF, Hartmut; WEIDAUER, Manfred (Hrsg.): Wege zu Adam Ries. Tagung zur Geschichte der Mathematik, Erfurt 2002. Augsburg: Rauner Verlag, 2004.

THÜRINGER KULTUSMINISTERIUM: Lehrplan für die Grundschule und für die Förderschule mit dem Bildungsgang der Grundschule. Saalfeld: Satz+Druck Centrum, 1999.

WAGENSCHEIN, Martin: Verstehen lehren. Beltz Verlag, Weinheim und Basel 1999.

WINTER, Heinrich: Entdeckendes Lernen im Mathematikunterricht: Einblicke in die Ideengeschichte und ihre Bedeutung für die Pädagogik. Braunschweig: Vieweg, 1991 (2. Aufl.).

WINTER, Heinrich: Mathematik entdecken: neue Ansätze für den Unterricht in der Grundschule. Frankfurt am Main: Scriptor, 1987.

WUSSING, Hans: Vorlesungen zur Geschichte der Mathematik. Berlin: Deutscher Verlag der Wissenschaften, 1989.

Das Teilungsproblem

Ein Beispiel für den Einsatz historischer Quellen im Stochastikunterricht

Eckhard Lohmann

> *Das entscheidende Kriterium ist Schönheit; für hässliche Mathematik ist auf dieser Welt kein beständiger Platz.*
>
> Godfrey Harold Hardy

Das Teilungsproblem oder das Problem der abgebrochenen Partie ist eines der klassischen Probleme der Stochastik. Es geht darum, wie ein Einsatz aufzuteilen ist, wenn ein Glücksspiel, das aus mehreren Gewinnspielen besteht, bei einem bestimmten Spielstand abgebrochen werden muss.

Heute findet man eine ähnliche Konstellation beim Tennis. Der Spieler, der zuerst zwei bzw. drei Sätze gewonnen hat, gewinnt das Match, unabhängig davon, wie viele Sätze sein Gegner gewonnen hat.

Wird z.B. auf vier Gewinnspiele gespielt, so hat der Spieler gewonnen, der zuerst vier Siege verbuchen kann. Bei 4:0, 4:1, 4:2, 4:3 erhält der Spieler, der vier Spiele gewonnen hat, den gesamten Einsatz.

Das Teilungsproblem ist ein Problem, dessen Entwicklung durch die Jahrhunderte hervorragend dokumentiert ist. Der älteste bekannte Text dazu ist eine lateinische Handschrift, die etwa aus dem Jahr 1400 stammt. Die neueste mir bekannte Lösung stammt von Leibniz.

Diese spannende Geschichte können Schüler anhand von Originalquellen verfolgen und die verschiedenen Lösungen namhafter Mathematiker miteinander vergleichen.

Die Arbeit mit historischen Quellen birgt ganz eigene Schwierigkeiten, mit denen wir im Mathematikunterricht sonst selten zu kämpfen haben. Die Quellen sind in der Sprache ihrer jeweiligen Zeit geschrieben, wenn auch in deutscher Übersetzung. Je älter ein Text ist, desto schwieriger ist es in der Regel für Schüler, seinen Inhalt zu verstehen. Schüler, die Schwierigkeiten mit der deutschen Sprache oder mit dem Verstehen von Texten haben, werden an dieser Herangehensweise wenig Gefallen finden. Andererseits haben hier die Schüler einmal die Möglichkeit zum Auftrumpfen, die gute Textarbeit leisten können, aber Schwierigkeiten mit einem hohen Abstraktionsgrad haben.

Methodik

Am besten bewährt hat sich die Bearbeitung dieser Texte als Gruppenpuzzle mit Kartenabfrage. Hierbei wird jeder Gruppe eine Lösung eines anderen Mathematikers gegeben, die sie anhand des Originaltextes erarbeiten soll. Es ist sinnvoll, sich zunächst anzusehen, welche Gruppen sich gebildet haben und erst anschließend zu entscheiden, welche Gruppe welchen Text erhält. Auf diese Weise kann man die unterschiedlich schwierigen Texte zur Binnendifferenzierung nutzen.

Nach der ersten Gruppenarbeitsphase (je nach Klassenstufe 1–2 Unterrichtsstunden) werden die Gruppen neu gemischt und zwar so, dass in jeder der neuen Gruppen mindestens ein Experte aus jeder der ursprünglichen Gruppen sitzt. Jeder muss jetzt seiner Gruppe die von ihm miterarbeitete Lösung erklären und so gut erläutern, dass am Ende jeder in der Lage ist, eine beliebige Lösung vor der Klasse zu präsentieren (2–3 Unterrichtsstunden).

Die Kartenabfrage setzt einen Satz Karteikarten voraus, bei dem jeder Schülername auf einer Karte steht. Die Lösungen werden nun in chronologischer Reihenfolge präsentiert (1–2 Unterrichtsstunden), wobei der Vortragende mithilfe der Karten ausgelost wird. Bei Schwierigkeiten im Vortrag werden die Experten befragt. Die Kartenabfrage hat die Funktion, die Verbindlichkeit zu erhöhen. Da den Schülern von vornerherein klar ist, dass sie jede Lösung präsentieren können müssen und dass es nichts nützt, möglichst unauffällig zu sein, müssen sie in der zweiten Gruppenarbeitsphase so lange nachfragen, bis sie die Lösung verstanden haben. Da die Schüler aber wissen, dass sie in der zweiten Gruppenarbeitsphase gelöchert werden, sind sie gezwungen, in der ersten Gruppenarbeitsphase gut mitzuarbeiten.

Die Quellen

Zum leichteren Verständnis habe ich die Quellen um die umrandeten Lösungswege ergänzt. Diese Erläuterungen gehören nicht zu dem Material, dass die Schüler bekommen, sondern stellen vielmehr die von ihnen erwarteten Ergebnisse dar.

Handschrift um 1400 (Verfasser unbekannt)

„Zwei Männer spielen Schach und setzen <je> einen Dukaten ein auf drei Gewinnspiele. Es trifft sich, dass der Erste zwei Spiele gegen den Zweiten gewinnt. Ich frage, welchen Anspruch auf Gewinn von diesem Dukaten der Erste gegenüber dem Zweiten haben wird, wenn sie nicht weiterspielen.

Nimm an, dass der Erste gegen den Zweiten 1c.[1] beim ersten Spiel gewinnt; du musst in Betracht ziehen, dass er beim zweiten Spiel ver-

Spielstand	Gewinn Spieler 1	Guthaben Spieler 2
1:0	c	1-c
2:0	2c	1-2c
2:1	4c-1	2-4c

nünftigerweise ebensoviel wie beim ersten gewinnen muss. Er wird eine weitere c. gewonnen haben, und so hat er jetzt aufgrund des Gewinns bei zwei Spielen einen Gewinnanspruch auf 2c.; der Zweite, der verloren hat, wird jetzt bezüglich seines Einsatzes einen Anspruch auf 1 duc.[2] minus 2c. haben. Es versteht sich, dass, wenn der Verlierer von zwei Spielen gegen seinen Partner zwei weitere Spiele gewinnen würde, keiner von beiden irgendeinen Betrag vom anderen gewonnen hätte. Nehmen wir jetzt an, dass der Zweite gegen den Ersten zunächst ein Spiel gewinnt.

Ich behaupte, dass er in diesem Spiel 1 duc.minus 2c. gewinnt, die der erste gewonnen hätte, und der Grund dafür ist folgender: Wenn der Gewinner der ersten beiden Spiele auch das dritte Spiel gewonnen hätte, hätte er gegen den zweiten den gesamten Rest von dessen Dukaten gewonnen, nämlich von 1duc. minus 2c., wie umgekehrt der zweiten nach dem Gewinn gegen den ersten; jetzt nimmt er 1 duc. minus 2c. von dem Anteil, den der erste gegen den zweiten gewonnen hat, nämlich 2c.; dem ersten verbleiben von <seinem> Gewinn noch 4c. minus 1 duc..

Dem zweiten werden, wenn er einzufordern anfängt, in diesem Spiel 2 duc. minus 4c. zustehen. Beachte jetzt für den ersten, den Gewinner von zwei Spielen, dass, wenn der zweite diese zwei Spiele gewonnen hätte und das dritte Spiel gewinnen würde, er zwangsläufig den gesamten verbleibenden Anteil des ersten von dessen Dukaten gewinnen würde, und, wenn der erste dieses dritte Spiel gewänne, er 2 duc. minus 4c. gewinnen würde. So muss es auch der zweite gegenüber dem ersten machen. Wir nehmen jetzt an, dass der zweite das zweite Spiel gewinnt. Also stehen ihm aufgrund seines Gewinns gegen den ersten 2 duc. minus 4c. zu, und er muss von dem ersten das fordern, was dieser von ihm gewonnen hätte, weil nun so einer wie der andere zwei Spiele gewonnen hat. Beachte nun, wenn der zweite gegen den ersten das zweite Spiel gewinnt, gewinnt er 2 duc. minus 4c.. Wir müssen nun auf beiden Seiten 1 Dukaten hinzufügen, und wir werden auf der einen Seite 4c. auf der anderen

---

[1] c. ist die Abkürzung für cosa, das früher gebräuchliche Fachwort für die Unbekannte. Heute würde man in den meisten Fällen für c. x schreiben.

[2] Abkürzung für Dukaten.

3 duc. minus 4c. haben. Füge noch 4c. auf beiden Seiten hinzu und du wirst erhalten 8c. gleich 3 duc.. Jetzt teile die Zahl durch die <Zahl der> c., d. h., 3 duc. durch 8, was $\frac{3}{8}$ ergibt, und

$$4c-1 = 2-4c \quad |+1+4c$$
$$8c = 3 \quad |:8$$
$$c = \frac{3}{8}$$

soviel ist die c. wert; nämlich den Betrag, den der erste im Spiel gewinnt; und im zweiten Spiel gewinnt er nochmals $\frac{3}{8}$ Dukaten, was $\frac{6}{8}$ ausmacht, also $\frac{3}{4}$. Soviel muss der erste nach dem Gewinn erhalten, da er nicht mehr als zwei Spiele spielt. So gehe auch vor bei ähnlichen Rechnungen."

Dieser Text ist selbst für mathematisch und sprachlich starke Schüler eine Herausforderung. Er enthält auch keine Ideen, die weiter führen, oder bestimmte Denkweisen beleuchten. Durch Weglassen dieser Quelle verliert die Arbeit sicher an Farbe und Schönheit, nicht jedoch an Gehalt.

Luca Pacioli (1494)

„Eine Gesellschaft spielt Ball auf 60 <Punkte>, <wobei> 10 Punkte für das Einzelspiel <vergeben werden>. Sie setzen <insgesamt> 10 Dukaten ein. Aufgrund gewisser Umstände können sie nicht zu Ende spielen; dabei hat eine Partei 50 und die andere 20 <Punkte>. Man fragt, welcher Anteil des Einsatzes jeder Partei zusteht. …

Die dritte, sehr kurze Weise ist, dass Du summierst, was die beiden Parteien zusammen haben: d. h. 50 und 20, macht 70. Und dieses ist der Divisor, wobei 70 den 10 <Dukaten> entsprechen. Was steht <der Partei mit> 50 <Punkten> und was <der Partei mit> 20 <Punkten> zu? Usw."

Die Lösung Paciolis ist die einfachste und zunächst nahe liegendste Lösung. Je geringer die stochastische Vorbildung einer Klasse ist, desto

häufiger wird diese Lösung favorisiert. Sie ist jedoch nicht unproblematisch. Immer dann, wenn ein Spieler zu null führt, würde er bei dieser Art der Teilung alles bekommen. Das ist bei 500 Gewinnspielen und einem Spielstand von 1:0 sicher nur schwer einzusehen.

Geronimo Cardano (1539)

„Was nun die Theorie der Spiele betrifft, muss man wissen, dass man bei den Spielen nur die jeweiligen Restspielanzahlen in Betracht ziehen muss, indem man den Gesamteinsatz in der Progression[3] auf die entsprechenden Teile verteilt. Zum Beispiel spielen zwei auf zehn <Gewinnspiele>. Einer hat 7, der andere hat 9 <Spiele gewonnen>. Man fragt nun im Falle der Teilung bei Spielabbruch, wie viel jeder haben soll.

Ziehe 7 von 10 ab; es bleiben 3. Ziehe 9 von 10 ab; es bleibt 1. Die Progression von 3 ist 6. Die Progression von 1 ist 1. Du wirst also den Gesamteinsatz in 7 Teile teilen und dem, der 9 <Gewinnspiele> hat, 6 Teile, sowie dem, der 7 <Gewinnspiele> hat, 1 Teil geben. Nehmen wir also an, daß jeder 7 Goldstücke gesetzt hat, dann wäre der Gesamteinsatz 14, von denen 12 dem, der 9 <Gewinnspiele> hat, zufallen und 2 dem, der 7 hat, weshalb der, der 7 hat, $\frac{5}{7}$ des Kapitals verliert."

Cardano erkennt, dass es wichtiger ist, wie viele Spiele einem Spieler noch fehlen, als wie viele er schon hat. Dadurch wird das zu-null-Problem von Pacioli vermieden. Es ist jedoch nicht ersichtlich, warum er die Progression verwendet, auch wenn er auf diese Weise gute Resultate erzielt, was ihn als erfahrenen Spieler ausweist.

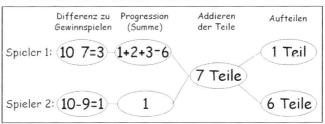

Nicolò Tartaglia (1556)

Tartaglia bezieht sich auf Pacioli, nur dass der zweite Spieler 30 Punkte hat.

„... egal, auf welche Art und Weise man es löst, es gibt immer einen Grund zu streiten. Nichtsdestotrotz er-

---

[3] Gemeint ist hier das Aufaddieren der natürlichen Zahlen bis zur entsprechenden Zahl: Die Progession von 1 ist 1, die von 2 ist 3, die von 3 ist 6, die von 4 ist 10 usw.

scheint mir als am wenigsten anfechtbare Lösung die folgende: man stelle zunächst fest, welchen Anteil jeder vom Gesamtspiel hat, d.h., wenn einer zufällig 10 und der andere 0 hätte, hätte also derjenige, der 10 hat, ein Sechstel des Gesamtspiels; und deshalb sage ich, dass er in diesem Falle ein Sechstel der Dukaten bekommen müsste, die sie pro Mann eingesetzt haben; d.h., wenn man 22 Dukaten pro Partei einsetzt, müsste er ein Sechstel besagter 22 Dukaten, nämlich $3\frac{2}{3}$ Dukaten erhalten, die zusammen mit seinen 22 Dukaten $25\frac{2}{3}$ Dukaten ausmachen, und die andere Partei darf den Rest nehmen, und dieser Rest ist $18\frac{1}{8}$ Dukaten. Wenn nun eine Partei 50 und die andere 30 hätte, müsste man 30 von 50 abziehen. Es bleiben 20, und diese 20 sind ein Drittel des Gesamtspiels. Deshalb dürfte man (außer seinem eigenen Anteil) auch ein Drittel des Geldes der anderen Partei nehmen, und dieses Drittel sind $7\frac{1}{3}$ Dukaten, die zusammen mit seinen eigenen $29\frac{1}{3}$ Dukaten ausmachen. die andere Partei dürfte den Rest, nämlich $14\frac{2}{3}$ Dukaten, nehmen."

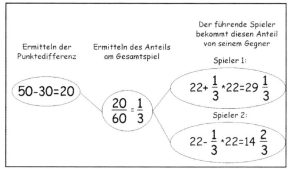

Die Lösung Tartaglias funktioniert immer. Es kommt jedoch nur auf die Punktedifferenz an. Bei 1:0 wird genauso geteilt, wie bei 5:4. Es ist nicht ganz einfach, Schülern zu verdeutlichen, warum das ungerecht ist.

Blaise Pascal (1654)

Pascal an Fermat. Mittwoch, den 29. Juli 1654

„Nehmen wir an, dass der erste zwei und der andere eine Partie gewonnen hat; sie spielen nun eine Partie, deren Ausgang folgendes festlegt: Wenn der erste sie gewinnt, gewinnt er den gesamten Spieleinsatz, nämlich 64 Pistoles; Wenn der andere sie gewinnt, steht es zwei Partien zu zwei Partien, und folglich muss jeder seinen Einsatz, nämlich 32 Pistoles, zurücknehmen, falls sie sich trennen wollen.

Beachten Sie nun, mein Herr, dass dem ersten 64 zustehen, wenn er gewinnt; wenn er verliert, stehen ihm 32 zu. Wenn sie also diese Partie nicht wagen und sich, ohne zu spielen, trennen wollen, muss der erste sagen: ‚32 Pistoles sind mir sicher, denn die erhalte ich selbst bei Verlust; aber was die 32 anderen betrifft, vielleicht werde ich sie erhalten, vielleicht werden Sie sie erhalten, die Aussichten sind gleich. Teilen wir 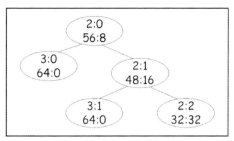 also diese 32 Pistoles zu gleichen Teilen und geben Sie mir außerdem meine 32, die mir sicher sind.' Er wird also 48 Pistoles erhalten und der andere 16.

Nehmen wir jetzt an, dass der erste zwei Partien gewonnen hat und der andere keine und dass sie eine weitere Partie beginnen. Der Ausgang dieser Partien legt fest, dass der erste, wenn er sie gewinnt, das ganze Geld, 64 Pistoles nimmt; gewinnt sie der andere, dann sind sie wieder beim vorhergehenden Fall angelangt, bei dem der erste zwei Partien und der andere eine gewonnen hat.

Nun haben wir schon gezeigt, dass in diesem Fall dem, der die zwei Partien gewonnen hat, 48 Pistoles zustehen. Deshalb muss er, falls sie diese Partie nicht spielen wollen, sagen: ‚Wenn ich sie gewinne, gewinne ich alles, das sind 64; wenn ich sie verliere, stehen mir rechtmäßig 48 zu: Geben sie mir also die 48, die mir selbst für den Fall, dass ich verliere, gewiss sind, und teilen wir die anderen 16 zu gleichen Teilen, weil die Chance, diese zu gewinnen, für Sie genauso groß ist wie für mich.' Er wird also 48 und 8, das sind 56 Pistoles, erhalten.

Nehmen wir endlich an, dass der erste nur eine Partie gewonnen hat und der andere keine. Sie sehen, mein Herr: wenn sie eine neue Partie beginnen, legt deren Ausgang fest, dass, wenn der erste sie gewinnt, es zwei zu null steht und ihm mithin nach dem vorhergehenden Fall 56 Pistoles zustehen; verliert er sie, steht es eins zu eins: ihm stehen also 32 Pistoles zu. Er muss also sagen: ‚Wenn Sie die Partie nicht spielen wollen, geben Sie mir 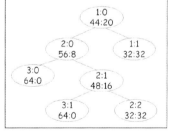 32 Pistoles, die mir sicher sind, und teilen wir den von 56 verbleibenden Rest zu gleichen Teilen. Nehmen Sie 32 von 56 weg, es bleiben 24; teilen Sie also 24 zu gleichen Teilen; nehmen Sie davon 12 und ich 12, was mit 32 zusammen 44 macht.'..."

Pascals Lösung ist sicher die brillanteste, die es zum Teilungsproblem gibt. Sie ist sehr einfach nachzuvollziehen und sofort einsichtig. Sie ist lückenlos und lässt sich verallgemeinern. Sie benötigt keine Voraussetzungen beim

Leser, nicht einmal einen Wahrscheinlichkeitsbegriff. Kurz, sie ist einfach schön!

Im Prinzip betrachtet Pascal das Problem (lange vor Markov) als homogene endliche Markov-Kette. Da er die Übergangswahrscheinlichkeit nicht kennt, nimmt er sie als ½ an. So betrachtet ist das Teilungsproblem ein symmetrisches Irrfahrtsproblem.

Als letztes noch zum Schmunzeln eine Lösung von Pacioli, vor der er ausdrücklich warnt:

„…Und pass auf in dem obigen Beispiel, dass du nicht sagst, dass die Partei mit dem Anteil von 5/11 an der maximalen Anzahl von Spielen nur 5/11 vom Einsatz nehmen darf; das wäre nicht gut, weil Gelder vom Einsatz übrig blieben, die weder der einen noch der anderen gehören würden. Es würden dem mit 50 Punkten 4 6/11 zukommen und dem mit 20 Punkten 1 9/11 was zusammen 6 4/11 macht, und die verbleibenden 3 7/11 würden für den sein, der auf die Kleider aufpasst …"

Einsatzgebiete

Diese Quellen kann man in verschiedenen Klassenstufen einsetzen: In Klasse 7/8, wenn es darum geht, den Erwartungswert einzuführen, denn genau darum geht es in den Texten. Wie viel von dem Einsatz kann welcher Spieler als Gewinn erwarten? In Klasse 9/10 kann man über den Text von Pascal die Binomialverteilung einführen, in Klasse 12/13 die Markov-Ketten.

Es gilt jedoch: je jünger die Schüler sind, desto schwerer fällt ihnen die Arbeit mit den Texten. In Klasse 7/8 benötigt auch eine sehr leistungsstarke Gruppe bei der Handschrift massive Hilfen, um sie zu verstehen, und es wäre in vielen Fällen sicher sinnvoll, auf ihren Einsatz zu verzichten.

Literatur

Schneider, Ivo: Die Entwicklung der Wahrscheinlichkeitstheorie von den Anfängen bis 1933, Darmstadt 1988

Alle Abbildungen von Mathematikern sind dem Internet entnommen. Adresse: http://www-groups.dcs.st-andrews.ac.uk

Eckhard Lohmann, elohmann@larkov.de

Mathematik verstehen mit Geschichte

Ein Plädoyer zur Einbeziehung historischer Aspekte in Unterricht und Ausbildung

Arne Madincea

Was ist mathematische Bildung? – Warum wird Mathematik von vielen Menschen als schwer empfunden? – Wieso ist das gesellschaftliche Urteil über das Fach Mathematik oft negativ, obwohl unser gesellschaftliches Umfeld sehr stark von der Mathematik geprägt wird? – Warum gilt Mathematik dennoch unbestritten als Kernfach der Ausbildung und Erziehung, und das sicher in allen Ländern und bei allen Völkern seit mehreren tausend Jahren? – Ist die gegenwärtige didaktische Ausprägung und methodische Umsetzung der Bedeutung und den Zielen von Mathematikunterricht angemessen?

„Mathematik ist die Sprache, mit der Gott die Welt erfunden hat".

So liest man es bei Galilei (15.2.1564 – 8.1.1642), und möglicherweise geht dieser Satz schon auf Aristoteles (384 – 322 v. Chr.) zurück, den man als Lehrer von Alexander dem Großen mit einer gewissen Berechtigung als ersten „Schulmeister" des Abendlandes bezeichnen kann.

Und mathematische Probleme gehörten mit Sicherheit zum Unterrichtsstoff.

Wir leben also in einer langen Tradition geisteswissenschaftlicher Auseinandersetzung mit mathematischen Fragestellungen und die Mathematik hat stets einen wesentlichen Beitrag zur Erziehung und Bildung geleistet: Sie erzieht u.a. zur Selbständigkeit, sie befähigt zu rationaler Analyse und strategischer Lösung von Problemen sowie zu begründender Argumentation.

Mathematik ist also ein Bildungswert an sich, ein Medium zur Erziehung, und damit bei weitem mehr als eine anwendbare Rechentechnik zur Beschreibung naturwissenschaftlicher Sachverhalte oder vorfachliche Ausbildung zukünftiger Ingenieure. Da mathematische Bildung zu strategisch-analytischem Denken, zur Entwicklung von Lösungswegen, zu sprachlicher Präzision befähigt, leistet dieses Fach in Schule und Ausbildung etwas, was in nahezu alle Lebensbereiche einwirkt. Mathematische Bildung ist wichtig und nützlich!

Aber kommt die kulturgeschichtliche Komponente in Unterricht und Ausbildung hinreichend zum Tragen? – Erleben Schülerinnen und Schüler, auch Studierende an der Universität, dieses Fach in der geschichtlichen Entwicklung? – In der Regel wohl gegenwärtig nicht.

Würde umgekehrt jedoch ein Mehr an historischen Bezügen auch zu einem Mehr an *Verstehen* und damit zu einem Abbau von negativen, nur durch unverstandenen Nachvollzug geprägten Erfahrungen führen? Läßt sich durch einen geschichtlichen Zugang die Gefahr von Versagenssituationen verringern bei gleichzeitiger Vergrößerung des Anteils selbständiger Schülerarbeit in sozialem Miteinander? – Ich meine : Unbedingt! – Und darum soll es im folgenden gehen.

Nichts ist motivierender als Erfolg, und Selbstvertrauen und Selbstwertgefühl entwickelt sich am besten über eigenständiges Leistungsvermögen. Hier kann man viel aus der Geschichte lernen und versteht, dass man mit seinen Bemühungen nicht allein ist.

Thesen zu historischen Aspekten im Mathematikunterricht

- Durch geschichtliche Bezüge wird Mathematik als alte Kulturtechnik erlebbar, die über ein Gefühl der Kontinuität eine positive Einstellung zu mathematischen Sachverhalten erzeugt.
- Besonders aus historischer Sicht werden mathematische Strukturen, Ansätze zur Lösung mathematischer Probleme, sowie die fundamentalen Ideen und Strategien im Erkenntnisprozess sichtbar.
- Über interessante Persönlichkeiten, in Verbindung mit historischem Material, kann Identifikation mit Problemstellungen und ein hohes Maß an Motivation erzeugt werden.
- Über die Diskrepanz zwischen historischen und moderneren Entwicklungen und Methoden kann eine klarere Einsicht in Begründungszusammenhänge und Strukturen erreicht werden.

Akzeptiert man die Richtigkeit der obigen Thesen, so wird deutlich, welche emotional-lernpsychologische Komponente dem Aufzeigen der historischen Entwicklung mathematischer Problemstellungen innewohnt, welche die strategische Handlungskompetenz fördert und verbreitet. Darüber hinaus wird über das Verstehen tradierter Lösungsansätze von Problemen eine positive Sicht auf die Mathematik als Ganzes erzeugt, Selbstvertrauen befördert und negativen Einstellungen vorgebeugt.

Dass dennoch die gegenwärtige Situation der Ausbildung in Schule und Universität weitgehend auf diesen wichtigen Zugang zu mathematischem Verständnis verzichtet, liegt wohl hauptsächlich an mangelnder Kompetenz der Lehrenden, womit leider auch wichtige methodische Ansätze und Unterrichtsverfahren, die z.B. mit „Entdeckendem Lernen" und „Problemlösen" etc. beschrieben werden können, erschwert werden. Denn Entdecken von Gesetzen und Regeln, das experimentelle Arbeiten an mathematischen Sachverhalten, das Selbständigkeit fördert, dieses gelingt besonders gut im historischen Bezug.

Es ist also zu fordern, dass diesem Aspekt bei der Ausbildung von Lehrkräften, dem Vorlesungsangebot der Universität, mehr Beachtung geschenkt wird.

Nachdem das „*Warum*" beleuchtet worden ist, stellt sich nun die Frage: *Wie* bettet man Mathematikgeschichte unterrichtlich ein? – Was sind geeignete Themen, wie setzt man ein Thema methodisch in eine unterrichtliche Struktur um?

Methodische Ansätze zur Einbringung historischer Aspekte in den Mathematikunterricht

1. Präzisierung historisch ungenügend formulierter mathematischer Sachverhalte schärft das begriffliche Repertoire und stärkt die individuelle mathematische Handlungskompetenz.
2. Tätiges Nacherfinden (Comenius / Hans Freudenthal) gestattet, fundamentale Lösungswege zu entdecken, und darüber hinaus wird i.A. ein großer allgemeinbildender Beitrag geleistet.
3. Einbettung in einen kulturhistorischen Gesamtzusammenhang ermöglicht fächerübergreifende Sicht und Verständnis für Entwicklungen aus gesellschaftlichem Kontext.
4. Strukturelle Neugier wird erzeugt durch historische Rechenschemata, Graphiken und Modelle.
5. Identifikation mit großen Persönlichkeiten vermittelt Selbstvertrauen, Mut und Geduld für eigene Bemühungen und Lösungsansätze im mathematischen Bereich.
6. Zentrale Ideen und Strategien der Mathematik treten in historischem Zusammenhang besonders klar zu Tage.
7. Mathematik hat im Laufe der Jahrtausende Umwelt und Gesellschaft in vielfältiger Weise geprägt und beeinflusst und hat wesentlich zu allgemeiner Bildung beigetragen.

Es gibt eine Fülle von Möglichkeiten, Unterricht unter historischem Blickwinkel *so* zu gestalten, dass Mathematik nicht als fertiges, „lernbares" Produkt präsentiert wird, das Schüler in die Situation intellektueller Wiederkäuer versetzt, sondern als ein Prozess verstanden wird, der kreativ in die wunderbare Vielfalt der Ideen, Strategien, Lösungen und Irrtümer einführt. Dabei wird auch die Urteilsfähigkeit geschärft, die in Zusammenhang mit (mathematischer) Vernunft, Widerspruchsfreiheit, der Präzision von Begriffen und Sprache zu sehen ist.

Es sei noch einmal ausdrücklich betont, dass die Unterrichtsgestaltung den Freiraum des Scheiterns von Lösungsansätzen bieten sollte, denn Versuch und Irrtum sind wichtige Vorstufen der Erkenntnis und der Fähigkeit, mit Selbstwertgefühl an der Lösung von Problemen zu arbeiten. Ich bin der Überzeugung, dass ein großer Mangel unseres gegenwärtigen Mathematikunterrichtes in der vorwiegend erklärenden Rolle der Lehrenden liegt, die Regeln und Formeln vermitteln und das kreative Potential der Lernenden ungenutzt verkümmern lassen.

Immanuel Kant (22.4.1724 – 12.2.1804; Königsberg):

„Jemandes Gedanken nachahmen heißt nicht philosophieren, sondern man muß *selber denken* und zwar a priori."

Historische Aspekte im Mathematikunterricht sind somit ein wichtiges Stilmittel, um Unterricht offener und schülernäher zu gestalten. Sie bieten den Schülern die Möglichkeit, Rollen zu übernehmen, zentrale Fragestellungen und Probleme früherer Epochen zu erfassen, Grundlagen und Herkunft von Begriffen und Verfahren zu verstehen, ein mathematisches Feld zu erforschen, und nicht zuletzt in fachübergreifender Sicht Mathematik als zentrales Element unserer Kultur zu begreifen. – Damit sind sie ein zentraler Punkt von Allgemeinbildung und damit eine besondere Aufgabe in einem allgemeinbildenden Schulwesen.

Da man die methodische Umsetzung der Gedanken in Mathematikunterricht am besten am konkreten Beispiel erfährt, werden im folgenden nun zu den 7 oben genannten methodischen Ansätzen konkrete Unterrichtssituationen beschrieben.[1]

---

[1] Das beschriebene Material ist unter der Adresse: http://www.madincea.privat.t-online.de im Internet zu finden. Alle Dateien sind im pdf-Format vorhanden und können z.B. mit dem kostenlos erhältlichen Acrobat-Reader gelesen und ausgedruckt werden.

Ich hoffe, dass damit auch die Vielfalt und das hohe Maß an eigenständiger Schülerarbeit durch die Einbettung von Themen in einen historischen Zusammenhang deutlich wird. Zur Einordnung der Beispiele wird die jeweilige Klassenstufe angegeben und eine Skizze der Unterrichtsvoraussetzungen und der Unterrichtsziele benannt.

1. Unterrichtsbeispiele zur Präzisierung mathematischer Sachverhalte:

a) Karl Marx: Über den Begriff der abgeleiteten Funktion

(Klassenstufe 11) Nach Studium des historischen Textes sollen die Schüler unklare Begriffsbildungen benennen und Verständnislücken analysieren: Karl Marx verfügt über keinen vernünftigen Grenzwertbegriff, kann nicht verständig mit dem Quotientengrenzwertsatz für Zahlenfolgen argumentieren, und scheitert demnach argumentativ an dem bekannten Problem „0:0". Die Schüler ermitteln danach die Terme der entsprechenden Ableitungen auf der Basis ihrer Kenntnisse über Differenzenquotientenfolgen mathematisch korrekt.

b) Cassinische Kurven

(Klassenstufe 11) Die historische Kontroverse zwischen Johannes Kepler und Jean Dominique Cassini über die Art der Planetenbahnen, Ellipsen oder Cassinische Kurven, wird von den Schülern mathematisch beleuchtet: Gegeben sind 2 feste Punkte F_1 und F_2. Entweder sind alle Punkte P gesucht, deren Abstandssumme zu F_1 und F_2 stets konstant ist (Kepler) oder deren Abstandsprodukt (Cassini).

Über die Entwicklung zugehöriger Kurvengleichungen, Erzeugung der Graphen (Einsatz eines Funktionsplotters) können die Schüler gezielt Stellung beziehen und entscheiden.

2. Unterrichtsbeispiele zum tätigen Nacherfinden:

a) Satz von Menelaos / Satz von Ceva

(Klassenstufe 9) Die Arbeitsanweisungen sind methodisch bewusst offen formuliert, der Satz von Giovanni Ceva sogar „verloren gegangen", so dass die

Schüler Sachverhalte selbständig finden und formulieren müssen. Voraussetzungen: Strahlensätze.

b) Ähnliche Dreiecke II (Viereckssatz des Klaudios Ptolemaios)

(Klassenstufe 9) Ein historisch wichtiger Satz auch für nachfolgenden Unterricht wird selbständig experimentell wiederentdeckt und bewiesen. Voraussetzungen: Sehnenviereck eines Kreises; Ähnlichkeitssätze für Dreiecke.

c) Der Flächeninhalt eines Sehnenvierecks

(Klassenstufe 10) Der wunderschöne Viereckssatz von Brahmagupta erweitert und vertieft die Kenntnisse über die Heronsche Dreiecksformel und führt mit seinen Folgerungen bis zu einer Variante des Satzes von Varignon. Darüber hinaus werden bei der Herleitung sinnvoll trigonometrische Beziehungen verwendet und damit lernpsychologisch gefestigt.

d) Ungleichung zwischen dem arithmetischen und dem geometrischen Mittel

(Klassenstufe 11) Der besondere Induktionsgedanke von Cauchy kann und soll nur mit großer Verblüffung und großem Vergnügen nachvollzogen werden.

3. Unterrichtsbeispiele zur Einbettung in kulturhistorische Zusammenhänge:

a) Das Pentagramm

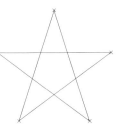

(Klassenstufe 9) Der Goldene Schnitt, die Inkommensurabilität von Streckenlängen, sowie das Erleben eines infinitesimalen Prozesses werden über dieses Thema vermittelt. Voraussetzungen: Harmonische Punkte; Satzgruppe des Pythagoras; Lösen quadratischer Gleichungen.

b) Der Grabstein des Archimedes

(Stufe 10) Der archimedische Weg zur Bestimmung eines Kugelvolumens bereitet mit den „Indivisiblen" Grundgedanken der Integralrechnung vor. Voraussetzungen: Satzgruppe des Pythagoras; Hebelgesetze.

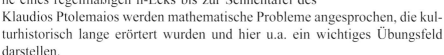

c) Von Sehnen und Sehnenlängen

(Klassenstufe 10) Über die Konstruierbarkeit der Sehne eines regelmäßigen n-Ecks bis zur Sehnentafel des Klaudios Ptolemaios werden mathematische Probleme angesprochen, die kulturhistorisch lange erörtert wurden und hier u.a. ein wichtiges Übungsfeld darstellen.

d) Kreiszahl pi (Archimedes / Cusanus)

(Klassenstufe 9) Die Kreiszahl ist ein zentrales mathematisches Problem der Menschheit und in der historisch geprägten Erörterung wird u.a. ein Gefühl für Approximationsverfahren, Grenzwerte etc. geschärft.

4. Unterrichtsbeispiele zur Erzeugung struktureller Neugier:

a) Komplexe Zahlen

(Klassenstufe 11) Wie rechnet man mit Punkten einer Ebene? – Welche Verknüpfungsdefinition ist vernünftig? – Was ist überhaupt mathematische Vernunft? Bei der Entwicklung der Multiplikation werden alle Gruppenaxiome benötigt und verwandt.

b) Geometrie und Koordinatensystem

(Klassenstufe 8) Descartes Idee, geometrischen Objekten Maßzahlen zuzuordnen, führt bei der Bestimmung von Flächeninhalten von Dreiecken zu eleganten algebraischen Termen. Ausblick auf Determinanten.

c) Pascalsches Dreieck

(Stufe 8) Durch strukturelle Neugier werden das Rechnen mit Binomialkoeffizienten, kombinatorische Zählprinzipien, sowie die Entwicklung eines Binoms: $(a+b)^n$ im konkreten Fall entwickelt.

5. Unterrichtsbeispiele zur Identifikation mit großen Persönlichkeiten:

a) Grundkonstruktionen und Linien im Dreieck: Auf den Spuren von Leonhard Euler

(Klassenstufe 7) Die Vorgabe der Schnittpunkte der Seitenhalbierenden, Höhen, Mittelsenkrechten und Winkelhalbierenden eines Dreiecks, ohne Konstruktion und Hilfslinien, führt zur Entdeckung des Satzes über die Eulersche Gerade, der jedoch an dieser Stelle nicht bewiesen wird. Zusätzlich: Übung der Grundkonstruktionen, Schulung fachsprachlicher Schreibweisen und argumentativer Satzformulierung.

b) Ähnlichkeit und Projektive Geometrie

(Klassenstufe 9) Satz von Pappus-Pascal, Satz von Brianchon, Satz von Desargues: Berühmte Sätze der Projektiven Geometrie, die entweder nur konstruktiv erschlossen werden, oder mit Hilfe des Satzes des Menelaos auch bewiesen werden können. Arbeitsblatt wohl eher geeignet für Arbeitsgemeinschaften oder Neigungsgruppen.

c) Spielerei mit Dreiecksspiegelungen: Was hat Napoleon mit Dreiecken zu tun?

(Klassenstufe 10) Das Thema: Napoleondreiecke ist interessant und anspruchsvoll für diese Altersstufe. Voraussetzungen: Kosinussatz bzw. allgemein: Trigonometrie.

6. Unterrichtsbeispiele zu zentralen Ideen und Strategien:

a) Heron von Alexandria

(Klassenstufe 9) Interpretiert man die Bestimmung von Wurzeln als Schnittpunktsproblematik von Hyperbeln mit der Identität, so wird über das Verfahren von Heron ein Ausblick auf Kontrahierende Abbildungen (sogar schon mit einer ersten Erfahrung des Problems der Steigung einer Iterationsfunktion – Lipschitzbedingung) gegeben.

b) Kreis – Sehne – Sinus

(Klassenstufe 10) Der Zusammenhang zwischen Umfangswinkel und Sehne am Kreis führt auf elegante Weise zum Sinussatz, und über den Vierecksatz des Ptolemaios zu den Additionstheoremen der Sinusfunktion. Sehr elegant und für Schüler erfahrungsgemäß ein Erlebnis.

c) Rotationsvolumina: Auf den Spuren von Pappus und Guldin

(Klassenstufe 12) Die Guldinschen Regeln sind ein Standardunterrichtsthema bei mir im Leistungskurs, gestatten sie doch auf vielfältige Weise Integrationsübungen durchzuführen, und die zentrale Idee der Schwerpunktbestimmung (eines Körpers) zeigt Verbindungen zur Physik auf.

d) Normierung von Binomialverteilungen: Die Gaußsche Dichtefunktion

(Klassenstufe 13) Die Approximation eines diskreten Sachverhaltes durch eine stetige Funktion, mit den resultierenden Konsequenzen, ist eine zentrale mathematische Strategie, hier exemplarisch durchgeführt an dem Problem der Approximation von Binomialverteilungen. Bei der Bestimmung des Wertes eines Oberflächenintegrals, mit dem Übergang zu Polarkoordinaten, wird im Lehrervortrag ein Ausblick auf Integrationsmethoden gegeben, die der universitären Ausbildung vorbehalten sind.

7. Unterrichtsbeispiele zur Allgemeinbildung:

a) Polyeder: Platonische Körper

(Ab Klassenstufe 8) Die Entdeckung des Eulerschen Polyedersatzes sowie die kulturgeschichtliche Einbindung der 5 Platonischen Körper mit ihrer Zuordnung zu: Feuer Wasser, Erde, Luft und Universum ist ein wichtiges Stück Allgemeinbildung. Möchte man auch die Konstruierbarkeit bzw Existenz thematisieren, benötigt man z.B. die 5-Eckskonstruktion der 9. Klassenstufe.

b) Das Bogenmaß

(Klassenstufe 10) Das Zahlsystem der Babylonier ist wichtige Grundlage von Maßen in unserem Alltag: Uhrzeit, Winkelgrößen etc. Hier ist Gelegenheit, „über den Tellerrand" zu sehen.

Fazit

Historische Aspekte im Mathematikunterricht gestatten nicht nur ein vertiefendes Verständnis für mathematische und kulturgeschichtliche Fragestellungen, sondern sind ein wichtiger Beitrag zum entdeckenden Lernen, und sie gestatten viel selbständige Tätigkeit von Schülern. Lassen wir also unsere Schüler Mathematik erleben und erforschen!

StD Arne Madincea, Horazweg 23 b, 12109 Berlin,
E-mail: arne.madincea@t-online.de

Bericht über eine Vorlesung „Kulturgeschichte der Mathematik" im Rahmen des Lehramtsstudiums

Knut Radbruch

In den zurückliegenden zwei Jahrzehnten habe ich an der Universität Kaiserslautern die Studierenden mit avantgardistischen Vorlesungen immer wieder zu grenzüberschreitenden Exkursionen verführt. Einige Titel dieser Vorlesungen:

– *Interdisziplinäre Mathematik*
– *Mathematische Spuren in der Philosophie*
– *Philosophische Einladung in Mathematikdidaktik*
– *Einheit und Vielheit der Mathematik*
– *Raum und Zeit*
– *Mathematische Modelle der Wirklichkeit*
– *Mathematische Spuren in der Literatur*
– *Mathematiker als Philosophen – Philosophen als Mathematiker*
– *Kulturgeschichte der Mathematik*

Über die zuletzt genannte Vorlesung soll hier berichtet werden.

1. Ein aktuelles Thema als Einführung

Die Vorlesung *Kulturgeschichte der Mathematik* wurde im Sommersemester 1999 gehalten, also in zeitlicher Nähe zur bevorstehenden Jahrtausendwende. Und die Universität Kaiserslautern liegt bekanntlich in der Pfalz. Zu dieser Ausgangskonstellation passt wie maßgeschneidert ein Brief, den Liselotte von der Pfalz – die Schwägerin also von Ludwig dem XIV – am 4. Januar 1699 aus Versailles an ihre Tante, die Kurfürstin Sophie Charlotte in Hannover schrieb; darin heißt es: „Es ist ein disputte bey hoff so vom König ahn biß auf die laquayen disputiert wirdt, ob daß seculum ahnfengt wenn man 1700 schreiben wirdt, oder 1701. Wo man geht undt steht jetzt hört man nichts alß disputtiren …". Liselotte führt dann weiter aus, dass am Hof in Versailles in dieser Frage einer korrekten Datierung der Jahrhundertwende sogar der König und sein Leibarzt zerstritten seien, schließlich ermuntert sie ihre Tante Sophie Charlotte, doch einmal Leibniz um ein klärendes Wort in dieser Angelegenheit zu bitten. In der Tat war die Kurfürstin in Hannover geradezu prädestiniert, in einem direkten Kontakt mit Leibniz die Meinung dieses Gelehrten zu erfragen. Sophie Charlotte nämlich hatte wenige Jahre zuvor die Akademiepläne von Leibniz engagiert unterstützt und bezeichnete sich selbst mehrfach als Schülerin von Leibniz. Leibniz reagierte prompt und wies pointiert auf die Rolle der Null in der allgemeinen Zeitrechnung hin: „Es reicht aus, zählen zu können: Einer, Zehner, Hunderter. Muß man nicht im 1. Dezenium so zählen: 1. 2. 3. 4. 5. 6. 7. 8. 9. 10., so dass das 10. Jahr das Dezenium beschließt? Andernfalls müßte man so zählen 0. 1. 2. 3. 4. 5. 6. 7. 8. 9., was nicht angeht, denn das Jahr, das der Null oder 0 entspricht ist null und nichtig. Also beschließt das Jahr 100 das erste Hundert oder das erste Jahrhundert, ... auf gleiche Weise beschließt das Jahr 1700 unser 17. Jahrhundert, und folglich beginnt das 18. Jahrhundert mit dem Jahr 1701." Auch wenn man sich der Schlussfolgerung des berühmten Herrn Leibniz nicht anschließt, so wird man durch seine Argumentation doch in jedem Fall auf die exzeptionelle Rolle der Zahl Null aufmerksam gemacht. Und mit der Zahl Null wurde seinerzeit in der ersten Vorlesungsstunde ein exemplarisches Werkstattbeispiel präsentiert, um in die Thematik einer Kulturgeschichte der Mathematik einzuführen. Dazu gehörte in jedem Fall auch eine Erinnerung an Platons Dialog *Sophistes*:

„Fremder: Wollen wir aber auch zugeben, es sei möglich, dass dem Nichtseienden irgend Seiendes zukäme?
Theaitetos: Wie sollten wir!
Fremder: Alle Zahl insgesamt setzen wir doch als seiend?
Theaitetos: Wenn anders irgend etwas als seiend zu setzen ist.
Fremder: So dürfen wir denn nicht wagen, weder eine Mehrheit von Zahl, noch auch die Eins dem Nichtseienden beizulegen.
Theaitetos: Freilich täten wir nicht recht daran, wie es scheint, dies zu wagen nach dem, was unsere Rede aussagt."

Diese Passage zeigt äußerst suggestiv, dass und wie mathematische und philosophische Konzeption und Argumentation im Verbund aufeinander angewiesen sind. In der Vorlesung wurde ausgehend von dieser Quelle die Kulturgeschichte der Zahl Null von der Antike bis in die Gegenwart nachgezeichnet.

Ich möchte aber mit Nachdruck dafür werben, auch in einer solchen Vorlesung über Kulturgeschichte der Mathematik den Blick nicht übermäßig eng auf die Mathematik zu fokussieren. So habe ich seinerzeit die Frage aufgeworfen, warum gerade im Übergang vom 17. zum 18. Jahrhundert dem Problem der Jahrhundertwende so große Bedeutung zuerkannt wurde. So dubios es heute auch erscheinen mag: Erst ab dem 16. Jahrhundert wissen die Menschen, in welchem Jahrhundert sie leben. Erst damals nämlich wurde der

Begriff Jahrhundert – wie wir ihn heute gebrauchen – eingeführt, erst damals wurde die Vergangenheit mit dem Jahrhundert-Raster strukturiert. In den von einem Autoren-Kollektiv verfassten so genannten *Magdeburger Zenturien*, einer monumentalen Kirchengeschichte des Christentums, wurde in der zweiten Hälfte des 16. Jahrhunderts zum ersten Mal Vergangenheit durch Jahrhunderte systematisiert – für jedes Jahrhundert wurde ein Band erstellt, insgesamt also folgerichtig 16 Bände. Diese Jahrhundert-Optik der *Magdeburger Zenturien* erwies sich als Initialzündung, doch bedurfte es noch einer längeren Inkubationszeit, bis der neue Begriff »Jahrhundert« Allgemeingut geworden war. Immerhin taufte im Jahr 1699 der Nürnberger Schulinspektor Johann Konrad Feuerlein das fast abgelaufene Jahrhundert – das 17. Jahrhundert also – als *Saeculum Mathematicum*. Diesen Namen hat jenes Jahrhundert bis heute behalten. Auch diese kleine Story gehört zu einer Kulturgeschichte der Mathematik.

2. Das breite Spektrum mathematikhistorischer Lehre und Forschung

Anhand der Kulturgeschichte der Zahl Null wurde mit einem konkreten Beispiel exemplarisch in die Thematik der Vorlesung eingeführt. Es folgte eine Skizze verschiedener Aspekte mathematikhistorischer Lehre und Forschung, um insbesondere das spezielle erkenntnisleitende Interesse einer Kulturgeschichte der Mathematik zu kennzeichnen.

Etwa bis in die Mitte des vorigen Jahrhunderts bestand Geschichte der Mathematik zu allererst aus der Analyse originärer mathematischer Erkenntnisse. Wer für welche Reihe und mit welcher Methode die Summe bestimmt hatte – das war die Frage, die durch subtiles Quellenstudium einer Antwort zugeführt wurde. Inzwischen hat sich die Überzeugung durchgesetzt, dass dies nur ein Aspekt von Geschichte der Mathematik ist. Daneben haben sich eine Vielzahl anderer Sichtweisen und Fragestellungen etabliert, mit deren Hilfe die Entwicklung von Mathematik aufgehellt werden kann. So hat sich in der Mathematikhistorie ein recht breites Forschungsspektrum ergeben. Ohne Anspruch auf Vollständigkeit kennzeichnen wir einige Komponenten dieses Spektrums.

a) Problemgeschichte der Mathematik

Häufig hat ein ganz bestimmtes Problem die Entwicklung der Mathematik über einen langen Zeitraum nachhaltig beeinflusst. So bemühten sich die

Mathematiker mehr als dreihundert Jahre vergeblich, die berühmte Fermat-Vermutung zu bestätigen oder zu widerlegen. Aber aus den Bemühungen um eine Lösung dieses Problems ist in der zweiten Hälfte des 19. Jahrhunderts die algebraische Zahlentheorie entstanden, eine bis in die Gegenwart äußerst forschungsintensive mathematische Teildisziplin. Die Geschichte der Mathematik ist somit auch eine Geschichte ihrer zentralen Probleme.

b) Ideengeschichte der Mathematik

Der Ursprung von mathematischen Theorien wird in der Regel entweder durch innermathematische oder außermathematische Impulse bestimmt. Dabei werden meist neue Ideen über Aufgabenstellung und Zielorientierung in mathematische Sprache und Denkweise umgesetzt. Ein Beispiel dafür ist die Pluralisierung der Geometrie im 19. Jahrhundert. Seit der klassischen Antike gab es die Idee der einen Geometrie, die auf den Raum, in dem wir leben, bezogen ist. Erst als diese Idee der Bindung von Geometrie an Wirklichkeit aufgegeben wurde und sich eine neue Idee von Aufgabe und Ziel der Geometrie durchsetzte, konnte statt der einen Geometrie eine Vielzahl von Geometrien in der Mathematik Hausrecht erhalten.

c) Sozialgeschichte der Mathematik

Mathematik wird von Mathematikern gestaltet und diese Mathematiker leben in einer äußerst komplexen sozialen Gemeinschaft zusammen mit Nichtmathematikern. Zustand und Wandlungen dieser Gemeinschaft sowie Veränderungen in der Plazierung von Mathematik innerhalb der Gemeinschaft stehen in einer dynamischen Beziehung zueinander. Diese wechselseitige Abhängigkeit von Mathematik und sozialer Gemeinschaft ist Forschungsparadigma einer Sozialgeschichte der Mathematik. Ein typisches Forschungsprojekt dieser Disziplin ist die Analyse der Herausbildung einer mathematischen Öffentlichkeit im 18. Jahrhundert.

d) Philosophische Geschichte der Mathematik

Alle Wissenschaften haben zu jeder Zeit in einer Verbindung mit der Philosophie gestanden. Die Mathematik zeichnete sich dabei stets durch eine besonders enge Bindung zur Philosophie aus. Den Grund dafür hat der Kulturphilosoph Ernst Cassirer recht überzeugend präzisiert: „Seit Platon die Brücke zwischen philosophischer und mathematischer Erkenntnis geschlagen, und seitdem er beide durch stählerne und eiserne Gründe mit einander verkettet hat, gibt es keine Theorie des Wissens mehr, die nicht in irgendeiner Weise auf das Faktum der Mathematik bezogen wäre." Mathematik und Philosophie haben einander in der Vergangenheit gegenseitig angeregt, bekämpft, geachtet und verachtet. In der philosophischen Geschichte der Mathematik wird diese Beziehung in historischer und systematischer Hinsicht analysiert.

e) Biographische Geschichte der Mathematik

Bei Mathematikern mit außergewöhnlichen Forschungsergebnissen gilt das Interesse späterer Generationen nicht nur dem Werk, sondern auch der Person. Man möchte das Umfeld kennen lernen, aus dem heraus die faszinierenden neuen Resultate erwachsen sind. Dazu darf man den Blick nicht allein auf das Werk des Mathematikers richten, sondern man muss Briefe, Entwürfe, Tagebuchnotizen, Gesprächsprotokolle sowie den veröffentlichten und unveröffentlichten Nachlass mit einbeziehen. Exemplarisch sei hier auf die zahlreichen Biographien über Carl Friedrich Gauß verwiesen.

f) Kulturgeschichte der Mathematik

Alle Wissenschaften sind eingebettet in eine Kultur. Grundlegende Voraussetzungen und Rahmenbedingungen dieser Kultur legen fest, welche Formen von Wissen und Wissenschaft überhaupt akzeptiert werden. Im Gegenzug bestimmen Bestand und Dynamik der Wissenschaften Gehalt und Gestalt jener Kultur, der sie angehören. Spezialisiert man diese Beziehung zwischen Wissenschaft und Kultur auf die spezielle Wissenschaft Mathematik und legt man dabei das Hauptargument auf historische Verlaufsformen, so erreicht man das Terrain einer Kulturgeschichte der Mathematik.

3. Kulturgeschichte der Mathematik – ihr Problem und ihre Probleme

Jede Wissenschaft steht zunächst einmal in Wechselbeziehung und Gedankenaustausch mit Nachbardisziplinen, sie ist aber darüber hinaus eingebunden in eine umfassende Kultur. Diese globale Kultur mit ihren Normen, Handlungsmustern und Wertvorstellungen wird ihrerseits durch einen jeweils typischen Bezug zu den einzelnen Wissenschaften geprägt. Dieser Bezug unterliegt nun einer komplexen Dynamik. Denn nicht nur die einzelnen Wissenschaften und die globale Kultur, sondern auch die vielfach verflochtenen Begründungszusammenhänge sind ständiger Wandlung unterworfen. Eine Kulturgeschichte der Mathematik steht nun unter dem Anspruch, diverse Handlungs- und Argumentationsabläufe simultan in den Blick zu nehmen und zu verfolgen: Zwischen Mathematik und anderen Wissenschaften, zwischen Mathematik und Kunst, zwischen Mathematik und Bildungskonzeptionen bzw. Bildungsinstitutionen, zwischen Mathematik und alltäglicher Praxis usw. Das zentrale Problem einer jeden Realisierung von Kulturgeschichte der Mathematik besteht nun darin, dass sie diesen von der Aufgabenstellung her durchaus berechtigten Anspruch der Simultaneität nicht einlösen kann. Es können immer nur Ausschnitte der gesamtkulturellen Entwicklung unter Ausblendung vieler Aspekte oder aber Momentaufnahmen bei Vernachlässigung der zeitlichen Komponente betrachtet werden. Beide Betrachtungsweisen können den berechtigten Vorwurf der Einseitigkeit nicht abwehren. Dennoch kann man eine ganze Reihe von Problemen bzw. Teilaufgaben fixieren, deren Bearbeitung Kulturgeschichte der Mathematik auf den Weg bringt und in einem fortgeschrittenen Stadium auf unterschiedliche Weise Arrangements im Verbund herausfordert oder gar als notwendig erscheinen lässt (In der Vorlesung als Folie aufgelegt):

Kulturgeschichte der Mathematik
- analysiert den Begründungszusammenhang – die wechselseitige Abhängigkeit – von der Mathematik und jener Kultur, deren Komponente sie ist,
- nimmt globale Kulturen und darin die für die jeweilige Kultur spezifische Realisierung von Mathematik als einer lokalen Kulturleistung in den Blick,
- fragt nach Einfluss und Bedeutung von Mathematik für sämtliche Bereiche der sie umfassenden Kultur,
- zielt auf eine möglichst umfassende Rekonstruktion der Bedingungen, Normen, Handlungsmuster und Folgen bewusster Lebensgestaltung – von Individuen und Gruppen – in Bezug auf Mathematik,
- interessiert sich insbesondere auch für Akzeptanz von Mathematik, Ansehen von Mathematik und Weisen des Umgangs mit Mathematik bei Einzelnen und sozialen Gruppen.

An dieser Stelle war und ist der Hinweis angebracht, dass speziellen Aspekten und Fragestellungen einer Kulturgeschichte der Mathematik in der abendländischen Wissenschaftsgeschichte immer wieder Aufmerksamkeit geschenkt und Geltung verschafft worden ist. Zur Dokumentation seien chronologisch geordnet einige Zitate aufgelistet (in der Vorlesung als Folie aufgelegt):

- „Denn auf Haushaltung und auf Staatsverwaltung und auf alle Künste hat kein einziger Unterrichtsgegenstand so großen Einfluss wie die Beschäftigung mit Zahlen." (Platon, etwa 350 v. Chr.)
- „Wenn wir also die Sache recht betrachtet haben, so besitzen wir nichts Sicheres in unserem Wissen als unsere Mathematik, und diese ist ein Rätselbild, die Werke Gottes zu erjagen." (Nikolaus von Kues, 1460)
- „Man kann sagen, wer die Arithmetik nicht kennt, weiß gar nichts." (J. V. Andreae, 1619)
- „Weil die Mathematik sichere Kennzeichen von der Vollkommenheit eines Dinges gewährt ... so haben wir billig dasjenige, was in der Baukunst ... schön heißen kann, einer solchen wahrhaften Theorie zu danken." (J. J. Schübler, 1731)
- „Die Mathematik ist eine gar herrliche Wissenschaft, aber die Mathematiker taugen oft den Henker nicht." (G. Chr. Lichtenberg, 1780)
- „Ich behaupte aber, dass in jeder besonderen Naturlehre nur so viel eigentliche Wissenschaft angetroffen werden kann, als darin Mathematik anzutreffen ist." (I. Kant, 1786)
- „Die Basis aller Wissenschaften und Künste muss eine Wissenschaft und Kunst sein, die man der Algebra vergleichen kann." (Novalis, 1798)
- „Übrigens wird mir denn doch bei dieser Gelegenheit immer deutlicher, was ich schon lange im Stillen weiß, dass diejenige Kultur, welche die Mathematik dem Geiste gibt, äußerst einseitig und beschränkt ist." (J. W. Goethe, 1811)
- „Fast jedes Bild, jedes Relief, jedes Bauwerk des 14. bis 16. Jahrhunderts enthält ein erstaunliches Kapitel Mathematik." (K. Knopp, 1927)
- „Auch der Kunst ist zu exakter Forschung Raum genug gegeben, und die Tore dahin stehen seit einiger Zeit offen ... Mathematik und Physik liefern dazu die Handhabe." (P. Klee, 1928)
- „Euklids Definitionen, Postulate und Axiome entsprechen methodisch und sachlich dem platonischen Programm; und es ist allgemein anerkannt, dass Euklid die Vorarbeiten der platonischen Schule übernommen hat." (K. Gaiser, 1981)
- „Ich bin überzeugt, dass die griechische Philosophie, dieses in allen Weltkulturen einzigartige Kunstwerk, ohne das mathematische Paradigma undenkbar gewesen wäre." (C. F. v. Weizsäcker, 1987)
- „Zugbrücke außer Betrieb: Die Mathematik im Jenseits der Kultur." (H. M. Enzensberger, Titel eines Vortrags auf dem Internationalen Mathematiker-Kongress, 1998)

4. Fallstudie: Mathematik als Paradigma der Philosophie

In diesem kurzen Bericht kann nicht der Inhalt der Vorlesung komplett wiedergegeben werden. Ich schildere eine Fallstudie – und auch die nur in stark gekürzter Fassung – sowie im nächsten Abschnitt eine Liste der behandelten Themen.

In einem Handout wurden Quellen detailliert genannt, die für die Thematik relevant sind. Folgende Philosophen wurden berücksichtigt: Platon, Aristoteles, Augustin, Nikolaus von Kues, Descartes, Leibniz, Kant, Schelling, Fichte, Friedrich Schlegel, Hegel, Schopenhauer, Nietzsche, Jaspers, Heidegger. Hier beschränke ich mich auf einige Andeutungen zu Platon, Kant und Schelling.

Fast alle abendländischen Philosophen von Rang beziehen sich in ihrem Werk recht ausführlich auf Mathematik. Derartige Zugriffe auf Mathematik zielen in keinem Fall auf einen Beitrag zur mathematischen Forschung. Welche Gründe sind es also, die der Mathematik einen so hohen Stellenwert im Denken der großen Philosophen sichern? Mit welchen Intentionen und Zielvorstellungen montieren die maßgebenden Philosophen seit Platon bis hin zu Heidegger immer wieder Aussagen über Mathematik in ihre Philosophie? Weshalb war in den vergangenen zweieinhalb Jahrtausenden keine andere Wissenschaft für die Philosophie so »frag-würdig« wie die Mathematik?

Keine Wissenschaft entfaltet sich ausschließlich nach internen Bedingungen und Kriterien. Die Architektur einer jeden Disziplin wird durch ein dynamisches Mosaik externer Einflussfaktoren mitbestimmt. Ein Blick auf die wechselseitigen Beziehungen zwischen Mathematik und Philosophie seit der klassischen Antike zeigt signifikant, dass sich aus einer Besinnung auf den wissenschaftstheoretischen Status der Mathematik immer wieder Anregungen und Impulse für die Konzeption und Ausformung von Philosophie ergeben haben. Exemplarisch soll hier das diesbezügliche Interesse an mathematischer Erkenntnis bei drei Philosophen nachgezeichnet werden: Platon, Kant und Schelling.

Platons Analyse von mathematischer Einsicht muss als Antwort auf eine spezielle Problemlage seiner Zeit gesehen werden. Diese Problemlage war durch den Übergang von vorgriechischer zu griechischer Mathematik entstanden. In der babylonischen Geometrie waren durchaus anspruchsvolle, doch stets praxisorientierte Aufgaben zusammen mit einer als Rechen- oder Handlungsanweisung formulierten Lösung präsentiert worden. Von Kanälen, Leitern und Wagenrädern war die Rede. Die Sätze des Thales stellten nun einen Paradigmenwechsel dar: Im gleichschenkligen Dreieck sind die Basiswinkel gleich groß – Der Kreis wird durch jeden Durchmesser halbiert. Hier werden

Gleichheitsaussagen über Winkel, Dreiecke und Kreise gemacht. An genau dieser Stelle setzt Platons philosophische Kritik an, indem er nachfragt, von welchen Objekten diese neue thaletische Geometrie handelt. Und er selbst ist es, der eine originelle Antwort auf die gestellte Frage nachreicht. Sein genialer Einfall besteht darin, dass er mit den mathematischen Ideen einen Bereich intelligiblen Seins postuliert und diesen zum Schauplatz der Geometrie erklärt. Die Sätze der thaletischen Geometrie, so sagt er, gelten für die Idee des Winkels, die Idee des Kreises, die Idee des Dreiecks. Platon führt also zusätzlich zur realen Welt einen neuen Bereich unwandelbaren Seins ein, er stellt der sensiblen Welt eine intelligible Welt zur Seite. Zwischen diesen beiden Welten besteht für ihn eine Urbild-Abbild-Beziehung. Demnach ist das mathematische Dreieck Urbild aller realen Dreiecke, die realen Dreiecke sind ihrerseits Abbild der Idee des Dreiecks. Diese Beziehung zwischen Urbild und Abbild ist verträglich bzw. treu in dem Sinne, dass die Aussagen der Mathematik aus dem Bereich der Ideen in die reale Wirklichkeit übertragen oder hineinprojiziert werden können, hier jedoch nur mit approximativer Genauigkeit gelten.

Die Überzeugungskraft dieser geometrischen Ideenwelt hat Platon offensichtlich angeregt, nun in größerem Rahmen eine Deutung der Beziehung zwischen empirischer Wahrnehmung und theoretischer Aussage zu geben. Bei der Frage nach dem Guten, dem Schönen und der Tapferkeit sieht er eine zur Geometrie analoge Situation: In der realen Welt gibt es jeweils nur ungenaue, unvollkommene Beispiele etwa von Tapferkeit; die Tapferkeit selbst oder auch ideale Tapferkeit gibt es in der sensiblen Welt nicht. So postuliert Platon auch hier die Idee der Tapferkeit, die mit den unvollkommenen Realisierungen von Tapferkeit durch ein Urbild-Abbild-Verhältnis verknüpft ist. Die Ursprünge von Platons Ideenlehre liegen ohne Zweifel in seiner neuen Auffassung von Geometrie. Mittelstraß spricht explizit von der „Orientierungsfunktion, die die Konzeption zumal geometrischer Ideen im Rahmen der Genese der Ideenlehre hat". Patzig meint offensichtlich dasselbe, wenn er schreibt, „dass Platon am Beispiel der Geometrie etwas aufgegangen ist, das er in der Ideenlehre festhielt". Diese zentrale Orientierungsfunktion mathematischer Erkenntnis für seine Philosophie erklärt auch Platons fortwährendes Interesse an Mathematik.

Einen völlig anderen Begründungszusammenhang zwischen Mathematik und Philosophie, wie ihn Platon gegeben hatte, finden wir bei Kant. Fragte Platon nach den Gegenständen der Erkenntnis, so fragt Kant nach der Erkenntnis der Gegenstände. Diese radikale Umkehr bezeichnet man gern als die von Kant vollzogene Kopernikanische Wende der Denkart. Bei Kant gilt die primäre Frage also nicht den Gegenständen der Mathematik, er analysiert vielmehr zunächst das Phänomen der mathematischen Erkenntnis. Und diese

Analyse ist nicht Selbstzweck, sie steht vielmehr im Dienst von Kants eigentlichem Anliegen, nämlich der Charakterisierung philosophischer Erkenntnis. Deswegen finden wir bei ihm immer wieder Textpassagen, in denen sowohl von Mathematik als auch von Philosophie die Rede ist. Zwei Zitate seien als Beleg gebracht: „Die philosophische Erkenntnis ist die Vernunfterkenntnis aus Begriffen, die mathematische aus der Konstruktion der Begriffe." – „Die philosophische Erkenntnis betrachtet also das Besondere nur im Allgemeinen, die mathematische das Allgemeine im Besonderen." Kants methodische Raffinesse besteht darin, dass er den fundamentalen Unterschied von philosophischer und mathematischer Erkenntnis präzisiert, um dann aus der Differenz der beiden Erkenntnisformen zusammen mit der Einsicht in den Wissenschaftscharakter von Mathematik seine eigene Auffassung von Philosophie verständlich zu machen. Den Wissenschaftscharakter der Mathematik übernimmt er dabei aus der Antike; in der Vorrede zur zweiten Auflage der Kritik der reinen Vernunft heißt es bei ihm: „Die Mathematik ist von den frühesten Zeiten her, wohin die Geschichte der menschlichen Vernunft reicht, in dem bewundernswürdigen Volke der Griechen den sichern Weg einer Wissenschaft gegangen." Mit Hilfe dieses gesicherten Wissenschaftsfundaments und dem geschilderten Unterschied zur philosophischen Erkenntnis möchte Kant auch die Philosophie – insbesondere die Metaphysik – als Wissenschaft fundieren. Die Ausführung dieses Programms ist Gegenstand sowohl der *Kritik der reinen Vernunft* als auch der *Prolegomena zu einer jeden künftigen Metaphysik, die als Wissenschaft wird auftreten können.* Damit die Mathematik jene Rolle, die ihr bei der Ausgestaltung dieses Programms zugedacht ist, auch wirklich erfüllen kann, hat Kant sie in seinem Sinne zuvor neu gedeutet und charakterisiert. Seine Auffassung von Mathematik und seine Vorstellung von Philosophie erfüllen somit in idealer Weise das Prinzip der Passung, denn er gibt eine höchst eigenständige Charakterisierung mathematischer Erkenntnis mit der klaren Absicht, sein philosophisches Kernanliegen damit verständlich zu machen und überzeugend zu vermitteln.

Platons Philosophie folgt dem Primat des Seins gegenüber dem Denken, hingegen liegt Kants Philosophie gerade umgekehrt das Primat des Denkens gegenüber dem Sein zugrunde. Eine dritte Kombinationsmöglichkeit dieser beiden fundamentalen Begriffe besteht darin, dass Denken und Sein als gleichberechtigte Antriebe einer Philosophie fungieren. Diese Konzeption wird in Schellings Identitätsphilosophie realisiert. Bei Schelling werden konträre Begriffspaare einer Einheit untergeordnet. Seine Philosophie enthält nicht nur die These einer Einheit von Denken und Sein, sondern entsprechende Aussagen auch über die Einheit von Besonderem und Allgemeinem, von Freiheit und Notwendigkeit, von Subjekt und Objekt. Die Komponenten eines solchen Paars verlieren auch in der Einheit nicht ihre Eigenständigkeit; es wird vielmehr in einer der beiden Komponenten die zugehörige Einheit dargestellt und dabei hängt die jeweilige Darstellungsweise oder Ausgestaltung der Einheit von der dazu gewählten Komponente ab. Auf dem Weg zu dieser neuen Philosophie gibt Schelling, wie vor ihm Platon und Kant, eine eigenständige Interpretation mathematischer Erkenntnis, an welcher er sich bei der Entfaltung seiner Philosophie dann orientieren kann. So lesen wir bei ihm: „Das Dreieck, welches der Geometer konstruiert, ist für ihn absolute Einheit des Allgemeinen und Besonderen." Die Einheit von Denken und Sein könne, so führt Schelling weiter aus, sowohl durch Geometrie aufgezeigt werden als auch durch Arithmetik.

Bei Platon, Kant und Schelling finden wir grundverschiedene Philosophien vor: Ontologie, Erkenntnistheorie und Identitätsphilosophie. Aber alle drei Denker haben sich bei der Ausarbeitung ihrer Philosophie an Mathematik orientiert. Stets fungiert Mathematik als Paradigma der Philosophie.

5. Themen

Im Folgenden werden einige Themen aufgelistet, die meiner Überzeugung nach zum Pflichtcurriculum einer Kulturgeschichte der Mathematik gehören und die deshalb in der Vorlesung behandelt wurden.
  – Ein mathematischer Blick auf die philosophische Geschichte der Gottesbeweise
  – Die Liaison von Mathematik und Melancholie
  – Mathematik in der bildenden Kunst
  – Poetische Schulinspektion: Mathematikunterricht in der Literatur
  – Dichtung als kulturelles Gedächtnis: Mathematik in der Literatur
  – Vollständigkeit und Widerspruchsfreiheit: Mathematik und Recht
  – Das Ordo-Trio Maß, Zahl und Gewicht
  – Quod errat demonstrandum
  – More geometrico demonstrata
  – Der goldene Schnitt durchwirkt die Natur und prägt die Kultur
  – Mathematik und Musik: Von den Pythagoreern bis zur Computerkomposition
  – Mathematik in der Baukunst
  – Symmetrie in der Mathematik und in der Kultur
  – Die Perspektive in der Mathematik und in der Kunst
  – Mathematik als Patin der Astrologie und als Königin der Wissenschaften
  – Die kulturgeschichtliche Karriere von Euklids Elementen

6. Fazit

„Bei allem Lehren lernt am meisten der Lehrer" (Martin Heidegger: Die Frage nach dem Ding. Zu Kants Lehre von den transzendentalen Grundsätzen. Niemeyer: Tübingen 1962, Seite 56). Dieses Zitat von Heidegger trifft für meine Vorlesung über Kulturgeschichte der Mathematik in ganz besonderem Maße zu, weit mehr als für alle Kursusvorlesungen, die ich über Algebra, Logik, Zahlentheorie, Mengentheorie usw. gehalten habe. Es gibt aber Indizien dafür, dass auch die Studierenden hinzu gelernt haben und angeregt wurden: Über den Inhalt der Vorlesung habe ich mehrere höchst erfreuliche Prüfungsggespräche führen dürfen. Außerdem wurde ich parallel zur Vorlesung und auch später immer wieder um ergänzende Information zu einzelnen Themen gebeten.

Literatur-Auswahl

Babin, Malte-Ludolf und van den Heuvel, Gerd: Alle hundert Jahre wieder. Neue Zürcher Zeitung, 13./14. Februar 1999

Beutelspacher, Albrecht und Petri, Bernhard: Der Goldene Schnitt. BI-Wissenschaftsverlag: Mannheim 1989

Brendecke, Arndt: Die Jahrhundertwenden. Campus: Frankfurt/M. 1999

Cassirer, Ernst: Ziele und Wege der Wirklichkeitserkenntnis. Meiner: Hamburg 1999

Daniel, Ute: Kompendium Kulturgeschichte. Theorien, Praxis, Schlüsselwörter. Suhrkamp: 3. Aufl. Frankfurt/M. 2002

Edgerton, Samuel Y.: Giotto und die Erfindung der dritten Dimension. Malerei und Geometrie am Vorabend der wissenschaftlichen Revolution. Fink: München 2004

Eichberg, Henning: Geometrie als barocke Verhaltensnorm. Zeitschrift für historische Forschung Bd. 4 (1977), S. 17–50

Emmer, Michele (Ed): Mathematics and Culture I. Springer: Berlin 2004

Fauser, Markus: Einführung in die Kulturwissenschaft. Wissenschaftliche Buchgesellschaft: Darmstadt 2003

Gericke, Helmuth: Mathematik in Antike und Orient. – Mathematik im Abendland. Fourier: 4. Aufl. Wiesbaden 1996

Heintz, Bettina: Die Innenwelt der Mathematik. Zur Kultur und Praxis einer beweisenden Disziplin. Springer: Wien 2000

Hoyrup, Jens: In Measure, Number and Weight. Studies in Mathematics and Culture. State University of New York Press: Albany 1994

Kant, Immanuel: Werke in zehn Bänden. Hrsg. Von Wilhelm Weischedel – Sonderausgabe. Wissenschaftliche Buchgesellschaft: Darmstadt 1983

Kaplan, Robert: Die Geschichte der Null. Campus: Frankfurt/M. 2000

Katz, Victor J.: A History of Mathematics. An Introduction. Addison-Wesley: 2. Aufl. Reading 1998

Maß, Zahl und Gewicht. Mathematik als Schlüssel zu Weltverständnis und Weltbeherrschung [Ausstellungskatalog]. VCA-Acta Humaniora: 2. Aufl. Weinheim 2001

Mittelstraß, Jürgen: Die geometrischen Wurzeln der platonischen Ideenlehre. Gymnasium Bd. 92 (1985), S. 399–418

Patzig, Günther: Tatsachen, Normen, Sätze. Reclam jun.: Stuttgart 1980

Platon: Sämtliche Werke in 6 Bänden. Hrsg. Von E. Grassi u.a. Rowohlt: Reinbek 1957ff.

Radbruch, Knut: Mathematische Spuren in der Literatur. Wissenschaftliche Buchgesellschaft: Darmstadt 1997

Radbruch, Knut: Mathematische Spuren in der Philosophie. Mathematische Semesterberichte Bd. 46 (1999), S.135–153

Radbruch, Knut: Literarische Pfade in die Kulturphilosophie der Mathematik. Mitteilungen der Mathematischen Gesellschaft in Hamburg Bd. 20 (2001), S.19–35

Radbruch, Knut: Poetische Schulinspektion. Der Mathematikunterricht in der Literatur des 20. Jahrhunderts. In: A. Abele / C. Selter (Hrsg.): Mathematikunterricht zwischen Tradition und Innovation. Weinheim – Basel 2002, S. 65–75

Radbruch, Knut: Philosophen blicken auf die Mathematik: Von Platon bis Heidegger. MNU Bd. 57 (2004), S. 392–400

Radbruch, Knut: Zur Interaktion von Mathematik und Melancholie. Zeitschrift für Geschichte der Naturwissenschaften, Technik und Medizin Bd. 12 (2004), S.1–17

Radbruch, Knut: Der Beitrag von Johann Christoph Sturm zum Saeculum

Mathematicum. In: Hans Gaab / Pierre Leich / Günter Löffladt (Hrsg.): Johann Christoph Sturm (1635–1703). Harri Deutsch: Frankfurt/M. 2004, S. 136–152

Radbruch, Knut: Der Dichter als Gast im mathematischen Labor. In: Rüdiger Görner (ed.): Tales from the Laboratory. Or, Homunculus Revisited. Iudicum: München 2005, S. 120–132

Radbruch, Knut: Der Dialog zwischen Mathematik und Philosophie in Vergangenheit und Gegenwart. In: J. Maaß / U. Langer / G. Larcher (Hrsg.): Kepler Symposium Philosophie und Geschichte der Mathematik. Universitätsverlag Rudolf Trauner: Linz 2005, S. 12–25

Schelling, Friedrich Wilhelm Joseph: Vorlesungen über die Methode des akademischen Studiums [Philosophische Bibliothek Bd. 275]. Meiner: Hamburg 1974

Serres, Michel (Hrsg.): Elemente einer Geschichte der Wissenschaften. Suhrkamp: Frankfurt/M. 1998

Walser, Hans: Der goldene Schnitt. Edition am Gutenbergplatz: 3. Aufl. Leipzig 2003

Wehler, Hans-Ulrich: Die Herausforderung der Kulturgeschichte. Beck: München 1998

Werner, Gabriele: Mathematik im Surrealismus. Jonas: Marburg 2002

Prof. Knut Radbruch

Technische Universität Kaiserslautern
Fachbereich Mathematik
Paul-Ehrlich-Straße 14
67663 Kaiserslautern
radbruch@mathematik.uni-kl.de

Der Jesuitengelehrte Christoph Scheiner und sein Lehrbuch zum Zeichengerät Pantograph

K. Richter und S. Schöneburg

„Es gibt keine Mathematik ohne ihre Geschichte." (Chr. Scriba[1]) Diese kategorische Formulierung drückt einen Sachverhalt aus, dem wohl kaum zu widersprechen ist, und dem auch und gerade im Unterricht zunehmend Rechnung getragen wird. Durchblättert man Schulbücher für den aktuellen Mathematikunterricht, so bleibt das Auge oft an interessant aufbereiteten Passagen hängen, die Mathematik mit historischem Anklang gewidmet sind. Problem- oder personenorientierte Mathematikgeschichte bereichert an den unterschiedlichsten Stellen den „strengen" Gang durch die Mathematik. Stellvertretend sei hier ein Beispiel angeführt[2]:

In die Diskussionen um Bildungsstandards und mathematische Grund- und Allgemeinbildung ordnet sich diese Herangehensweise nahtlos ein: Mathematik im gesellschaftlichen Kontext zu betrachten und zu verstehen, heißt eben auch, sie als *sich entwickelnde* Wissenschaft zu begreifen, die ein Bestandteil menschlicher Kultur ist. Die Frage nach *entscheidenden Entwicklungspunkten* der Mathematik stellt sich so ganz natürlich und lässt sich, zumindest in

---

[1] Zitiert nach [31], S. 8.
[2] Entnommen aus Mathelive 7, [43], S. 86.

gewissen Grenzen, auch in den Mathematikunterricht einbeziehen. Pythagoras, Thales, Gauß, das Vierfarbenproblem ... gehören „natürlich" zum Unterrichtsstoff.

Macht es daneben aber auch Sinn, unter dem Blickwinkel der Mathematikdidaktik auf Mathematikgeschichte zu schauen, die nicht unmittelbar oder zumindest nicht schwerpunktmäßig in den Mathematikunterricht einfließt? Exemplarisch und ganz konkret: Sollten Überlegungen zu barocker Mathematik Eingang in den Unterricht finden?

Im Folgenden soll versucht werden, auf diese Fragen aus der Sicht auf den Mathematiker Christoph Scheiner und sein Zeichengerät Pantograph eine sehr konkrete Antwort zu geben, die zugleich aber über den engen exemplarischen Rahmen hinausweist, soll sie doch ermutigen und anregen, weitere Schritte der Auseinandersetzung mit speziellen Aspekten der Mathematikgeschichte im und begleitend zum Mathematikunterricht zu wagen, selbst zu entdecken, wie sich auf diesem Wege das Verständnis für Mathematik erweitern und vertiefen lässt, wie es mit Leben erfüllt werden kann.

Aus dem Geschichtsunterricht ist unseren Schülerinnen und Schülern bekannt, welche gesellschaftsgeschichtliche Brisanz der Epoche des Barocks innewohnt. Vertiefende Nachfragen zu Rolle und Entwicklungsschwerpunkten der Naturwissenschaften und speziell der Mathematik jener Zeit werden dagegen in der Regel nur knapp und auf wenige Personen fokussiert (wie etwa Galileo Galilei oder Nikolaus Kopernicus) beantwortet. Die Breite und Relevanz dieser Entwicklung wird aber deutlich, richtet man den Blick auf weitere Gelehrtenpersönlichkeiten und ihre Leistungen, die die naturwissenschaftlichen Forschungen jener Zeit prägten.

Einer der herausragenden Naturwissenschaftler und Mathematiker der Barockzeit ist Christoph Scheiner. Exemplarisch an seiner Person lässt sich nachzeichnen, was charakteristisch und prägend für die Naturwissenschaften jener Zeit war. Darüber hinaus eröffnet sich mit seiner Person und seinen Schriften die Möglichkeit, einen Blick auf das Unterrichtswesen und speziell die Vermittlung mathematischen Wissens im Europa des 17. Jahrhunderts zu werfen. Sein Lehrbuch „Pantographice seu ars delineandi" ermöglicht aufschlussreiche Informationen hierzu.

Im Folgenden sollen, neben einer Einführung in den gesellschaftlichen und bildungstheoretischen Kontext, in dem der Jesuiten-Gelehrte Christoph Scheiner lebte und wirkte, insbesondere seine Überlegungen zum Zeichengerät Pantograph vorgestellt und erläutert werden. Damit steht ein mathematisch einfaches Problem (aus dem Themenkreis der Ähnlichkeitsabbildungen) im Blickpunkt, dessen Anwendung auf ein vielseitig nutzbares Zeichengerät

Scheiner in seinem Buch thematisiert. In der Auseinandersetzung mit dem Scheinerschen Originaltext zum Pantographen lässt sich ein Einblick sowohl in das Mathematikverständnis jener Zeit als auch in deren Lehr- und Lernkonzepte eröffnen.

Die mathematische Einfachheit, die den Pantographen auszeichnet, ebenso wie seine bis heute anhaltende Präsenz (zumindest in Form eines verbreiteten Kinderspielzeugs, aber – wie z.B. Präzisionsgeräte im archäologischen Feldeinsatz belegen – nicht nur dort) und insbesondere auch seine Einbettung in eine wissenschaftsgeschichtlich besonders interessante und bedeutungsvolle Zeitepoche legen es nahe, mit Schülerinnen und Schülern sich dieser mathematikhistorischen Thematik zu nähern. In Form einer Latein-Mathematik-Kunst-Geschichts-Arbeitsgemeinschaft ist dies an einem Hallenser Gymnasium mit Schülerinnen und Schülern der Jahrgangsstufen 8 bis 11 im Schuljahr 2003/04 versucht worden. Über die Erfahrungen dabei wird abschließend in diesem Artikel berichtet.

1. Naturwissenschaftliche Bildung und Ausbildung in der Gesellschaft Jesu im 16. und 17. Jahrhundert

Die Entstehung des Jesuitenordens[3] oder auch, in der lateinischen Bezeichnung, der „Societas Jesu" kann auf das Jahr 1534 festgelegt werden. Damals gruppierten sich sechs junge Leute um Ignatius Loyola in Paris und legten gemeinsam das Gelübde der Armut und der Keuschheit ab. Ihr ursprüngliches Ziel, eine Pilgerreise nach Palästina durchzuführen, um die Muslime zu bekehren, war aufgrund einsetzender kriegerischer Auseinandersetzungen nicht mehr haltbar.

Von Beginn an wollten sie dem Papst direkt dienen. Deshalb gingen sie nach dem Scheitern der Pilgerreise nach Rom. 1540 wurde die Gemeinschaft als Orden von Papst Paul III. anerkannt.

Der Orden hatte einen großen Zulauf von jungen Männern. Im Auftrag des Papstes führten sie Missionsreisen durch und wurden an den verschiedensten Orten eingesetzt. Ihr oberstes Leitmotiv war „Ad maiorem dei gloriam atque incrementum societatis", d.h. „zum höheren Ruhm Gottes und zum Wachstum der Gemeinschaft" zu leben und wirksam zu werden.

Die Gesellschaft Jesu war zentralistisch organisiert. An ihrer Spitze stand ein auf Lebenszeit gewählter General(oberer). Das Verfahren, um in die Gesellschaft Jesu aufgenommen zu werden, umfasste viele Schritte und dauerte

---
[3] Vgl. zur Geschichte des Jesuitenordens [29], S. 13f. und [21], S. 81–201.

demgemäß lange. Zuerst musste zwei Jahre lang ein Noviziat absolviert werden und ein Leben in Abgeschiedenheit und mit Beten verbracht werden. Anschließend wurde das Gelübde der Armut, der Keuschheit und des Gehorsams abgelegt. Darauf folgte ein zweijähriges grundlegendes Studium, insbesondere in den klassischen Sprachen, an das sich ein dreijähriges Studium der Philosophie, der Mathematik und der Naturwissenschaften anschloss. Nach einigen Jahren einer ersten eigenen Lehrtätigkeit schloss sich ein dreijähriges Theologiestudium an, das schließlich die Priesterweihe krönte. Um den Abschlussgrad verliehen zu bekommen, musste noch ein viertes Jahr Theologie studiert und ein Jahr mit Beten in Abgeschiedenheit verbracht werden. Mit ihrem für die damalige Zeit außerordentlichen Wissen und ihren besonderen, durch ihre vielseitigen Studien erworbenen Fähigkeiten ausgestattet, wurden viele Jesuiten dann in ferne, für das damalige Europa noch (weitgehend) unerforschte Länder geschickt, um dort die Menschen zum christlichen Glauben zu bekehren.

In den Anfangsjahren nach der Gründung des Ordens ging es den Jesuiten vorrangig um die Verkündung des christlichen Glaubens durch Predigten. Sie waren stets danach bestrebt, die Forderungen der katholischen Kirche zu erfüllen. Dabei spielte der Gehorsam gegenüber dem Papst und der Kirche für sie eine zentrale Rolle. Zugleich aber erkannten die Jesuiten schon bald nach der Gründung ihres Ordens die Bedeutung, die der Bildung sowohl in Bezug auf die Fratres als auch auf die menschliche Entwicklung allgemein zukam.

Um die Zeit der Ordensgründung hatte, bedingt durch die Reformation, eine Konfessionalisierung und Territorialisierung von Schule und Universität eingesetzt. Kirchen, Staat und Städte waren diejenigen Institutionen, von denen die Schulgründungen ausgingen.

Dem Elementarschulwesen wurde dabei geringere Beachtung geschenkt, obgleich verschiedene kirchliche Orden zu dieser Zeit schwerpunktmäßig Elementarunterricht anboten. Daneben waren es insbesondere die Rechenschulen jener Zeit, die sich dieser Aufgabe widmeten.

Im Bereich des höheren Schulwesens wurden Differenzierungen vorgenommen. Das Hauptinteresse der reformatorischen Bewegung galt im Hinblick auf das Schulwesen den Gelehrtenschulen. In katholischen Gebieten gab es eine Reihe reformerischer Bemühungen, um der Ausbreitung der lutherischen Lehre entgegenzutreten. Eine immense Bedeutung kam hier dem Jesuitenorden zu, dessen Interesse ebenfalls hauptsächlich der Gelehrtenbildung galt. Elementare und allgemeine Volksbildung wurden anderen überlassen.[4]

---
[4] Vgl. zur Bildung und zu Bildungsformen des 16. Jahrhunderts [28], S. 39–52.

Ignatius Loyola und die Gesellschaft Jesu gründeten an den verschiedensten Orten Schulen und Universitäten, die durch eine strenge und solide Ausbildung gekennzeichnet waren. Da der Unterricht einerseits kostenlos und andererseits qualitativ sehr gut war, wurden die Jesuiten von überall her angefordert, um Bildungsstätten aufzubauen und Unterrichtszentren mit Leben zu erfüllen. Durch den Generaloberen ihres Ordens wurden die zu entsendenden Ordensbrüder je nach ihrer Begabung eingesetzt, so dass sie ihre Fähigkeiten bestmöglich entfalten konnten.

Kennzeichnend für die Jesuiten war ihr Bestreben, Wissenschaft und Glauben nebeneinander bestehen zu lassen und miteinander in Verbindung zu setzen. So bedeutet es keinen Widerspruch, dass Forschungstätigkeit auch in den Naturwissenschaften von Anfang an im Jesuitenorden gepflegt wurde. In diesem Kontext ist es daher verwunderlich, dass Mathematik in der damaligen Ausbildung der Jesuiten eine eher geringe Rolle spielte.[5] Dabei wurde die vermittelte Mathematik in dieser Zeit im Wesentlichen noch im Sinne des alten Quadriviums (Arithmetik, Geometrie, Musik und Astronomie) aufgefasst, wobei als grundlegende Lehrbücher die Werke von Euklid und Ptolemaeus verwendet wurden.

Trotz der eben geschilderten generellen Tendenz bezüglich der mathematischen Ausbildung finden sich bereits unter den frühen Ordensbrüdern einige, aber eben nur wenige Gelehrte, die die mathematischen Wissenschaften schätzten und sich um sie bemühten.

Zu ihnen gehört als herausragende Persönlichkeit Jeronimo Nadal (um 1505 (Palma de Mallorca) – 1574 (?)). Zeugnis für Nadals Verständnis von Mathematik[6] als grundlegender Wissenschaft legt seine Ausarbeitung zum mathematischen Unterricht an Jesuitenbildungsstätten ab.

Nadal stellte 1552 ein ambitioniertes Programm für die jesuitische Ausbildung in den mathematischen Disziplinen vor. Er schlug einen drei Jahre währenden Kurs vor, in dem er nicht nur die klassischen Lehrbücher, wie den Almagest des Ptolemaeus heranzog, sondern vor allem neuere Lehrbücher auf diesem Gebiet. Seine Literaturauswahl, aber auch der von ihm veranschlagte Zeitaufwand lassen den hohen Anspruch Nadals an die Mathematikausbildung erkennen.

Da der Jesuitenorden aber in erster Linie die von ihm ins Leben gerufenen Ausbildungsstätten als Zentren zur Vorbereitung junger Männer auf ein Leben für den und mit dem katholischen Glauben ansahen, kam der Vorschlag Na-

---

[5] Vgl. zur Mathematikausbildung und zum Stellenwert der Mathematik im Jesuitenorden [30], S. 24ff.

[6] Vgl. speziell die Ausführungen zum Lehrkonzept Nadals in [30].

dals in der damaligen jesuitischen Ausbildung nicht zum Tragen.

Für den geringen Widerhall, den Nadals Programm in seiner Zeit innerhalb des Ordens fand, muss darüber hinaus in Betracht gezogen werden, dass damals die Mehrzahl der Jesuiten, ebenso wie viele andere Gelehrte des 15. und 16. Jahrhunderts, Mathematik noch als eine „helfende Wissenschaft" verstanden, d.h. nicht als selbstständigen, per se bedeutungsvollen Wissensbereich, worin wohl eine Ursache für die vergleichsweise geringe Wertschätzung der Mathematik durch viele der frühen Jesuiten zu sehen ist.

Die Bestrebungen Nadals wurden von dem Jesuitengelehrten Christoph Clavius (1537 (Bamberg) – 1612 (Rom)), der ein weiterer Förderer der Mathematik und der Naturwissenschaften allgemein war, aufgegriffen. Der Mathematiker Christoph Clavius[7] setzte sich nachdrücklich für die Wissenschaftlichkeit der Mathematik ein. Er wurde auch als der „Euklid des 16. Jahrhundert" bezeichnet, da er die lateinische Ausgabe der „Elemente" Euklids umfangreich kommentierte. Wichtige eigene Beiträge lieferte Clavius insbesondere zur Arithmetik und Geometrie. In seinem Geometrielehrbuch „Geometrica Practica" stellt er den Nutzen der praktischen Geometrie für den Alltag dar. Auch wirkte er an der großen Kalenderreform von Papst Gregor XIII. im Jahre 1582 mit.

Titelblatt des dritten Teils der fünfbändigen Ausgabe mathematischer Schriften von Christoph Clavius, 1611, [3].

---

[7] Vgl. dazu [37], S. 74f.

Beispielblatt (S. 43) aus der „Geometria Practica" von Christoph Clavius, 1611, [3].

In seinen Versuchen, die Mathematik zu fördern, lassen sich immer wieder Anklänge an Melanchthon, den *praeceptor Germaniae* und starken Befürworter und Förderer der Mathematik an der Universität Wittenberg, erkennen. Ebenso, wie Melanchthon, betrachtete Clavius die Mathematik als ein Fundament, eine Voraussetzung, um Aristoteles verstehen zu können. Die Mathematik stellte für ihn eine sichere Wissenschaft dar, die nötig ist, um in die Philosophie eindringen und sie verstehen zu können. Dennoch blieb auch sein Programm zur Hebung des Ansehens der Mathematik innerhalb der Ordensgemeinschaft nur von begrenzter Wirkung. Viele Ordensbrüder sahen in der Mathematik nach wie vor einen Wissensbereich, der nur von geringem Nutzen für die übrigen Wissenschaften und demgemäß lediglich

*Im historischen Gebäude des Collegium Romanum in Rom, in dem Clavius während seiner Tätigkeit in Rom gelehrt hat, finden heute museale Räume und ein Gymnasium Platz.
(Foto: B. Coppola)*

als „Zierde" für die Gemeinschaft geeignet war. Trotz dieser skeptischen und unter vielen seiner Confratres verbreiteten Meinung gelang es Clavius, einen Kreis junger, mathematisch begabter und interessierter Männern um sich zu sammeln, um ihnen eine fundierte mathematisch-naturwissenschaftliche Ausbildung angedeihen zu lassen.

Zu den heute noch bekannten Schülern Clavius' zählen insbesondere der Mathematiker, Astronom, Geograph, Sinologe und Chinamissionar Matteo Ricci (1552 (Macerata) – 1610 (Peking)), wie auch der Mathematiker, Astronom und Theologe Christoph Scheiner (1575 – 1650).

Die Gesellschaft Jesu hielt sich streng an die naturphilosophischen Vorstellungen des aristotelischen Weltbildes. Ihre Vertreter erkannten zwar neue Beobachtungen an, jedoch mussten diese mit der kirchlichen Lehre in Einklang stehen oder doch in Einklang gebracht werden können. Ein Abrücken von den althergebrachten kosmologischen Vorstellungen war für die Ordensangehörigen unvorstellbar.

Trotz dieses wissenschaftlichen Konservatismus gab es auch im 17. Jahrhundert eine beträchtliche Zahl von Jesuiten, die sich, ebenso wie Nadal und Clavius im 16. und im beginnenden 17. Jahrhundert, in den Naturwissenschaften einen bedeutenden Ruf erwarben.

Unter ihnen ist neben Christoph Scheiner, der in diesem Artikel im Mittelpunkt steht, insbesondere auch der jesuitische Universalgelehrte Athanasius Kircher[8] (1602 (Geisa, bei Fulda) – 1680 (Rom)) zu nennen. Er betrieb wissenschaftliche Forschungen insbesondere auf den Gebieten der Ägyptologie und Orientalistik, der Geologie, des Magnetismus, der Optik, der Alchemie, der Medizin und der Musik, war aber auch ein profunder Kenner mathematischen Wissens seiner Zeit, wie sein *Organum mathematicum*, ein Art für Unterrichtszwecke konzipiertes „mathematisches Kompendium", nachhaltig belegt.

Die umfangreiche Tätigkeit Kirchers ist von so entscheidender Bedeutung für die Wissenschaftsgeschichte, dass sie auch heute noch Schülerinnen und Schüler nahe gebracht werden sollte. Auf der folgenden Seite wird ein Arbeitsblatt vorgestellt, das diese Idee über möglichst authentische oder zeitnahe Abbildungen vermittelt.

---

[8] Vgl. dazu [37], S. 75ff.

Ägyptologie – Geologie – Magnetismus – Optik – Zahlenmystik – Medizin – Musik

ATHANASIUS KIRCHER war ein Wissenschaftler mit großem schöpferischem Geist. Er war Mathematiker, Theologe, Philosoph, Sprachwissenschaftler, aber er forschte nicht nur in diesen Bereichen, sondern unter anderem auch auf den in der Überschrift genannten Gebieten.

Jedes der folgenden Bilder steht in direkter Beziehung zu KIRCHER. Ordne jedem Bild eine der 87 oben genannten Wissenschaften zu. Trage deine Vorschläge auf der jeweils darunter befindlichen Linie ein. Geht's auf?

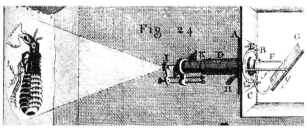

KIRCHER schuf mit seiner Laterna magica den Vorläufer unseres heutigen Diaprojektors. [9]

KIRCHER beschäftigte sich mit dem Magnetismus und dessen praktischer Anwendung. [35]

KIRCHER bestieg den Vesuv, vermaß ihn und versuchte damit, den Vulkanismus zu erklären. [5]

Diese Abbildung befindet sich in dem Buch KIRCHERs „Arithmologia sive de abditis numerorum mysteriis" (=Arithmologie oder die geheimen Mysterien der Zahlen) [4]

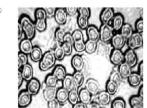

KIRCHER hat im Blut Pestkranker mit seinem Lupenmikroskop bewegliche Körperchen gesehen und aus dieser Beobachtung seine Lehre von den belebten Krankheitserregern aufgebaut. [34]

KIRCHER konstruierte auch einen Apparat, mit dem sich Tonsätze auf Grundlage vorgefertigter melodischer und rhythmischer Muster mechanisch komponieren ließen. [36]

KIRCHER studierte die Obelisken und ihre Inschriften, die sich bereits damals in Rom befanden.

Das Arbeitsblatt widmet sich der Verdeutlichung der Universalität des Gelehrten Athanasius Kircher. Seine wissenschaftlichen Leistungen sollen auf diese Weise Schülerinnen und Schülern anschaulich und einprägsam vor Augen gestellt werden.

Zahlreiche Schriften und Erfindungen gehen auf Athanasius Kircher als ihren Schöpfer zurück. So konstruierte er beispielsweise, wie oben angedeutet, die „Laterna magica", die ein Vorläufer des heutigen Projektionsapparates ist. Von herausragender Bedeutung ist er aber auch durch sein „Organum mathematicum", ein universelles Rechenhilfsmittel, das er für den Mathematikunterricht des Erzherzogs Karl Joseph von Habsburg entwickelte.[9]

---

[9] Als Quelle für die Ausführungen zum Organum mathematicum sowie als Grundlage für das hier vorgestellte Arbeitsblatt wurden [12] und [45] herangezogen.

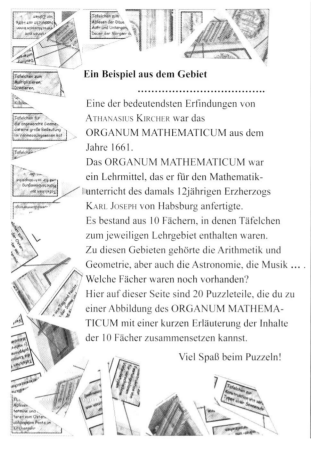

Ein Beispiel aus dem Gebiet
....

Eine der bedeutendsten Erfindungen von ATHANASIUS KIRCHER war das ORGANUM MATHEMATICUM aus dem Jahre 1661.
Das ORGANUM MATHEMATICUM war ein Lehrmittel, das er für den Mathematikunterricht des damals 12jährigen Erzherzogs KARL JOSEPH von Habsburg anfertigte.
Es bestand aus 10 Fächern, in denen Täfelchen zum jeweiligen Lehrgebiet enthalten waren.
Zu diesen Gebieten gehörte die Arithmetik und Geometrie, aber auch die Astronomie, die Musik ... .
Welche Fächer waren noch vorhanden?
Hier auf dieser Seite sind 20 Puzzleteile, die du zu einer Abbildung des ORGANUM MATHEMATICUM mit einer kurzen Erläuterung der Inhalte der 10 Fächer zusammensetzen kannst.

Viel Spaß beim Puzzeln!

Das Organum mathematicum [12] von Kircher enthält Materialien über verschiedene Teilgebiete der Mathematik zur damaligen Zeit.
Auf dem nebenstehenden Arbeitsblatt sind die Schubladen (= Themenbereiche) des Organums auf Puzzleteilen vorgegeben. Ferner werden weitere Informationen über einbezogene mathematische Problemstellungen vermittelt.
Um den (Kircher-)Gedanken des „Zusammensetzens" der Mathematik aus verschiedenen Teildisziplinen deutlich zu machen, hat das Arbeitsblatt die Gestalt eines Puzzles erhalten.
Die Aufbereitung dieser Seite zusammen mit weiteren Arbeitsblättern zu Athanasius Kircher und seinem Werk sind unter
http://www.mathematik.uni-halle.de/didakt/schuelerseite/index.html
zu finden.

Der Universalgelehrte Kircher galt auch lange Zeit als Entzifferer der Hieroglyphen. Heute wissen wir, dass er mit seinen Überlegungen zum Aufbau der altägyptischen Schrift entscheidende Vorleistungen für die endgültige Entzifferung der Hieroglyphen geleistet hat, die dann François Champollion gelang.

Athanasius Kircher kann sicher zu Recht als einer der herausragendsten Gelehrten seiner Zeit bezeichnet werden, der durch seine Forschungen und sein Ansehen einen wichtigen Beitrag zur Ausstrahlung und zur wissenschaftlichen Wirkung und Nachwirkung der Gesellschaft Jesu geleistet hat.

Die Jesuitengelehrten auf dem Gebiet der Mathematik und Physik trugen im deutschsprachigen Raum entscheidend zur Entwicklung der Astronomie bei. Diese Erkenntnisse stellten im 17. Jahrhundert eine wertvolle Erweiterung und Unterstützung für die apostolische Arbeit auf den Missionierungsreisen der Jesuitenfratres dar. So waren etwa die Jesuiten in China an der Reform des chinesischen Kalenders beteiligt. Erinnert sei in diesem Zusammenhang auch an den Jesuiten-Astronomen und -Missionar Matteo Ricci (1552 – 1610), der jahrelang in Indien, Macao und dann am chinesischen Königshof tätig war. Der Erfolg seiner missionarischen Tätigkeit war weitgehend bedingt durch seine mathematischen und naturwissenschaftlichen Kenntnisse. Er verbreitete westliches Wissen durch seine Vorlesungen, seine Bücher und den Bau von wissenschaftlichen Instrumenten. Im Verbotenen Palast von Peking finden sich noch heute einige seiner Instrumente. Auf mathematischem Gebiet gab Ricci insbesondere Übersetzungen von Werken seines Lehrers Clavius heraus und übersetzte die ersten sechs Bücher des Euklid ins Chinesische (1607).[10]

Als einer der bedeutendsten Schweizer Jesuiten des 17. Jahrhunderts, mit nachhaltigem und hohem Ansehen auf den Gebieten der Mathematik, der Astronomie, der Architektur und der Theologie, muss Johann Baptist Cysat (1587 (Luzern) – 1657 (Luzern)) erwähnt werden.

Er beschäftigte sich intensiv mit astronomischen Beobachtungen und entdeckte u.a. die Saturnmonde Titan und Rhea. Zusammen mit seinem Lehrer Christoph Scheiner, ebenfalls bedeutend auf dem Gebiet der Astronomie und Mathematik, beobachtete er die Sonnenflecken, die den Ausgangspunkt für einen heftigen Prioritätsstreit zwischen Scheiner und Galilei darstellten.

Cysat und Scheiner fühlten sich – und waren de facto auch, ebenso wie andere naturwissenschaftlich forschende Jesuiten – in ihren wissenschaftlichen Untersuchungen der Lehrmeinung der Kirche unterworfen und sahen sich veranlasst (ja: gezwungen), sich ihr zu beugen.[11]

Christoph Scheiner arbeitete intensiv mit seinen Schülern zusammen. Wie das Bild zeigt, ließ er sich gern bei der Bedienung wissenschaftlicher Geräte und bei Beobachtungen helfen. J. B. Cysat war einer seiner berühmten Schüler.

Dementsprechend bestand eine starke Spannung zwischen naturwissenschaftlichen Forschungen und Erkenntnissen einerseits und dem in Dogmen verankerten Weltbild der katholischen Theologie andererseits. Für jeden naturwis-

---

[10] Vgl. [25], S. 395 f.
[11] Vgl. dazu [37], S. 73f. und für die Abbildung [23].

senschaftlich forschenden Jesuitengelehrten war es eine Herausforderung, Theologie und Naturwissenschaften zu deuten und in Einklang zu bringen. Das Höchstmaß an Liberalität, welches von offizieller katholischer Seite zu erwarten war, bestand darin, naturwissenschaftliche Erkenntnisse, die der bisherigen Lehrmeinung widersprachen, als Hypothese zuzulassen. In diesem Kontext bearbeiteten Cysat und Scheiner ihre astronomischen Problemstellungen und suchten, ihre Erkenntnisse – getreu ihrem Gehorsamkeitsgelübde – einzuordnen.

2. Der bedeutende Naturwissenschaftler und Mathematiker Christoph Scheiner

Christoph Scheiner lebte in einem Spannungsfeld unterschiedlicher Weltbilder. Das wissenschaftliche Weltverständnis wurde bis zur Wende des 16. zum 17. Jahrhunderts von den griechischen Philosophen geprägt. Dabei dominierte die aristotelische Weltanschauung bzw. das geozentrische Weltbild: Die Erde wurde als unbewegliches Zentrum gesehen, um das sich Sonne, Mond, Wandelsterne und Fixsterne bewegen.[12]

Zu Scheiners Lebzeiten begannen die gelehrten Astronomen Europas damit, sich von dieser Anschauung, diesem Verständnis der Welt zu lösen.

Nikolaus Kopernikus (1473 (Torun) – 1543 (Frombork)) war der erste bedeutende Astronom, der das geozentrische Weltbild in der ersten Hälfte des 16. Jahrhunderts in Frage stellte. Er rückte die Sonne in den Mittelpunkt, um die sich Erde und Planeten bewegten.

Galileo Galilei (1564 (Pisa) – 1642 (Arcetri bei Florenz)) gewann mit Hilfe des von ihm gebauten

Mechanisches Modell des geozentrischen Weltbildes aus der Werkstatt von Christoph Semler, frühes 18. Jahrhundert, für den Naturkundeunterricht in den Franckeschen Stiftungen in Halle gebaut [32].
Vermittels einer Kurbel kann das übermannshohe Modell in Bewegung gesetzt werden, so dass anschaulich die Idee des Kreisens der Sonne und der Planeten (auf dem Drahtgeflecht montiert) um die Erde im Zentrum demonstriert werden kann.
Ein zweites, ebenfalls durch die Semler-Werkstatt hergestelltes Modell aus den Franckeschen Stiftungen zum heliozentrischen Weltbild ist verloren gegangen.

---

[12] Vgl. dazu [44], S. 23 und S. 27.

Fernrohrs neue Erkenntnisse über das Universum.[13] So beobachtete er insbesondere den Mond und sah durch sein Fernrohr dessen raue und gebirgige Oberfläche und verfolgte die Bewegung der vier Trabanten des Jupiters.

All diese Entdeckungen hatten starken Einfluss auf die wissenschaftliche Welt des 16. und 17. Jahrhunderts und brachten die peripathetischen Anschauungen ins Wanken.

In dieser spannungsgeladenen Zeit lebte der Jesuit und herausragende Naturwissenschaftler Christoph Scheiner.

Er wurde am 25. Juli 1575[14] in Markt Wald bei Mindelheim geboren. Über seine Kindheit liegen keine genaueren Angaben vor. Er besuchte das Jesuitengymnasium in Landsberg am Lech und anschließend das Jesuitengymnasium in Augsburg, das er mit dem Titel eines Rhetors abschloss.

Am 26. Oktober 1595 trat Christoph Scheiner der Gesellschaft Jesu in Landsberg bei und absolvierte dort von 1595 – 1597 sein Noviziat. Sein Philosophiestudium begann er 1598 in Ingolstadt und schloss es 1605 in Dillingen mit dem „Magister Artium" ab.

Im Zeitraum zwischen 1602 und 1605, den er in Dillingen verbrachte, war er als Lateinlehrer am dortigen Jesuitengymnasium tätig. Aushilfsweise dozierte er zu dieser Zeit auch Mathematik in der Akademie, die mit dem Jesuitengymnasium verbunden war.

In die Zeit seines Aufenthaltes in Dillingen, nämlich in das Jahr 1603, fiel, seinen eigenen Angaben nach, die Konstruktion seines Zeichengerätes Pantograph.

Christoph Scheiner galt vielen Mathematikern und Gelehrten seit dem frühen 17. Jahrhundert als Erfinder dieses Zeichenhilfsmittels. So findet sich etwa sein Name im Zusammenhang mit dem Pantographen bereits in mehreren Veröffentlichungen aus der ersten Hälfte des 17. Jahrhunderts.

Scheiner selbst schrieb 1631 ein Lehrbuch über seine Erfindung mit dem Titel „Pantographice seu ars delineandi".

Im Jahre 1605, nach beendeter Lehrtätigkeit in Dillingen, ging Scheiner nach Ingolstadt zurück, um theologische Studien zu betreiben, die er 1609 mit dem Doktorat abschloss. Ebenfalls in dieses Jahr fiel seine Priesterweihe in Eichstätt. Das letzte Gelübde der Armut, der Ehelosigkeit, des Gehorsams und der Papstverpflichtung legte er 1617 in Ingolstadt ab.

---

[13] Vgl. dazu [44], S. 100.

[14] Zum Geburtsjahr Christoph Scheiners finden sich unterschiedliche Angaben. In der Mehrzahl der Fälle wird das Jahr 1575 angegeben. Vgl. dazu [37], S. 28 Anmerkung 5.

Die Jahre zuvor, von 1610 – 1616, hatte Christoph Scheiner eine Professur für Mathematik und Hebräisch in Ingolstadt inne. Er hielt Vorlesungen über Sonnenuhren, praktische Geometrie, Astronomie und Optik sowie ein Seminar über das Fernrohr.

Die folgenden Jahre verbrachte er in Innsbruck, Freiburg im Breisgau und in Wien. Im Jahre 1622 ging er schließlich nach Neisse und eröffnete dort am 23. April 1623 eine Jesuitenniederlassung mit ihm als Hausoberen. Doch sein Aufenthalt in Neisse war nicht von langer Dauer. Bereits im darauf folgenden Jahr verließ er Neisse und hielt sich für die nächsten neun Jahre in Rom auf, bevor er sich 1633 nach Wien begab. Erst 1636 kehrte er nach Neisse zurück und verbrachte dort seine letzten Lebensjahre bis zu seinem Tod am 18. Juli 1650. In dieser Zeit war er frei von schulischen Verpflichtungen und konnte sich dementsprechend ausschließlich seinen seelsorgerischen und wissenschaftlichen Tätigkeiten widmen.

Christoph Scheiner war – das belegen seine Schriften nachdrücklich und vielfältig – ein herausragender Mathematiker, Astronom, Physiker und Techniker seiner Zeit. Charakteristisch für ihn war sein Bemühen, mit geeigneten Instrumenten neue Erkenntnisse und Methoden der naturwissenschaftlichen Forschung selbst nachzuvollziehen, zu überprüfen, zu vertiefen, zu erweitern.

Beobachten und Experimentieren gewannen im 17. Jahrhundert in den Naturwissenschaften immer stärker an Bedeutung, wurden zum anerkannten und zunehmend unverzichtbaren Bestandteil wissenschaftlichen Arbeitens. In der Person des Wissenschaftlers Christoph Scheiner wird diese Entwicklung exemplarisch deutlich. Für ihn waren praktisches Experimentieren und die Nutzung wissenschaftlicher Instrumente zur Gewinnung neuer Erkenntnisse bereits selbstverständlicher, unverzichtbarer Bestandteil seiner wissenschaftlichen Untersuchungen. Zu Beginn des 17. Jahrhunderts wurde das Fernrohr von Galilei erfunden. Dies gab insbesondere auch den auslösenden Impuls zur Entdeckung weiterer optischer Phänomene, speziell der physiologischen Optik des Auges. Christoph Scheiner hat auf diesem Gebiet zahlreiche Entdeckungen gemacht, so z.B. die Lichtreaktion der Pupille, die er mit einem Experiment vorführte. Er beschrieb die Anatomie des Auges, erkannte den Vorgang der Akkommodation des Auges bei verschiedenen Entfernungen und Lichtverhältnissen u.v.m.[15]

Christoph Scheiner legte die Resultate seiner optischen Studien in der Schrift „Oculus hoc est: Fundamentum opticum" dar, die er 1619 herausgab. Das umfängliche Buch widmet sich sowohl der Anatomie des Auges, der Brechung der Lichtstrahlen und dem Weg, den Lichtstrahlen im Auge zurück-

---

[15] Vgl. dazu [40], S. 61ff.

legen, sowie dem Sehen selbst und dem Gesichtswinkel.

Scheiner nutzte bei seinen Untersuchungen, die dieses Buch zusammenfasst und widerspiegelt, ebenso wie in seinen sonstigen Forschungen den Weg der Beobachtung und des Experiments. In den Beschreibungen von Experimenten – etwa zum Lichtstrahlenlauf im Auge –, die sich in diesem Buch finden, wird dies exemplarisch deutlich.

Einige seiner Forschungsergebnisse hinsichtlich der physiologischen Optik des Auges hat Christoph Scheiner auch in seinem Hauptwerk „Rosa Ursina sive Sol", das er 1630 herausgab, dargelegt. Er vergleicht hier u.a. die Optik des Auges mit der eines Fernrohres. Die größte Aufmerksamkeit wird allerdings in dieser Schrift auf die Beobachtung der Sonne, besonders der Sonnenflecken, gelegt.

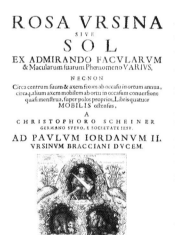

Zusammen mit seinem Schüler Johann Baptist Cysat entdeckte er im März 1611 die Sonnenflecken.[16] Um sicher zu sein, dass es sich nicht um eine Sinnestäuschung handelte, setzte er seine Beobachtungen fort und entschloss sich erst gegen Ende des Jahres, seine Beobachtungen weiterzugeben. Bei seinen Beobachtungen benutzte er das von ihm konstruierte Heliotrop. Mit dieser um zwei Achsen drehbaren Montierung konnte er die Sonne indirekt beobachten. Er projizierte die Sonnenstrahlen auf einen Schirm und konnte so die Sonnenflecken beobachten und ihren Standort bestimmen. Das Heliotrop, auch „machina aequatorialis" genannt, ist das erste parallaktisch montierte Fernrohr. Bis heute ist dies für die Befestigung der Fernrohre verbindlich geblieben.

---

[16] Vgl. zur Entdeckung der Sonnenflecken und dem anschließenden Prioritätsstreit die Bemerkungen in diesem Artikel auf S. 153f. sowie insbesondere [18], S. 8ff.

Die Beobachtung der Sonnenflecken brachte eine vollkommen neue Situation. Aristoteles hatte die Sonne als rein und makellos beschrieben. Nun sollte sie, im theologischen Verständnis das Abbild Gottes, Flecken haben. Dies stieß naturgemäß auf heftigen Widerstand. Christoph Scheiner hatte dementsprechend Mühe, seine Ordensbrüder von der Richtigkeit seiner Entdeckung zu überzeugen. Im November und Dezember dieses Jahres 1611 berichtete er in Briefen dem Augsburger Markus Welser von seinen Beobachtungen, der seinerseits noch im Dezember an Galilei schrieb und ihm den Inhalt der Briefe mitteilte. Welser ließ die drei Scheinerbriefe im Januar 1612 unter dem Namen Apelles drucken und veröffentlichte sie. Das Pseudonym ist als beredter Ausdruck der Vorsicht zu werten, die dabei an den Tag gelegt wurde, da ja durch die Entdeckung der Sonnenflecken, althergebrachte theologisch-weltanschauliche Überzeugungen ins Wanken gebracht wurden.

Galilei[17], der sich selbst für den Entdecker der Sonnenflecken hielt, stand Scheiners Veröffentlichungen aus einem (zumindest dem ersten Augenschein nach) anderen Grund ablehnend gegenüber, ging es doch – wenigstens auf den ersten Blick – um den Streit zur zeitlichen Priorität der Sonnenflecken-Entdeckung.

Galileo Galilei, der seine Begabung vor allem auf dem Gebiet der praktischen Physik und angewandten Mathematik hatte, ist durch seine astronomischen Untersuchungen berühmt geworden. Galilei gründete auf den Lehren des Aristoteles eine Kosmologie des 16./17. Jahrhunderts. Für die Wissenschaftsgeschichte ist dabei besonders bedeutsam, dass er versuchte, Naturvorgänge aus den Naturgesetzen zu erklären. Auf diesem Hintergrund sind auch die Forschungen Galileis zu den Sonnenflecken zu sehen und einzuordnen.

Nach dem Erscheinen der Scheiner-Entdeckungen zu den Sonnenflecken entspann sich im Laufe der folgenden Jahre ein heftiger Prioritätsstreit zwischen Galileo Galilei und Christoph Scheiner.

Im scheinbaren Zentrum dieses Streit zwischen Scheiner und Galilei, der letztendlich im Galilei-Prozess von 1632/33 gipfelte, stand zwar die Entdeckung der Sonnenflecken, tatsächlich ging es aber um das heliozentrische Weltbild, das von Kopernikus vorgestellt und von Galilei untermauert wurde. Den Anschuldigungen Galileis antwortete Scheiner mit seinem Hauptwerk „Rosa Ursina sive Sol".

Das in lateinischer Sprache verfasste, sehr umfangreiche Buch[18] ist im Stil der damaligen Zeit sehr weitschweifig und redundant geschrieben. Es enthält die Forschungsergebnisse Scheiners zur Sonne und damit zu seinem Weltbild

---

[17] Vgl. dazu [37], S. 78f.
[18] Vgl. dazu [40], S. 34.

und Weltverständnis, von denen auch einige in dem 1615 erschienen Buch „Sol ellipticus" erschienen sind. Das Werk „Rosa Ursina sive Sol" ist in vier Bücher unterteilt, von dem der erste Teil sich mit der Prioritätsfrage hinsichtlich der Entdeckung der Sonnenflecken beschäftigt. Christoph Scheiner weist Galilei an dieser Stelle Beobachtungsfehler nach. Das zweite Buch umfasst eine Betrachtung von Fernrohren, Projektionsmethoden sowie des Helioskops. Am Ende dieses Buches wird die physikalische Optik des Fernrohres mit der eines Auges verglichen. Im letzten Teil versucht Scheiner – für spätere Leser eher unverständlich und inkonsistent zu seinen vorangestellten naturwissenschaftlichen Überlegungen – mit Hilfe von Verweisen und Zitaten aus der heiligen Schrift sowie unter Berufung auf Kirchenväter und Philosophen zu beweisen, dass die Anschauungen des geozentrischen Weltbildes mit den Kirchenlehren übereinstimmen.

1632 griff Galilei mit seinem „Dialogo dei Massimi Sistemi del Mondo" das ptolemaeische bzw. geozentrische Weltbild und besonders Scheiner an. Er stellte Christoph Scheiner als einen Widersacher des kopernikanischen Systems dar und brachte damit den Jesuitenorden gegen sich auf, dessen Vertreter ihm bis dahin wohl gesonnen waren. Den Höhepunkt der Auseinandersetzung bildete die Anklage vor dem Inquisitionsgericht 1632/33, die im Abschwören des heliozentrischen Weltbilds durch Galilei ihren Abschluss fand.

Das theologische Grundproblem der damaligen Zeit, das sich speziell auch in den geschilderten Geschehnissen um Scheiner und Galilei äußerte, lag im Widerspruch zwischen der heiligen Schrift und den neuen, durch Experiment und Beobachtung ermöglichten naturwissenschaftlichen Erkenntnissen. Es bedeutete für die theologisch gebundenen Naturwissenschaftler jener Zeit eine prinzipielle Herausforderung, die neuen naturwissenschaftlichen Beobachtungen zu deuten und zu kommentieren, ohne der kirchlichen Lehrmeinung zu widersprechen.

Diesem Erfordernis stellte sich Galilei nur zögernd. Er brachte zwar viele Beweise für die Richtigkeit seiner Aussagen vor, versuchte aber nicht, sie mit der heiligen Schrift in Einklang zu bringen.

Christoph Scheiner dagegen, eingebunden in die kirchliche Organisation des Jesuitenordens, suchte diesem theologischen Problem Rechnung zu tragen. In seinen Schriften vertrat er weiterhin das geozentrische Weltbild, das in Übereinstimmung mit der kirchlichen Lehrmeinung stand. Das ist aber sicher nicht mit seiner naturwissenschaftlichen Ablehnung des heliozentrischen Weltbildes gleichzusetzen. In Zeiten, wo gewaltige naturwissenschaftliche Umwälzungen den Glauben zu verletzen schienen, zeigte sich der Jesuit Scheiner getreu seiner Gehorsamspflicht gegenüber der Kirche und deren Lehrmeinung und formulierte seine Erkenntnisse in entsprechend zurückhaltender, für den heutigen Leser allerdings eher widersprüchlicher oder inkonsistenter Weise.[19] Der Schlüssel hierfür ist wohl, wie im Vorangehenden angedeutet, darin zu sehen, dass Scheiner sich bemühte, die neuen Erkenntnisse in den Naturwissenschaften mit dem christlichen Weltbild zumindest in der Öffentlichkeit in Einklang zu bringen.

Christoph Scheiner war nicht nur ein hervorragender Physiker und Astronom, sondern auch ein bemerkenswerter Mathematiker und Techniker. So gehen auf ihn etliche Erfindungen oder Weiterentwicklungen naturwissenschaftlicher Instrumente zurück. Hier einige Beispiele dafür: Er hat durch die Erfindung physikalischer und optischer Instrumente, wie z.B. den Heliotrop, einen wichtigen Beitrag zur Entwicklung der astronomischen Fernrohre geleistet. Weiterhin gilt er als Mitbegründer der physiologischen Optik. So konstruierte er im Jahre 1603 einen Ellipsenzirkel, um Kegelschnitte untersuchen zu können. 1607 baute er einen hölzernen Sextant, der ihm die Arbeit bei der Vermessung der Kometenbahnen erleichtern sollte. Auch Konstruktionsüberlegungen zum Bau eines Pantographen, also eines Zeichenhilfsmittels zum praktischen Kopieren (verkleinernd oder vergrößernd) von vorgegebenen Bildern (1603), sind mit seinem Namen untrennbar verbunden.

Gerade durch das zuletzt genannte Gerät ist Christoph Scheiner – wenn nicht namentlich, so doch durch seine Überlegungen – auch heute noch vielen geläufig. In so manchem Kinderzimmer findet sich immer noch ein Storchschnabel (eine andere, in der Nach-Scheiner-Zeit sehr gebräuchliche Bezeichnung für den Pantographen) als Spielgerät. Dass der Pantograph aber deutlich mehr als nur ein für das Spielen geeignetes Gerät ist, sondern vielmehr ein leistungsfähiges und mit Präzision und vielseitig zu handhabendes Zeicheninstrument, wird schon allein aus seiner weit bis ins 20. Jahrhundert währenden Nutzung auf unterschiedlichen Gebieten, wie etwa dem Vermessungswesen oder der Architektur, deutlich. Bereits Scheiner ist sich der Bedeutsamkeit und Leistungsstärke seines Geräts bewusst. Sein Lehrbuch über den Pantographen unterstreicht dies nachdrücklich.

Scheiners Buch „Pantographice seu ars delineandi" ist neben seinen fachlichen (d.h. mathematischen und handwerklichen) Ausführungen zum Pantographen auch unter einem zweiten Aspekt interessant und bedeutungsvoll, stellt es doch ein Zeugnis für ein didaktisch und methodisch wohlüberlegtes und konzeptionell durchgestaltetes Lehrmaterial aus der ersten Hälfte des 17. Jahrhunderts dar und gibt damit Einblick in anwendungsorientierte Lehrme-

---

[19] Vgl. dazu [37], S. 80f.

thoden des Barock. Christoph Scheiner schrieb mit seinem Buch über den Pantographen kein wissenschaftliches Werk, das sich an den gelehrten Zeitgenossen wendet, sondern vielmehr einen Lehrtext, der Lernende, sich auf praktische (berufliche) Aufgaben Vorbereitende in ihren Bemühungen anleiten und unterstützen will. Auch und gerade diese Facette des Scheiner-Buches lässt es unter mathematikhistorischem Gesichtspunkt besonders relevant und herausragend erscheinen.

3. Das barocke Zeichengerät Pantograph – Ausgangspunkt für Christoph Scheiners Lehrwerk „Pantographice, seu ars delineandi" (1631)

„Zeicheninstrumente sind einerseits Mittel der Darstellung geometrischer Beziehungen des physikalischen Raums, das heißt Mittel der Realisierung und Anwendung geometrischen Wissens ... . Sie sind jedoch zugleich Erkundungs- und Demonstrationsinstrumente der Geometrie als Wissenschaft, die aus ihrer Geschichte kaum wegzudenken sind ..."[20], schrieb der Kenner der Literatur über historische Zeichengeräte P. Damerow.

Es ist schwerpunktmäßig der erste, im vorangehenden Zitat akzentuierte Aspekt, der für das praxisorientierte Geometrieverständnis von herausragenden Mathematikern und Naturwissenschaftlern des 16. und 17. Jahrhunderts charakteristisch ist. *„... alle Wahrheiten, welche die Geometrie uns darbietet, so erhaben sie übrigens auch sein können, erhalten doch immer nur erst dann ihren wahren Wert, insofern sie uns auf Anwendung derselben führen. ... Sie begleitet den Soldaten ins Feld, den Seefahrer auf den Ozean, sie verschafft den Festungen Stärke und den Palästen Schönheit. ..."*[21] Mit diesen Worten charakterisiert der Instrumentenbauer Georges Adams (1750 – 1795), wenn auch annähernd 100 Jahre später, diese für die Barockzeit charakteristische Betrachtungsweise der Geometrie.

Die Ursache für diesen besonderen Blickwinkel auf die Geometrie und das besondere Gewicht, das anwendungsorientierten Zeichinstrumenten insbesondere in der Zeit des Barocks zugemessen wurde, lässt sich folgendermaßen einordnen: Die gesellschaftliche und wissenschaftliche Entwicklung in der Zeit der Renaissance fand ihren Niederschlag unmittelbar in der konkreten Anwendung von Geometrie und hier speziell und besonders auch auf dem Gebiet der Zeichengeräte. Entsprechend den Anforderungen, die insbe-

---

[20] [16], S. 284.
[21] [16], S. 29.

sondere Bauwesen, Himmelskunde, Seefahrt und Vermessungswesen stellten, entstand in zunehmendem Maße ganz selbstverständlich das Bedürfnis nach spezifischen, präzisen und leistungsfähigen Zeichengeräten. Aus diesem Bedürfnis, diesen konkreten Anwendungserfordernissen heraus wurden gerade im 16. und 17. Jahrhundert etliche bahnbrechende Zeichengeräte entwickelt und Schritt für Schritt verfeinert. Zeichentische für die direkte Nutzung bei Vermessungsarbeiten im Gelände oder auch spezielle Instrumente, die die Erstellung von Bauzeichnungen erleichtern, ja bis zu einem gewissen Grade zu rationalisieren und mechanisieren halfen, lassen sich hier als markante Belege nennen. Namen bedeutender Naturwissenschaftler jener Zeit wie Johannes Prätorius (Mensula Praetoriana), Galileo Galilei (Proportionalzirkel), Athanasius Kircher (Pantometrum) oder Christoph Scheiner (Pantograph) sind mit diesen Entwicklungen unmittelbar verbunden.[22]

In die Reihe der speziellen, einer konkreten Anwendungsaufgabe angepassten bzw. angemessenen Zeichengeräte, wie etwa die unterschiedlichen Zeichentische, jeweils mit Hilfsmitteln ausgestattet, um eine geometrische Konstruktion „vor Ort im Gelände" zu erleichtern, oder die verschiedenen Spezialzirkel, ebenfalls dem (möglichst) exakten und raschen Konstruieren gewidmet, ordnet sich auch der Pantograph ein – zwar nicht als unmittelbare Konstruktionshilfe, so doch aber als leistungsfähiges Kopiergerät, das von der Idee der Ähnlichkeitstransformation Gebrauch macht.

Das Pantometrum Kircherianum *zählt unter die bekannten Vermessungsinstrumente des 17. Jahrhunderts.*
Wie Kaspar Schott (1608 – 1666) in seinem Werk Pantometrum Kircherianum *von 1660 ausführte, fußt Athanasius Kircher (1575 – 1650) mit seinem Messtisch insbesondere auf entsprechenden Überlegungen resp. Erfindungen von Ptolemaeus, Gemma Frisius, Peurbach, Clavius, Zubler und Hulsius. Ausgestattet mit einem drehbaren quadratischen Rahmen, einem drehbaren Diopterlineal mit Reitern zum Peilen, Kompass, quadratischem Papierfeld und einem verschiebbaren Lineal, ermöglicht Kirchers Messtisch umfangreiche Vermessungstätigkeiten. (Vgl. [12] und [17].)*

---

[22] Vgl. [26] sowie [23], dort insbesondere S. 121 ff und 151 ff.

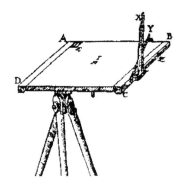

Als Erfinder des Messtischs gilt der Mathematiker Johannes Prätorius (1537 – 1616), der zunächst an der Universität Wittenberg, dann an der Universität Altdorf bei Nürnberg wirkte. Sein Schüler Daniel Schwenter (1585 – 1636), der sich nachweislich auch mit dem Pantographen beschäftigte, machte den Messtisch seines Lehrers insbesondere durch sein Werk Geometriae practicae novae *(1617/1618) bekannt. (Vgl. [23], S. 146f.)*

Leonhard Zubler (1563 – 1636) stellte in seinem Buch Novum instrumentum geometricum *(1625) einen Messtisch vor, der mit „Absehen" (d.h. Peilvorrichtungen), Meßlatten und Kompass versehen war.*
In seiner Gestaltung erscheint das Zubler-Gerät dem Pantometrum Kirchers sehr verwandt. (Vgl. [23], S. 172.)

Der Ursprung des Proportionalzirkels lässt sich nicht mehr genau zurückverfolgen. Zwischen 1582 und 1592 produzierte Jost Bürgi (1582 – 1623) einen Reduktionszirkel, den er Proportionalzirkel nannte, vermutlich weil seinem Instrument das Proportionalprinzip zugrunde lag. Auch Galileo Galilei (1564 – 1642) nahm für sich in Anspruch, als erster einen solchen Proportionalzirkel erfunden zu haben. Ungeachtet dieses Prioritätsstreits erwies sich der Proportionalzirkel als äußerst nützliches Instrument, das, ausgestattet mit speziellen Funktionsskalen, in der Baukunst als instrumentum architecturae *große Bedeutung erlangte. Sein Name verbindet sich auch heute noch mit der Person des berühmten Baumeisters Balthasar Neumann (1687 – 1753). (Vgl. [26], [24] sowie [45].)*

Ähnlich wie bei Messtisch und Proportionalzirkel sind auch beim Pantographen die Ursprünge nicht mehr bis ins Letzte zu verfolgen. Es lassen sich vielmehr unterschiedliche Quellen ausmachen, die in die vermutlichen Anfänge dieses Zeichengeräts zurückreichen.

So finden sich, beginnend bald nach 1600, in stetig zunehmender Zahl Darstellungen zu Funktionsweise, Bau und Gebrauch des Pantographen als eines leistungsfähigen Kopiergeräts. Zu den frühesten bekannten Drucken über dieses spezielle Zeichengerät gehören die Werke von Benjamin Bramer (ca.1588 – ca. 1650) [2], Daniel Schwenter (1585 – 1636) [13] sowie Christoph Scheiner (1575 – 1650) [11]. Welcher Beschreibung des Pantographen die Priorität zugeordnet werden kann oder sollte, lässt sich dabei nicht entscheiden, und scheint aus heutiger Sicht auch eher von untergeordnetem Interesse zu sein. Aber es lässt sich wohl mit einiger Gewissheit vermuten – berücksichtigt man insbesondere, dass die drei erwähnten, der *einführenden Vorstellung* des Gerätes gewidmeten Werke sämtlich erst nach 1600 datieren –, dass sich der Pantograph erst im 17. Jahrhundert zu einem allgemein genutzten Kopiergerät herausbildete.

Bramer, Schwenter, Scheiner – damit sind wohl die drei wichtigsten Autoren der frühen Pantographen-Literatur genannt. Jeder dieser drei Gelehrten führt *sein*, dem Kopieren (Vergrößern / Verkleinern) gewidmetes Zeichengerät vor, das entscheidend auf dem Ähnlichkeitsprinzip aufbaut. Differierend in Details ihres Baus, stimmen die drei Geräte in ihrer mathematischen Grundstruktur überein und sind demgemäß als frühe Vertreter des bis in das 20. Jahrhundert hinein verwendeten Pantographen zu werten.

Um die Leistung Christoph Scheiners für die Entwicklung des Pantographen und insbesondere auch die frühe Lehrbuch-Literatur zu diesem Zeichengerät richtig einordnen zu können, werden im Folgenden zunächst die Werke von Bramer und Schwenter kurz vorgestellt, bevor dann ein ausführlicherer Blick auf Scheiners Überlegungen geworfen wird.

Benjamin Bramer 1617: „ ... Neben kurtzem Underricht Eines Parallel Instruments" [2]

Die kleine von Benjamin Bramer 1617 publizierte Schrift (Titelblatt folgende Seite) besteht aus 12 Textseiten und einer Kupfertafel, die den Bau des Pantographen zeigt. Das Gerät wird von Bramer *Parallel Instrument* genannt.

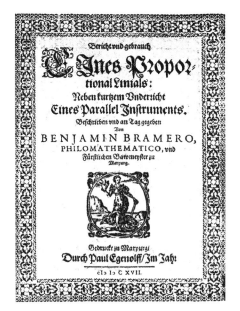

In seiner Einleitung schreibt Bramer:

> Iß Instrument/dessen gebrauch ich allhie in der kürtze zu beschreiben vorgenommen/ist zwar keine newe/vnd also auch nicht meine/sondern ein etwas alte Invention/welche aber/meines wissens/noch von niemanden in Truck befördert/oder zu Tag gegeben worden. Es wirdt aber solches von vielen in einer etwas andern Form gemacht vnd verfertiget. Weil aber diese allhie auffgerissene Form zum gebrauch am bequemsten vnd füglichsten/als soll allhie in der kürtze/wie dasselbe erstlich gemacht/vnnd darnach der gebrauch/es seye zu nachreissung/Mappen/Landschafften/Bildern vnd dergleichen /auch wie solche zu vergrössern vnd zu verkleinern/gelehret werden.

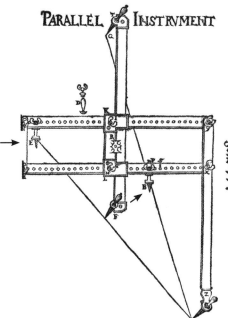

Das von Benjamin Bramer vorgestellte Parallel-Instrument vereinigt zwei Formen in einer: Als fest mit der ebenen Unterlage zu verbindender Pol kann E oder B gewählt werden (in der links nebenstehenden Bramer-Abbildung durch Pfeile hervorgehoben); im jeweils anderen freien Punkt ist der über die Unterlage frei gleitende Träger D einzusetzen, um ein Verkanten des Instruments zu verhindern. Unter A (ganz unten in der Zeichnung) resp. C (ganz oben) entsteht dann die gewünschte Kopie.

Bramer beschreibt detailliert, wie bei der Erstellung einer Kopie zu verfahren ist, und schließt mit einer knappen Bemerkung zur theoretischen Begründung des Instruments.

> Die Demonstration/oder das Fundament vnd Grund dieses Instruments betreffend/entspringt solches auß der 2. vnd 4. Proposition deß 6. Buchs Euclidis.

So wird aus Bramers Ausführungen unmittelbar deutlich, dass es ihm vorrangig um die praktische Nutzung seines Geräts und nur nachgeordnet um das theoretische Reflektieren des mathematischen Hintergrundes geht.

Daniel Schwenter 1624: „Eine reichliche Seite über ein sehr nützliches Instrument" [13]

Daniel Schwenters *„Neue Praktische Geometrie"* erschien 1617/1618 in erster Auflage unter dem Titel *Geometriae practicae novae* und bestand aus drei Traktaten. 1627 erschien die stark erweiterte dritte Auflage. Diese und alle folgenden trug den Titel *Geometriae practicae novae et auctuae* und bestand aus vier Traktaten. Alle Traktate aller Ausgaben beginnen mit dem gleichen schönen Titelblatt (Abbildung links).

Das sechste Buch des ersten Traktats handelt *„Von Ausrechnung der Figuren Inhalt / und derer Verjüngung und Vergrößerung"*. Auf einer guten Seite wird in der 23. Aufgabe der Pantograph in der später als Mailänder Form bezeichneten Gestalt, beschrieben:

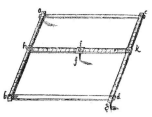

Pantograph Schwenters, in der sog. Mailänder Form

Bei diesem Instrument ist insbesondere die ausgereifte Ausführung auffällig. Auf den drei parallelen, sämtlich in ihrer Lage bezüglich der seitlichen Führungslatten veränderbaren Schienen können die drei Stifte (der Stift im festen Zentrum (in der Zeichnung ganz unten rechts), der Führungsstift, der über die Originalzeichnung geführt wird (in der Zeichnung mit f bezeichnet), und der Zeichenstift, der die gewünschte Kopie zeichnet (in der Zeichnung links oben)) in ihrer Lage variiert werden – beachtet man dabei nur, dass sie auch nach der Änderung auf einer Geraden liegen und so die Ähnlichkeitstransformation zwischen Originalzeichnung und zu erstellendem Bild gewährleistet wird.

Das von Schwenter am Schluss seiner Ausführung angekündigte eigene „*Traktätlein*" über den Pantographen, das sich *nicht allein mit diesem Instrument / sondern auch mit einem andern / und viel bequemern* beschäftigen werde, ist vermutlich nicht erschienen – zumindest lassen sich keine Spuren davon auffinden.

Schwenter, ebenso wie Bramer, bezeichnet bemerkenswerter Weise sein Instrument nicht als Pantographen. Und auch er verzichtet auf eine Reflektierung des geometrischen Hintergrundes. (Vielleicht wollte er Derartiges für die geplante Nachfolgeschrift aufsparen.)

Das der zeitlichen Einordnung nach dritte, heute noch bekannte Werk zu Bau und Funktionsweise eines Pantographen stammt von *Christoph Scheiner* und datiert auf das Erscheinungsjahr *1631*.

Ungleich umfangreicher als die beiden voranstehend betrachteten Pantographen-Werke und mit charakteristisch breiter Ausführlichkeit, ja Redundanz in der Darlegung der Bau- und Verwendungsmöglichkeiten des Gerätes, aber auch in der Ausführung des mathematischen Hintergrundes, vermittelt das Buch Scheiners [11] durchaus und nachhaltig den Eindruck eines Lehrbuchs – eines Buches für den an der praktischen Anwendung Interessierten, das demgemäß konsequent und mit großer Ausführlichkeit der Unterweisung in der Herstellung und in der praktischen Handhabung des Geräts gewidmet ist, aber auch dem mathematisch nicht versierten bzw. nicht ausreichend vorgebildeten Leser das theoretische Verständnis des Instruments ermöglichen will.

Gleichzeitig damit wird deutlich, dass es Scheiner nicht darum ging, den Pantograph in Bezug auf mathematische Forschung zu untersuchen oder zu beleuchten. Ausschließlich die Vorstellung des Instruments und seiner Handhabung war das Ziel der Ausführungen.

Unter diesem Blickwinkel ist Scheiners Werk als mathematisches Lehrbuch mit der Ausrichtung auf die praktische / berufliche Nutzung des Pantographen neben seiner Bedeutung im Rahmen originärer barocker Zeichengeräte-Literatur eben auch hinsichtlich seiner Relevanz als Unterrichtsmittel des 17. Jahrhunderts (mit weiter Auslegung des Wortes Unterrichtsmittel) interessant, ja über die konkrete Thematik hinaus grundlegend bedeutungsvoll, begegnet einem doch hier ein ganz augenscheinlich bedacht methodisch konzipiertes und durchstrukturiertes Buch, das belehren und anleiten will.

Das Buch Scheiners erscheint bei dieser Sichtweise als durchaus einzigartig und grenzt sich deutlich ab von der Vielzahl der Veröffentlichungen zum Pantographen, die für die Jahre von 1700 bis etwa 1850 charakteristisch ist.

Mit dem ausgehenden 17. Jahrhundert zeichnet sich zunehmend die Tendenz zu umfassender Verfeinerung und Verbesserung des Zeichengeräts Pantograph ab. Dies spiegelt sich anschaulich in der diesbezüglichen wissenschaftlichen Literatur wider. Die relativ große Anzahl von Veröffentlichungen zum Pantographen widmet sich insbesondere einer anwendungsorientierten technischen Verbesserung des Geräts. Neben der Erläuterung von Sinn und Zweckmäßigkeit der vorgestellten Verbesserungen des Grundgeräts sind es Anmerkungen zum mathematischen Hintergrund und zu speziellen Anwendungsschwerpunkten, die für diese Darlegungen charakteristisch sind. Etliche dieser Veröffentlichungen zeichnen sich darüber hinaus durch die Einordnung des Kopiergeräts Pantograph in die Besprechung weiterer, für die damalige Zeit wichtiger Zeichengeräte aus.

Im Vergleich mit diesen Darstellungen zum Pantographen, die insbesondere im 19. Jahrhundert sehr präzise und übersichtliche Formen annehmen, kristallisiert sich deutlich heraus, dass das *Lehranliegen* zum Gerät des Pantographen sowie zu seinem inhaltlichen und praktischen Verständnis in keinem der späteren Werke erneut in einer derart vielgestaltigen und ausführlichen, methodisch bewusst aufbereiteten, ausschließlich auf dieses eine Zeichengerät konzentrierten Art und Weise geschehen ist, wie Scheiner es sich für sein Lehrwerk „Pantographice, seu ars delineandi" zur Aufgabe gestellt hatte.

Um die Vielschichtigkeit der Veröffentlichungen zum Pantographen zu verdeutlichen, werden im Folgenden aus der breiten Palette der Darstellungen aus dem 17. bis 19. Jahrhundert exemplarisch einige herausgegriffen, an denen sich charakteristische Züge der damaligen Literatur über Zeichengeräte und speziell den Pantograph besonders deutlich nachzeichnen lassen.[23]

---

[23] Zu einer ausführlicheren Übersicht über die vielgestaltige originale Literatur zum Pantographen sei auf [24] verwiesen.

Zunächst ein Beispiel aus derjenigen Pantographen-Literatur, die den Blick auf seine unmittelbare Nutzung in Kartographie, Mess-, Ingenieur- und/oder Kriegswesen konzentriert:

In Georg Conrad Stahls (1657 – ?) Werk *Neu aufgeführter Europaeischer Ingenieur: oder Kriegs=Bau=Kunst* (1687) [14] findet sich in dem Teil zur Geometrie, der den Ausführungen zur Fortifikation vorausgeht, ein kurzer, auf die grundlegenden Informationen beschränkter Abschnitt, der gerafft den Pantographen-Bau und -Gebrauch beschreibt.

Ausschnitt aus Stahls Europaeischem Ingenieur (1687) [14], dem Pantographen, hier unter der Bezeichnung Storch-Schnabel, gewidmet.

Claude Francois Milliet de Chales (1621 – 1678) ist mit seinen Ausführungen zum Pantographen im Rahmen seines Werkes *Cursus seu mundus mathematicus* (1690) [8] ein typischer Vertreter derjenigen Autoren, die dieses spezielle Zeichengerät unter dem Blickwinkel einer umfassenden (umfassenderen) Darlegung der Mathematik einbetten. In dem Vorwort zu seinem *Cursus* drückt Milliet de Chales dies so aus: „*Mundum ergo mathematicum proponimus, dum integrum mathesis cursum instituimus ...*"

In die Reihe derartiger Veröffentlichungen gliedern sich insbesondere auch die Pantographen-Darstellungen und -Beschreibungen im Rahmen von enzyklopädischen Werken oder Lexika ein, wie sie sich in 18. und 19. Jahrhundert immer wieder finden.

Ein anderer Blickwinkel auf den Pantographen wird in den Ausführungen von Nicola Bion (um 1653 – 1733) deutlich. Mit seinen Instrumentenbeschreibungen in seinem Buch *Traité de la construction et des principaux usages des instruments de mathématique* (1723) [1] ist er einer derjenigen Autoren, denen es vorrangig um die technische Vorstellung des Gerätes resp. spezieller Formen, aber auch und insbesondere um Verfeinerungen oder Weiterentwicklungen geht.

Zu dieser Form der Pantographen-Literatur gehören u.a. – um nur einige Beispiele herauszugreifen – der Bericht über eine Pantographen-Verbesserung von M. Langlois (18. Jahrhundert, genaue Lebensdaten unbekannt), der sich in den Abhandlungen *Machines et inventions approuvées par l'académie roy-*

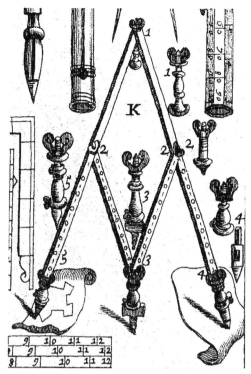

ale des sciences (Paris 1743) [6] findet, oder der Übersichtsartikel von Ernst Fischer „*Ueber Pantographen*" (1866) [22], der einer anschaulichen Nebeneinanderstellung unterschiedlicher Pantographen-Varianten gewidmet ist, wie auch der Artikel von James Joseph Sylvester (1814 – 1897) *Der Plagiograph oder Schiefpantograph* (1875) [15] über eine Weiterentwicklung des Instruments, die auch gedrehte Kopien ermöglicht.

Ausschnitt aus einer Kupfertafel des dritten Buches der deutschen Übersetzung (1712) des Werkes von Bion durch J. G. Doppelmayer (1677 – 1750), die spezielle Detailausführungen zum Pantographen darstellt. [1]

Insbesondere diese Form der Pantographen-Literatur zeichnet sich oft durch sehr präzise, mitunter durchaus auch recht anspruchsvolle Erläuterungen des mathematischen Hintergrundes für die besprochenen Geräte aus. Aber dennoch: Diese Beschreibungen sind nicht, zumindest nicht vordergründig, als Lehrmaterial konzipiert. Es wird mathematisch reflektiert, aber nicht in Form einer Lehrschrift.

So kann, wie die angeführten Beispiele punktuell belegen sollten, hinsichtlich der Pantographen-Literatur, die heute noch zugänglich ist, wohl zu Recht eingeschätzt werden, dass mit der Schrift Christoph Scheiners über den Pantographen ein besonderes, ja einzigartiges Zeugnis spezieller Lehrbuch-Literatur erhalten geblieben ist, das sich einem besonderen Zeichengerät widmet. Der Analyse des Scheiner-Buches ist das folgende Kapitel gewidmet.

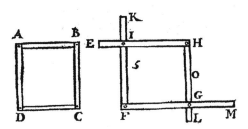
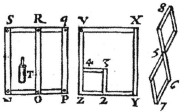

Die Abschnitte VII bis XII des VI. Buches innerhalb des Werkes von Milliet de Chales [8] sind ausschließlich dem parallelogrammum delineatorium *gewidmet. In zum Teil sogar wörtlichem Rückgriff auf Scheiner werden, ausgehend von Bemerkungen zu Konstruktion und Bewegungsweise, die für den Pantographen wesentlichen proportionalen Beziehungen besprochen und seine Anwendungsmöglichkeiten kurz umrissen.*

Darstellung des Sylvesterschen Plagiographen, entnommen dem Katalog mathematischer Modelle und Instrumente *von W. Dyck (1894). [20]*

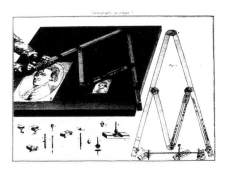

Kupferstich zum Bericht von M. Langlois (1743). [6]

4. Christoph Scheiners Lehrbuch über den Pantographen „Pantographice seu ars delineandi"

Christoph Scheiner nutzte die Zeit neben seiner Lehrtätigkeit auch für mathematische Studien. In Dillingen zeigte er zum ersten Mal sein Talent, mathematische Kenntnisse praktisch zu verwerten. So konstruierte er im Jahre 1603 den Pantographen, auch Storchschnabel genannt. Das Wort kommt aus dem Griechischen und setzt sich aus dem Wort „πᾶν" (= jedes, alles) und dem Wort „γρα'φειν" (= schreiben, malen) zusammen. Es handelt sich hierbei um ein Zeichengerät, mit dem man Bilder in einem beliebigen Maßstab kopieren kann. Das Gerät besteht aus vier Holzleisten, die zu einem Parallelogramm zusammengesetzt sind, das bewegliche Ecken hat. Auf diesem befinden sich drei Stifte, die kollinear angeordnet sind: der Stift des festen Zentrums, der Führungsstift und der Schreibstift. Die beiden Letzteren haben ein festes Abstandsverhältnis, von dem abhängt, ob und wie sehr ein Bild vergrößert oder verkleinert wird.

Scheiner bekam die Anregung zu dieser Erfindung von einem Maler, so berichtet er selbst in der Einleitung seines Pantographen-Buches auf sehr plastische Weise: Er habe, nachdem der Maler ihm davon berichtete, lange nachgedacht, wie solch ein Gerät aussehen könne und schließlich (1603) im Traum die Lösung gefunden. Daraufhin habe er das Gerät mit Hilfe mathematischer Überlegungen nachgebaut und ihm den Namen „Parallelogrammos" gegeben. Heute (aber auch bereits in seinem Buch) wird für dieses Instrument der Name Pantograph verwendet.

Nach der ersten Konstruktion des Pantographen im Jahre 1603 arbeitete Scheiner noch eine gewisse Zeit an Verbesserungen für dieses Gerät. Erst 1631 veröffentlichte er in Rom eine Beschreibung und Konstruktionsanweisung mit dem Titel „Pantographice seu ars delineandi". Die Anekdote über den Maler bzw. über die Idee zur Erfindung des Pantographen eröffnet das Buch und soll wohl das Interesse und die Neugierde des Lesers auf das Gerät wecken, ihn auf die detaillierte Beschäftigung mit dem Instrument einstimmen, zum Lernen ermuntern.

Auf dem Titelblatt des Buches (Abbildung rechts) sind die zwei Möglichkeiten der Nutzung des Pantographen dargestellt[24]. Der Pantograph kann einerseits zum Kopieren von Bildern in der Ebene genutzt werden. Zum anderen ist er aber auch Teil einer Perspektivmaschine, mit der beliebige Gegenstände abgebildet und Bilder auf gekrümmte Flächen projiziert werden können:

Auf dem Titelbild ist ein Putto zu erkennen, der die Maschine zum Vergrößern oder Verkleinern einer gezeichneten Vorlage bedient. Ein anderer projiziert mit Hilfe der Perspektivmaschine die Büsten und Statuen der Ahnherren des Fürsten Paul Sabelli von Albano, dem Scheiner das Werk widmete, auf das Zeichenblatt einer Staffelei.

Beide Funktionsweisen des Pantographen werden in der Schrift in insgesamt zwei Büchern behandelt.

Das erste Buch erläutert die „ebene Zeichenkunst"[25]: Von einem beliebig gegebenen Urbild wird mit Hilfe des Pantographen ein ähnliches Bild erzeugt. Das Buch ist in zwei Teile gegliedert, von denen der erste die praktische Seite behandelt. In sieben Kapiteln wird über die Erfindung, den Begriff, die Definition, die Materialien und den Bau des graphischen Parallelogramms, die Aufgaben und Anordnungen der einzelnen Bauteile und über den Gebrauch und die Wirksamkeit des Parallelogramms berichtet.

Scheiner selbst meint, dass diese Abhandlung auf eine kurze und klare Art und Weise geschehe. De facto legt er die wichtigsten Fakten jeweils kurz und verständlich dar. Allerdings sind seine Erörterungen zu den einzelnen Punkten dann mitunter sehr langatmig und weitschweifig. So ist es typisch für ihn, zunächst die Kernaussage knapp und präzise zu formulieren, und anschließend einzelne Punkte davon gründlich und sehr ausführlich zu erörtern. Dies soll folgendes Beispiel[26] illustrieren:

---

[24] Titelblatt der Ausgabe des Werkes [11] von 1631.
[25] Vgl. dazu das „argumentum" des ersten Buches von [11].
[26] Abschnitt entnommen aus [11], S. 16–18.

Die erste allgemeine Regel für die Konstruktion des „Zeichengerätes" Parallelogramm, des kunstvollen Gebildes

Nimm von den vorbereiteten Holzleisten vier oder mehrere nach Belieben. Durchbohre diese an bestimmten Stellen gemäß eines geeigneten, nach deinem Ermessen gewählten Abstandes in der Mitte der Breite der Einzelnen, um diese mit den für diesen Gebrauch besorgten und in die Löcher eingefügten Nägeln zu einer viereckigen, regelmäßig beweglichen Gestalt zu verbinden. Die Gestalt hat je zwei beliebige Seiten, die einander als gleiche gegenüberliegen, von denen drei durch eine schräg untergelegte Gerade durch drei verschiedene Punkte kenntlich gemacht werden können.

Diese Vorschrift zur Errichtung des beabsichtigten Parallelogramms ist allgemein, aber notwendig und grundlegend. In dieser erscheint nichts unerwähnt, nichts überflüssig. Und weil sie irgendeinem vielleicht schwierig und etwas unverständlich erscheinen mag, erkläre und erhelle ich diese auch an einigen Beispielen.

Ich sage „*dass von den vorbereiteten Holzleisten vier oder mehrere nach Belieben genommen werden müssen*", denn für den Bau einer beliebigen vierseitigen Figur kann man nicht weniger als 4, wohl aber mehr als 4 nehmen. Man muss es aber nicht notwendigerweise, und deshalb wird dies deinem Willen überlassen, ob es dir gefällt 5, 6 oder mehrere kleine Balken zu nehmen.

Ich sage weiterhin, „*dass diese an bestimmten und geeigneten Stellen in einem nach deinem Ermessen gewählten Abstand, in der Mitte der Breite der Einzelnen durchbohrt werden müssen,*" weil es kein bestimmtes Gesetz gibt, das den Künstler auf einen bestimmten Platz oder eine bestimmte Anzahl oder einen bestimmten Abstand der Löcher einschränkt. Solches pflegt den Ungebildeten und Unerfahrenen aufgedrängt zu werden. Diese werden durch festgesetzte und enge Vorschriften gleichsam wie durch angelegte Halfter durch die Enge der Wege und die Rauheit der Pfade gleich Eseln von Eseltreibern so wie blödes Vieh mit dem Zügel gezogen. Wir gestehen die edle Kunst den begabten Menschen zu und wir machen mit einer allgemeinen Lehre die sehr offenen Felder für einen äußerst freien Durchlauf zugänglich. Deshalb schreiben wir nicht eine gewisse Anzahl von Löchern vor, weil in jeder beliebigen Holzleiste zwei Löcher genügen, um eine Seite des Parallelogramms zu errichten. Wir weisen nicht einen bestimmten Abstand zu, weil manchmal ein großer, manchmal ein kleiner gesucht wird, wie es die geeignete Sache und der Gebrauch leicht lehren werden. Wir schränken uns aber durch die Mittellinie der Breite der Holzleiste auf eine bestimmte Lage der Löcher untereinander ein ...

Obendrein zeige ich die Verwendung und die Größe der Löcher, wenn ich sage, „*dass eben diese den vorhin vorbereiteten und einzusetzenden Nägeln dienen müssen*": Ich zeige damit, dass es nötig ist, dass die Größe der Löcher mit der Dicke der Nägel unbedingt übereinstimmt, damit sie nicht, wenn sie sich allzu straff zeigen, die für dieses Hilfsmittel wesentliche Bewegung hemmen, oder wenn sie zu locker sind, die Paralyse als ein verderbliches Übel des Zitterns herbeiführen ...

Ich füge hinzu, *„dass die viereckige, gleichmäßig bewegliche Figur je zwei beliebige einander gegenüberliegende Seiten als gleiche hat"*; um zu zeigen, dass es für die Errichtung des vor Augen gestellten Parallelogramms genug ist, dass die Figur ein Viereck ist und sie die gegenüberliegenden Seiten als gleiche bekommt. Daraus folgt zwangsläufig, dass sich als Gestalt ein Parallelogramm zeigt. Und da zwischen den äußersten Seiten auch dazwischenliegende eingefügt werden können, ist hinzugefügt worden, *„dass beliebige gegenüberliegende Seiten untereinander als gleiche errichtet werden müssen"*. Die äußersten liegen nämlich nicht nur den äußersten gegenüber, sondern auch den mittleren und diese den äußersten. Daher müssen alle einander gleich sein, sonst würde als Hilfsmittel weder ein Parallelogramm noch ein bewegliches entstehen, entgegen der Überlegung unseres Vorhabens. Dieses Wort *„beliebig"* musste aber deshalb hinzugefügt werden, da sich dieser Fall ergibt, sobald vier Holzleisten nicht mehr genügen, sondern vielleicht eine fünfte oder eine sechste notwendigerweise hinzugezogen werden muss, von denen mehrere beliebig frei genommen werden können. Damit der Eifrige bei diesen Begebenheiten nicht irrt, muss er an dieses Verfahren erinnert werden, dass alle Holzleisten, die entlang und nächst der Länge einer einzigen Seite angeordnet sind, notwendigerweise zu eben dieser parallel sein müssen, auch wenn zehn oder hundert angefügt werden müssen.

An den kursiv gedruckten Stellen ist deutlich zu erkennen, wie Scheiner die einzelnen Aussagen der Regel wieder aufgreift und dem Leser auf intensive Art und Weise erläutert. Er versucht, jedes kleinste Missverständnis oder Nichtverstehen dieser wichtigen Regel durch seine genauen Darlegungen auszuräumen.

Darüber hinaus ist bei Scheiner der intensive Gebrauch von Synonymen und Umschreibungen zu beobachten, um bestimmten Aussagen einen stärkeren Nachdruck zu verleihen. Folgendes Beispiel[27] zeigt dieses für den Scheinerschen Schreibstil charakteristische Merkmal:

Das Wort Parallelogramm muss von den Griechen abgeleitet werden. Es bezeichnet im allgemeinen eine beliebige, eine Fläche darstellende Figur, die durch ähnlich parallel liegende Linien beschrieben wird, entsprechend der Etymologie des zusammengesetzten Wortes.

Im zweiten Teil des ersten Buches des Pantographen-Werkes von Scheiner werden die theoretischen Grundlagen dieser „Zeichen-Kunst" betrachtet: Einige (grundlegende) Sachverhalte aus dem ersten Teil werden wieder aufgegriffen und theoretisch erklärt. Dazu werden fünfzehn „Propositiones" und einige „Lemmata" aufgestellt und bewiesen.

Die Art der für Scheiner hierbei typischen Gedankenführung entspricht der noch heute geläufigen Herangehensweise an zu beweisende Problem-

---

[27] Abschnitt entnommen aus [11], S. 7.

stellungen: Ausgehend von einem allgemein formulierten Lemma, wird das Problem zunächst am konkreten Beispiel dargestellt und die Behauptung, die es zu beweisen gilt, formuliert. Anschließend folgt ein mathematisch wohl durchdachter Beweis.

Diese Vorgehensweise Scheiners lässt sich anschaulich an folgendem Beispiel[28] erkennen:

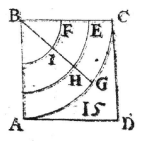

Lemma 1

Wenn eine Seite im graphischen Parallelogramm, die dem festen Zentrum gegenüberliegt, um ihr bewegliches, dennoch nicht bewegtes Zentrum bewegt wird, ist die Bewegung jener Seite kreisförmig und alle auf eben dieser, außerhalb des beweglichen Zentrums zugewiesenen Punkte beschreiben untereinander ähnliche Kreise.

Expositio

Im Parallelogramm ABCD der Abbildung 15 sei A das feste Zentrum, alle übrigen beweglichen Seiten, die dem festen Zentrum gegenüberliegen, seien BC und CD. Eine der gegenüberliegenden Seiten, z.B. BC wird um das bewegliche, aber dennoch in diesem Fall nicht bewegte Zentrum B herum bewegt.

Ich sage, dass die Bewegung der ganzen Seite BC eine kreisförmige sein wird, und dass der Punkt C und alle, die zwischen jenem und B liegen, kreisförmige, untereinander ähnliche Bögen beschreiben werden.

Demonstratio

Wenn nämlich BC eine gerade Linie sei und festgesetzt wird, dass sie um den Punkt B herum bewegt wird, dann wird sie selbst, komme es, wie es wolle, auf der gegebenen Ebene eine kreisförmige Fläche zeichnen. Deren äußerste Linie, vom Punkt C ausgehend, wird als Kreislinie jener Fläche dargestellt, gemäß der Definition des Kreises.

Wenn also dieselbe Linie gerade sei, wird kein Punkt außerhalb dieser seitlich abweichen und alle Bögen, die von den dazwischen liegenden Punkten eben dieser dargestellt werden, werden so ein und denselben Winkel aufspannen, was ich folgendermaßen zeige.

Es seien die Punkte E und F auf der genannten Linie CB dargestellt. Der Punkt C gelangt durch seine Bewegung zu G, der Punkt E zu H und der Punkt F zu I. Weil also alle Geraden, die von dem Zentrum B aus zum Bogen CG verlaufen, gleich der Geraden BG sind, sind eben diese untereinander gleich und die so beschreibbare ganze Fläche von der Linie BC aus um das Zentrum B herum wird ein Kreis sein und der Bogen CG ein kreisförmiger Bogen. Auf dieselbe Weise, weil alle von B zum Bogen EH ausgehenden Geraden eben diesem BE gleichkommen, werden eben diese unter einander gleich sein und aus demselben Grund wird die Fläche HBE ein Teil der kreisförmigen Fläche sein und der Bogen HE ein Abschnitt der Kreislinie. Dasselbe wird in Bezug auf die Fläche FIB und den Bogen FI nachgewiesen. Wenn also die Eigenschaft all dieser Bögen und Flächen der gemeinsame Winkel GBC ist, der von den Geraden GBC, HBE und IBF eingegrenzt wird, ist es offenkundig, dass die genannten Abschnitte CG, EH und FI kreisförmig und untereinander ähnlich und proportional sind. Dies war zu beweisen.

---

[28] Abschnitt entnommen aus [11], S. 41/42.

Augenfällig ist die Einheit von expositio und demonstratio bei diesem Problemlöseprozess. Die Auseinandersetzung mit dem gegebenen Problem ist streng gekoppelt mit dessen mathematischer Modellierung. Höhepunkt der Erörterungen ist schließlich eine konkretisierte mathematische Formulierung des Problems.

Deutlich geht aus den bisher dargelegten Betrachtungen hervor, dass das Scheinersche Buch „Pantographice seu ars delineandi" eine Kombination zwischen einem (theoretischen) Lehrbuch, verbunden mit dem Streben nach mathematischer Exaktheit und Klarheit, einerseits und andererseits einer ganz bewusst anwendungsorientierten, ja einer unmittelbar praktischen Anleitung für die direkte Nutzung bei konkreten Problemen ist.

Diese Art der Beweisführung ist, wie oben schon erwähnt, sehr wohl durchdacht und entspricht Vorgehensweisen, die sich auch heute noch in aktuellen Mathematik(lehr)büchern finden. Deshalb liegt die Frage nahe, ob der für das Scheiner-Buch geschilderte Umgang mit mathematischen Beweisen in lehrbuchhaft aufbereiteten Werken bereits charakteristisch für die Zeit des Barocks war, oder ob uns hier ein späteren Auffassungen vorgreifendes Spezifikum des Universitätslehrers Christoph Scheiner begegnet.

Zu einer ersten, wenn auch demgemäß vorläufigen und eingeschränkt zu wertenden Antwort auf diese Frage soll hier ein anderes Lehrbuch der Scheiner-Zeit diesbezüglich untersucht werden. Das Umfeld der Jesuiten verlassend, soll hierzu das Lehrbuch zur Kriegsmathematik des Wittenberger Mathematikers Ambrosius Rhodius herangezogen werden.

Ambrosius Rhodius wurde am 18.8.1577 in Kemberg in Sachsen geboren. Er immatrikulierte sich im Wintersemester 1595/96 an der Wittenberger Universität und studierte Mathematik. Nach einiger Zeit verließ er jedoch Wittenberg und ging nach Prag. Dort pflegte er Kontakte mit dem berühmten Astronomen Tycho Brahe (1546 (Knudstrup) – 1601 (Benátky)). Nach seinem Aufenthalt bei Brahe kehrte er nach Wittenberg zurück und übernahm an der dortigen Universität eine außerordentliche Professur und schließlich die ordentliche Professur für die niedere Mathematik. 1611 erhielt er den Lehrstuhl für höhere Mathematik. Er wirkte dort bis zu seinem Tod am 26.8.1633.

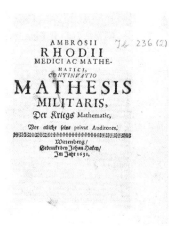

Deckblatt zur Kriegsmathematik [10]

Neben den Pflichtkollegien über die Grundlehren der höheren Mathematik und Astronomie las er teils privat, teils öffentlich über Mechanik, Statistik, Projektionslehre und Architektur. Er gab verschiedene Fachschriften heraus, so z.B. ein Werk über die Kriegsmathematik im Jahre 1630/31 [10].

Dieses Buch Rhodius' zur Kriegsmathematik soll nun zum Vergleich mit dem Scheinerschen Lehrbuchstil herangezogen werden.

Das Werk des Ambrosius Rhodius [10] gliedert sich in zwei Bücher und widmet sich allen Gebieten, die für das damalige Kriegswesen von Bedeutung waren.

Im ersten Buch werden sechs Themenkreise behandelt, die durch einen Diskurs über das Kriegswesen eingeleitet werden:

    1. Arithmeticae – Kriegs – Exempla
    2. Geometriae Definitiones
    3. Von der Fortification Oder Erbawung der Festungen
    4. Von Geometrischer Büchsmeisterey
    5. Von Ordnung des Kriegsvolcks
    6. Von Feldlagern

In den ersten beiden Schwerpunkten werden geometrische und arithmetische Grundlagen bereitgestellt. So finden sich beispielsweise Anwendungen zum Nummerieren, Addieren, Subtrahieren, Multiplizieren, Dividieren und über den Gebrauch verschiedener, für die damalige Kriegsführung relevanter Rechenregeln, z.B. der Regel detri, aber auch einfache Konstruktionsbeschreibungen und Angaben zur Flächenberechnung, zum Feldmessen und zur perspektivischen Darstellung, wobei stets auf Euklid verwiesen wird. Die übrigen vier Themen beschäftigen sich mit speziellen Sachverhalten aus dem Kriegswesen, bei denen der Versuch unternommen wird, diese mathematisch zu erklären. Zwei Beispiele hierfür:

– Propositio VIII: Eine gleich schwere Kugel ist im Anfang ihres gewaltsamen Triebs schneller/und zu Ende langsamer (aus dem Gebiet „Von Geometrischer Büchsenmeisterey")
– Propositio V: Eine Ordnung in eine Rautengestalt bringen (aus dem Gebiet „Von Ordnung des Kriegsvolcks")

Im zweiten Buch werden weitere sechs Themen behandelt:
    1. Astronomia oder Usus Globi Coelestis
    2. Gnomonica. Von den Sonnenuhren

3. Chronologica
4. Geographia oder Usus Globi Terrestris
5. Mechanica
6. Von dem Zaumzwang der Pferde

Sie weisen alle einen Bezug zum Kriegswesen auf, andererseits stellen einige von ihnen auch Teilgebiete der Mathematik zur damaligen Zeit dar wie z.B. die Astronomie und die Gnomonik.

Der Vergleich zwischen Scheiners Auseinandersetzung mit mathematischen Sachverhalten und Rhodius' Darlegungen kann insofern direkt geführt werden, als beide sich in Form von Propositions mit mathematischen Vermutungen und deren Beweis beschäftigen, wobei in beiden Fällen sowohl von einer angepassten, dem damaligen Stand entsprechenden Symbolsprache als auch von den Möglichkeiten einer Erläuterung, Ergänzung und Abrundung durch Abbildungen Gebrauch gemacht wird.

Im einzelnen stellt sich dies wie folgt dar: Bei Rhodius werden in Form von Propositionen verschiedene mathematische oder angewandte Sachverhalte aufgegriffen, möglichst umfassend und deutlich formuliert und anschließend mathematisch erklärt bzw. bewiesen.

Hinsichtlich der Beweisführung zeigt sich allerdings ein markanter Unterschied zur oben skizzierten für Scheiner typischen Darstellungsweise. Dies soll folgendes Beispiel[29] verdeutlichen:

PROPOS III.
Die lengere Capitel zwingen mehr/als die kürtzeren.

Solches wird abermal in diesen schemate erwiesen/ darinnen AB das lengere/vñ AC das kürtzere Capitel ist/weñ nun der Zügel das Ringelein von D biß zu E verrücket/machet des langen Capitels Auge B den grössern arcum BE, deß kürtzern aber C den kleinern CG. Den

M iij

wie

wie AC zu AB, also ist CG zu BF. Weil demnach die Zwangkette nach den grössern bogen BF verrücket vmb so viel mehr nach dem Kin erhaben wird/ vnd aber auch die Kinbacken von den Mundstück härter gedrücket/als nach den kleinern Bogen CG/ so wird gewiß/daß die lengere Capitel mehr zwenaen als die kürtzeren.

---
[29] Abschnitt entnommen aus [10], Buch 2.

Wie dieser Ausschnitt zeigt, wird die Proposition durch Rhodius klar und prägnant formuliert. Anders als Scheiner aber beginnt nun sofort die Argumentation, die Rhodius als seine Beweisüberlegungen vorstellt. Die bei Scheiner so deutlich hervortretende Einheit von expositio und demonstratio beim Problemlöseprozess ist hier nirgends zu erkennen. Unterstützt durch eine Skizze, versucht Rhodius, das Problem mathematisch zu beschreiben, ohne aber die zu beweisende Behauptung auf diese Art klar und exakt zu formulieren. Unmittelbar anschließend werden allgemeine Schlüsse aus dieser Problembeschreibung gezogen, die in den Augen Rhodius' den Beweis für die Proposition erbringen sollen, ohne jedoch zu mathematischer Strenge und vollständiger Darlegung der Schlusskette vorzudringen.

Was an diesem einen Beispiel aus Rhodius' Werk besprochen wurde, erweist sich beim Studium der anderen Propositionen als für sein gesamtes Lehrbuch charakteristisch. So darf wohl eingeschätzt werden, dass die Darstellung bei Rhodius weniger ausgefeilt oder streng durchgearbeitet und dem prinzipiellen Vorgehen bei einem logisch exakten Beweis nicht adäquat erscheint. Dies lässt gerade für ein Universitätslehrbuch gewisse Wünsche, wenn nicht gar Ansprüche offen. Vielleicht bezweckte Rhodius mit seinem Buch aber auch gar nicht, ein logisch streng durchgearbeitetes und mathematisch exaktes, abgerundetes Lehrwerk zu geben, sondern wollte nur einen allgemeinen Ein- und/oder Überblick in die behandelte Thematik vermitteln.

Auf der Basis dieses, wenn auch singulären und deshalb notwendigerweise beschränkt verallgemeinerbaren Beispiels lässt sich mit aller gebotenen Vorsicht wohl die Leistung Scheiners in besonderem Licht sehen. Die methodische Aufbereitung und konzeptionelle Klarheit und Strenge der Scheinerschen Ausarbeitungen von Beweisführungen darf wohl als bemerkenswert und zukunftsweisend für den Bereich der mathematischen Lehrbuchliteratur des 17. Jahrhunderts gewertet werden.

Das zweite Buch[30] innerhalb des Werkes „Pantographice seu ars delineandi" von Christoph Scheiner beschäftigt sich mit einer noch feinsinnigeren Kunst, nämlich der perspektivischen bzw. räumlichen Zeichenkunst. Beliebige sichtbare Dinge werden dabei auf die Ebene projiziert. Dafür wird der Pantograph als Teil einer Perspektivmaschine genutzt. Auf diese Weise können Bilder auch auf nicht ebene, unregelmäßige Flächen übertragen werden.

Hinter dem Wort Perspektivmaschine[31] verbirgt sich ein Sammelbegriff für Geräte zum Erzeugen perspektivischer Ansichten. Mit der Herausbildung

---

[30] Vgl. dazu das „summarium" des zweiten Buches von [11].
[31] Vgl. dazu [37], S. 33ff.

der Fähigkeit, Perspektiven (perspektivische Ansichten) in der Malerei darzustellen, wurden im Zeitalter der Renaissance und des Barocks auch so genannte Perspektivmaschinen entwickelt, mit deren Hilfe derartige perspektivische Darstellungen leicht(er), weil auf (rein) mechanischem Wege erzeugt, in Zeichnungen oder Gemälde eingefügt werden konnten.

Seit etwa 1430 wurden in Italien Experimente durchgeführt, um die Wirklichkeit, also die reale Welt, mit Hilfe mechanischer Geräte abzubilden. Am Anfang waren die Maschinen sehr einfach, doch schnell wurden die Konstruktionen komplizierter und ausgereifter. Durch die Erfindung des Buchdrucks existierten bald zahlreiche Abhandlungen über die Entwicklung von Perspektivmaschinen, was wiederum zu ihrer Verbreitung, zum Nachbau und zur Verfeinerung anregte.

Scheiners äußerst gelungene Perspektivmaschine, von dem der Pantograph ein wesentlicher Bestandteil ist, stellte einen gewissen Höhepunkt der theoretischen Entwicklung dieses Themas dar.

In seinem zweiten Buch des Werkes „Pantographice seu ars delineandi" zeigte Scheiner einzelne Schwerpunkte seiner Überlegungen zu dieser Kunst auf, unter direkter Reflexion über Funktion und Bedeutung des Pantographen dabei. Er gliederte das Buch in acht „Propositiones", auf die er jeweils näher eingeht. So beschäftigte er sich u.a. damit, dass bei der räumlichen Zeichenkunst mit Hilfe des Pantographen das sichtbare Urbild nicht mit dem Führungsstift verbunden sein darf. An anderer Stelle geht er beispielsweise auf das Material, die Gestalt und die Stellung des Führungsstiftes des Pantographen beim räumlichen Kopieren genauer ein.

Zusammenfassend darf wohl zu recht gesagt werden, dass das Scheinersche Buch „Pantographice seu ars delineandi" ein herausragendes Beispiel barocker mathematisch-angewandter Lehrbuchliteratur darstellt. Die Kombination zwischen einem Lehrbuch, verbunden mit dem Streben nach mathematischer Exaktheit, einerseits und einer ganz bewusst anwendungsorientierten, ja einer unmittelbar praktischen Anleitung für die direkte Nutzung bei konkreten Problemen andererseits zeichnet das Werk aus – ähnlich, wie in so manchen anderen Schriften jener Zeit (stellvertretend sei hier noch einmal an das erwähnte Lehrbuch von Ambrosius Rhodius erinnert). Dennoch ist es Scheiner in ganz besonderem, historisch gesehen herausragendem Maße gelungen, diesem seinem Anliegen, dieser Zielstellung, wenn auch insbesondere in den praktisch orientierten Abschnitten (zeittypisch) redundant, mit mathematischer Exaktheit und bemerkenswertem, konsequent genutzten methodischen Konzept nachzukommen.

5. Das Latein-Mathematik-Projekt „Der Pantograph des Universalgelehrten Christoph Scheiner" am Georg-Cantor-Gymnasium in Halle: eine Möglichkeit zur Bereicherung des Mathematikunterrichts durch die Einbeziehung von Mathematikgeschichte

Sind jahrhundertealte mathematische Originaltexte geeignet, um von Schülerinnen und Schülern gelesen, ja untersucht und bearbeitet zu werden? Bedenken (insbesondere angesichts der anhaltenden Erörterungen über mangelnde Lesekompetenzen unserer Schülerinnen und Schüler) scheinen begründet und damit verbundene Schwierigkeiten vielleicht sogar unüberwindbar zu sein. Dennoch: Wie die folgenden Ausführungen zeigen werden, kann ein derartiges Unterfangen sehr erfolgreich und für alle Beteiligten, d.h. sowohl für Schülerinnen und Schüler als auch für Lehrerinnen und Lehrer, interessant, anspornend und lehrreich sein.

Aus vielen aktuellen Diskussionen rund um die Vermittlung von Mathematik im Unterricht spricht das Bewusstsein, dass es an der Zeit, ja mehr noch: zwingend notwendig ist, im Mathematikunterricht über die rein fachlichen Gesichtspunkte der Mathematik hinauszuschauen und Mathematik in ihrem Gesamtzusammenhang zu betrachten.

Schon seit einigen Jahren sind Bestrebungen zu erkennen, den Mathematikunterricht lebendiger und realitätsnaher zu gestalten: „Unsere Aufgabe im Mathematikunterricht ist es, ein möglichst vollständiges Bild von der Entstehung und der Verwendung von Mathematik zu vermitteln- und das bedeutet zwangsläufig, die Beschränkung auf die rein fachliche Sicht aufzugeben und auch die Rolle der Mathematik kritisch zu beleuchten und persönlich Stellung zu beziehen" (W. Herget, Tagung der GDM 1995).

Oft mag dies aber aus Zeitgründen im Mathematikunterricht nicht hinreichend realisiert werden können. In diesen Fällen bieten sich ergänzend zum Unterricht Workshops, Arbeitsgemeinschaften oder Projekte an.

Die langjährige Zusammenarbeit des Georg-Cantor-Gymnasiums in Halle (Saale) mit dem Fachbereich Mathematik und Informatik der Universität Halle-Wittenberg sowie die beiderseitige Aufgeschlossenheit gegenüber neuen Formen der Zusammenarbeit bildeten eine gute Basis für ein besonderes, aus dem „üblichen" Rahmen der gemeinschaftlichen Arbeit herausfallendes Projekt. Angeregt durch Ideen der Lateinlehrerin des Gymnasiums für einen interessanteren und lebendigeren Lateinunterricht, aber auch durch das im Fachbereich Mathematik und Informatik der Universität Halle-Wittenberg laufende Forschungsprojekt zu Christoph Scheiner und seinem Werk „Pantographice seu ars delineandi" [11], kristallisierte sich 2003 das Projekt „Der Pantograph des Universalgelehrten Christoph Scheiner" für Schülerinnen und

Schüler des Latein-Kurses des Georg-Cantor-Gymnasiums Halle, getragen durch das Gymnasium und die Universität, heraus, über das im Folgenden berichtet werden soll.

Warum gerade der Scheinersche Pantograph?

Der Pantograph oder auch Storchschnabel ist auch heute noch vielen Menschen ein Begriff, oft findet er sich als Spielzeug. Die Beschäftigung mit dem Pantographen im Mathematikunterricht hat somit einen natürlichen Bezug zum Lebensumfeld der Schülerinnen und Schüler, aber auch der Lehrerinnen und Lehrer. Die unreflektierte, spielerische Nutzung des Gerätes bietet einen guten Ansatzpunkt, um zum mathematischen Hintergrund des Instruments zu gelangen. In der Jahrgangsstufe 9 sind mit der Behandlung der Ähnlichkeitstransformation die Voraussetzungen dafür gegeben. Einige Schulbücher haben den Pantographen sogar in ihre Inhalte aufgenommen. Exemplarisch sei hierfür auf folgende Aufgaben verwiesen:

Aufgabenbeispiel 1[32]*:*

Der Storchschnabel als zentrischer Strecker

Das Gerät im Bild heißt Storchschnabel (oder Pantograph).

Mit seiner Hilfe kann man zu einer Figur die Bildfigur bei einer zentrischen Streckung zeichnen. Der Streckungsfaktor lässt sich einstellen.

Das folgende Bild zeigt den prinzipiellen Aufbau eines Pantographen.

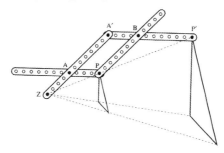

Die beiden Latten $\overline{ZA'}$ und $\overline{A'P'}$ sind gleich lang. Beim Zusammenbau muss

---

[32] Vgl. dazu Mathematik heute 9 [41], S. 153.

weiter darauf geachtet werden, dass gilt: $\overline{AP}=\overline{A'B}=\overline{AZ}$ sowie $\overline{AA'}=\overline{BP}$. Es soll nun untersucht werden, warum man mit diesem Gerät zentrische Streckungen durchführen kann.

a) Begründe: Der Bildpunkt P' liegt auf der Geraden ZP.
   Anleitung: Betrachte die Dreiecke ZPA und $ZP'A'$.
b) Beweise, dass in jeder Stellung des Pantographen $\overline{ZP'}=k*\overline{ZP}$ gilt. Bestimme den Streckungsfaktor der in der Abbildung dargestellten Einstellung.
c) Welche Streckungsfaktoren lassen sich einstellen, wenn man die Latten an anderen Stellen verbindet?
d) Wie kann man mit diesem Gerät Verkleinerungen herstellen?

Aufgabenbeispiel 2[33]:

Figur 1 zeigt ein Gerät („Storchschnabel" oder „Pantograph", erstmals beschrieben 1603), mit dem man Zeichnungen vergrößern oder verkleinern kann.

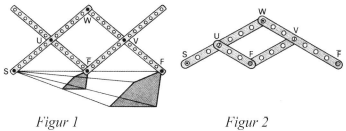

Figur 1   *Figur 2*

Der Punkt S ist fest, der Fahrstift F befindet sich auf dem abzubildenden Punkt, der Zeichenstift $\overline{F}$ markiert den Bildpunkt. In $U, V, W, \overline{F}$ befinden sich Gelenke.

a) Warum liegen $S, \overline{F}, F$ auf einer Geraden? Warum ist das Verhältnis $\overline{SF}:\overline{S\overline{F}}$ für alle Punkte F gleich? Wie ändern sich Streckenlängen (Winkelweiten, Flächeninhalte) beim Verkleinern mit dem Gerät in Figur 1?
b) Mit welchem Streckfaktor k arbeitet der Storchschnabel in Figur 2? Wie lässt sich k durch Versetzen der Schrauben in U und V ändern? Gib die möglichen Streckfaktoren auf eine Dezimale an. Stelle ein Modell eines solchen Gerätes her.

---

[33] vgl. dazu Lambacher Schweizer 9 [42], S. 191.

Allerdings sind diese Schulbuch-Darstellungen in der Regel vom geschichtlichen Kontext losgelöst oder nur mit sehr knappen Hinweisen versehen. Für die Lehrerin/den Lehrer eröffnet sich aber in diesem Zusammenhang die Möglichkeit, durch einen Blick auf den Pantographen als historisches Zeichengerät, Mathematik für die Schülerinnen und Schüler als lebendigen Bestandteil kultureller Entwicklung *erlebbar* werden zu lassen. Die Auseinandersetzung mit barocker Wissenschaft, hier ganz konkret und damit zugänglich, ja greifbar an die Erfindung eines Zeichengerätes gebunden, findet im Geschichtsunterricht oft wohl nur geringen Raum. Die Arbeit am und mit dem Pantographen liefert eine Möglichkeit, den Mathematik- ebenso wie den Geschichtsunterricht zu bereichern und lebendig werden zu lassen.

Das methodisch durchdachte und zugänglich aufgebaute Lehrbuch von Christoph Scheiner über Bau, Funktionsweise und mathematischen Hintergrund des Pantographen scheint für eine dergestaltige Bereicherung von Mathematik- und Geschichtsunterricht, ergänzend zum praktischen Umgang mit einem Pantographen, besonders geeignet. Eine direkte Einbeziehung der Originalschrift Scheiners „Pantographice seu ars delineandi" in den Unterricht bietet sich in diesem Kontext geradezu an.

Eine gewisse Schwierigkeit für die unmittelbare Nutzung des Scheiner-Buches besteht allerdings in der Tatsache, dass die Schrift in mittelalterlichem Latein verfasst ist. Die Verbindung mit dem Lateinunterricht hilft diese Schwierigkeit zu beheben. Der lehrbuchhafte, (barock-) schülergemäße Stil Scheiners ermöglicht auch Latein-Anfängerinnen und -Anfängern einen erfolgreichen Zugang.

Bereits durch die Übersetzung kurzer Abschnitte können interessante und wichtige Informationen für Mathematik- und Geschichtsunterricht bereitgestellt werden. Mit nur geringer Aufbereitung des Originaltextes durch die lateinische Lehrkraft können den Schülerinnen und Schülern Arbeitsblätter zur Verfügung gestellt werden, die auch für Lernende, die sich noch in der lateinischen Lehrbuchphase befinden, geeignet sind. Hier drei Beispiele für derartige Arbeitsblätter.

Beispiel 1:

Einen interessanten und motivierenden Einstieg in die Thematik um Christoph Scheiner und seinen Pantograph bietet die Anekdote über die Erfindung des Zeichengeräts.

Ein direkter Vergleich des Originaltextes (auf der folgenden Seite) mit dem Arbeitsblatt (auf Seite 182) zeigt die Möglichkeit und zugleich die konkrete Realisierung, einige originale Textstellen herauszugreifen und in das Arbeitsblatt einzufügen, um den Schülerinnen und Schülern, begleitet durch gezielte Vokabelhilfen, ein Bild von der damaligen Sprache zu vermitteln. Die sorgsame Auswahl der Textpassagen ermöglicht es, die Fülle der von Scheiner in dieser Anekdote gegebenen Informationen so zu begrenzen, dass sie für die Lernenden interessant und überschaubar bleiben und auf weitere Arbeit mit dem Text Lust machen.

ANNO labentis seculi millesimo sexcentesimo tertio, Dilingæ in Academia Sueuicæ Nationis celeberrima humaniorem litteraturam ordinarie, Mathesin vero extraordinarie professus, magnam cum quodam excellenti pictore, Georgio contracto atque vsu pedum priuato, familiaritatem iniui, à quo nonnulla artium, & naturæ secreta didici, vicissimq. & meorum aliqua ipsi communicaui. Cum autem diceret se callere mirabile quoddam, res quascunq. delineandi compendium, idq. praxi facillima, certissima, citissima; & tali quidem modo, vt qui aliquid ex aliquo prototypo designat, id totum peragat solo ipsius prototypi intuitu, neque vnquam aspiciat id quod describit simulacrum, sed visu in solo exemplari fixus hæreat, neque tamen in designando vel hilum exerret: amplius se in imaginis cuiusuis depingendæ, descriptione ita certum futurum, vt à loco effigiationis pedum, repente transiturus sit ad conformationem nasi; & hoc relicto transuolaturus ad efformandas manus,& hisce missis delineaturum oculos aut partem quamlibet aliam; edq. omnia se effecturum vel maiora, vel minora, vel æqualia semper tamen simillima prototypo, quod solum, & vnicum velit aspicere, nunquam intueri id quod facit, tametsi ostendere velit partem quamuis non visam à se, imaginis à se factæ neque tamen vnquam visæ : cum inquam hæc, & hisce affinia multa narraret, ego incredibili artis huiusce addiscendæ incensus ardore, rogaui hominem vti me illius participem faceret, promptus è vicissim illi similibus, & æquiualentibus pandendis secretis, cuiusmodi pro arte pingendi inuenta non vulgaria recensebam, beneficium præstitum compensare. Respondit se artem illam tanti æstimare, vt illi æquiparandam neque extare, neque excogitari quidem vllo modo posse crederet aliam; nimirum non humanum sed diuinum Inuentum esse; quod non studio humano, sed genio cælesti orbi illatum, & mortalibus patefactum arbitraretur: proinde non inducere in animum suum eiusmodi secretum cum alijs quibuscunq. tandem permutare.

Artis ignoratæ mirifica laus, illius perdiscendi desiderium in auctore suscitauit.

Institi vt saltem coram me specimen ipsius ederet, transformando aliquam imaginem. respondit idem esse hanc artem exercere inspectante quopiam atque docere; neque enim fieri posse, vt eius praxin aspicias, & imitandi peritiam non addiscas. quibus vltra quam credi possit obstupefactus, serio exquiro, fabulasne an verum, hyperbolas an nudam rem proferret? subiecit, se minus edicere, quam subsit in re subiecta veritatis. Vnde ego admirationis amplius plenus, denuo sciscitatus sum, si solo aspectu exemplaris artifex dirigitur, quomodo penicillum aut calamum descriptorium sine errore ducit? respondit, rem ita constitutam esse, vt infallibiliter & quasi sponte fiat, nec nisi data opera errari posse. Quæsiui an lineis ducendis, vel instrumento aliquo materiali negotium hoc peragerétur? Hic cæpit palpitare, tergiuersari, & ambages sectari, neque vnquam ad propositam quæstionem limpidum dare responsum; sed obscuris rem per se latentem & lubricam tegere inuolucris; id vnicum edixit: rem totam beneficio circini ex centro aliquo fixo atque stabili absolui. Rogaui vt circinum illum mihi monstraret; negauit & hoc, eo quod illo viso in artis notitiam facile deueniretur. Tandem igitur vt sub sigillo secreti, & data silentij fide humana mysterium mihi panderet, etiam atque etiam institi; pollicitus se inscio aut inuito nemini me propalaturum: rotundè negauit omnia. Viso itaq. me surdo concionari; mutaui stylum; confidere me, rem cum bono Deo repertutum, & alijs quibuslibet repertam illo nec quidquam ringente pro arbitrio meo suo tempore communicaturum.

Videre praxin huius artis, est addiscere.

 *De inventione mira*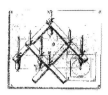

Anno millesimo sescentesimo tertio Dilingae magnam cum excellenti pictore Georgio amicitiam inivi. Dixit se scire mirabile res delineandi compendium[1] idque praxi facillima et tali modo:

„Qui aliquid ex aliquo prototypo designat[2], id totum peragit solo prototypi intuitu[3]."

Praeterea dixit se in prototypi descriptione ita certum futurum esse, ut a loco pedum repente[4] transiturus sit ad conformationem[5] nasi. Se ea omnia vel maiora vel minora vel aequalia semper tamen simillima prototypo effecturum esse. Artis addiscendae ardore incensus rogavi hominem, ut me illius participem[6] faceret. Respondit se in animum non inducere[7] suum secretum[8] cum aliis permutare. Id unicum dixit: rem totam beneficio circini[9] ex centro aliquo fixo[10] absolvi. Confisus sum[11] me rem cum bono deo reperturum esse.

[1] compendium – Weg
[2] designare – abzeichnen
[3] intuitus – Anblick
[4] repente – plötzlich
[5] conformatio – Gestaltung
[6] particeps – beteiligt, Teilhaber
[7] in animun inducere – vorhaben
[8] secretum – Geheimnis
[9] beneficio circini – mit Hilfe eines Zirkels
[10] fixus – fest
[11] confidere – vertrauen

Beispiel 2:

Um einen Einblick in die Scheinersche Konstruktionsweise zu vermitteln, wurden hierfür wesentliche Passagen aus dem Originaltext ausgewählt, zusammengestellt und mit Vokabelhilfen versehen. Die wichtigsten Baumaterialien und ihre jeweiligen Aufgaben innerhalb des Pantographen werden in Scheiners Weise vorgestellt. Die Fragen im unteren Teil des Arbeitsblattes rücken das *Verstehen* des lateinischen Textes in den Vordergrund. Verstehendes

Auseinandersetzen mit dem Text (nicht vordergründig die Übersetzung Wort für Wort) führt dazu, die Ausführungen Scheiners nicht „nur" als Übungstext, sondern als Informationsquelle zu erkennen und zu erschließen.

De compositione Pantographices

Definitio:

Parallelogrammum lineare est instrumentum, artificiosum[1], Mathematicum, quadrangulum, ex rectis lineis, binis[2] quibusque oppositis[3] semper inter sese aequalibus apte[4] compositum, ad rem visam delineando infallibiter[5] imitandam, inque data proportione transformandam.

Materia:

Paranda sunt ex ligno vel osse aut orichalco[6] tigilla parallelepipeda. Habendi sunt tres styli. Unus pro Centro fixo, alter pro Index, tertius pro Calamo. Clavi in omnem eventum decem vel duodecim et quattuor fulcra procurandi[7] sunt.

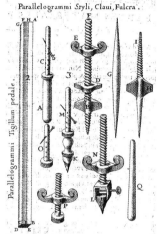

Officia:

Tigilla parallelepipeda clavos veluti[8] essentiales Prallelogrammi terminos tenent. Toti instrumento apte composito figuram Parallelogrammi dant. Stylo centri fixi, Indicis, Calami loca dant, locisque infixos eosdem stylos firmiter tenent. Clavorum munus est, debitis[9] locis colligare[10] tigilla, et centrorum mobilium partes agere[11]. Fulcrorum officium est, Parallelo grammum in situ[12] aequabili super subiectam[13] tabulam planam sustinere.

[1] artificiosus – künstlich
[2] bini – je zwei
[3] opponere – gegenüberliegen
[4] apte – geeignet
[5] infallibiter – unfehlbar
[6] orichalcus – Messing
[7] procurare – bereitstellen
[8] veluti – gleichsam
[9] debitus – bestimmt

¹⁰ colligare – verbinden
¹¹ partes agere – eine Rolle spielen
¹² situs – Lage
¹³ subicere – unterlegen

Aufgaben:

1. Beschreibe die Eigenschaften des Pantographen!
2. Erinnert euch etwas an bereits bekannte Dinge in der Mathematik?
3. Nenne die für den Bau nötigen Materialien!
4. Beschreibe die Aufgaben der kleinen Holzleisten!
5. Welches Teil ist für die Lage des Pantographen von Bedeutung?

Um Schülerinnen und Schülern gerade in den Anfangsstadien ihrer Beschäftigung mit den lateinischen Texten (im vorliegenden Fall waren dies Schülerinnen und Schüler im zweiten Jahr ihres Lateinkurses) die Scheu vor der Beschäftigung mit bzw. dem Übersetzen von schwierig anmutender Originallektüre zu nehmen oder ihnen über Schwierigkeiten hinweg zu helfen, bietet es sich an, ergänzend zu dem lateinischen Text als Übersetzungshilfe einen deutschen Lückentext vorzulegen, der einen „Leitfaden" durch den Text anbietet.

Die Nutzung dieser Hilfe war freigestellt und wurde interessanterweise vorrangig als eine Art Kontrolle oder Rückversicherung verwendet. Der Reiz, sich zunächst ohne Hilfe an dem Text, der zudem durch eine Abbildung untermauert (veranschaulicht) war, selbst zu versuchen, überwog. Erst im zweiten Schritt suchten einige der Schülerinnen und Schüler nach einer Bestätigung durch die Übersetzungshilfe.

Übersetzungshilfe:

Das lineare Parallelogramm ist ein ....,
ein ...., das .... mit je zwei gegenüberliegenden, immer untereinander gleichen Linien passend zusammengesetzt ist, um ....
.... nachzuahmen, und um ....
....
....

„Leisten-Parallelepipeda" müssen ....
hergestellt werden.

Man muss drei Stifte haben. ....
....
....

Bei dem ganzen Ereignis müssen ....
bereitgestellt werden.

Die .... halten die Nägel gleichsam als die ....
.... fest. Sie geben dem ....
.... Hilfsmittel ....
....

Dem Stift ...., und halten
.... an ihren Plätzen fest.

Aufgabe der Nägel ist es, ...
....
....
.............................., dass Parallelogramm ....
über einem untergelegten ebenen Brett zu halten.

Beispiel 3:

Mit der Auseinandersetzung mit den drei Regeln, die Scheiner in seinem Werk für den Pantographenbau formuliert, werden den Schülerinnen und Schülern die wichtigsten Kernaussagen bzgl. des Pantographen vor Augen gestellt. Sind die Regeln verstanden, kann an den (Nach-)Bau eines eigenen Pantographen gegangen werden!

Regula prima:

Assume ex praeparatis, quattuor aut plura tigilla et ea in certis locis ad opportunam[14] distantiam arbitratu[15] tuo selectam ita perterebra[16] in media singulorum latitudine, ut ea clavis in figuram quadrangularem constanter mobilem coniungas.

Regula secunda:

Centrum fixum, Index, Calamus debent per tria tigilla secundum[17] rectam lineam esse disposita[18].

Regula tertia:

Si centrum fixum occupabit medium inter Indicem et Calamum locum, ut ab utroque[19] aequaliter absit, Imago semper fiet aequalis prototypo.
  Si Index statuetur medio loco inter Cenrum fixum et Calamum, Imago fiet semper maior prototypo.
  Si Calamus inter stylum Centri fixi et Indicem versabitur[20], Imago semper fiet minor prototypo.

Vokabeln:

[14] opportunus – geeignet
[15] arbitratu – nach Ermessen
[16] perterebrare – durchbohren
[17] secundum + Akk. – gemäß
[18] disponere – verteilen
[19] uterque – jeder von beiden
[20] versari – sich befinden

Übersetzung:

1. Regel:

Nimm von den vorbereiteten Holzleisten vier oder mehrere. Durchbohre diese an bestimmten Stellen gemäß eines geeigneten, nach deinem Ermessen gewählten Abstandes so in der Mitte der Breiten der einzelnen Holzleisten, um diese mit Nägeln zu einer viereckigen regelmäßig beweglichen Gestalt zu verbinden.

Arbeitsauftrag:

Übersetze die restlichen zwei Regeln!

Baue – entsprechend den Scheinerschen Regeln – einen Pantographen.

Ein besonderer Vorteil bei der Auseinandersetzung mit dem Pantographentext besteht insbesondere darin, dass die Lernenden sich auch praktisch mit dem Thema auseinandersetzen können. Zum einen bietet sich die Nutzung vorhandener Spielzeugpantographen an und zum anderen sind sowohl der Nachbau des Scheinerschen Pantographen als auch der Bau eines „modernen" Pantographen zu empfehlen. Gerade bei letzterem Vorgehen eröffnet sich die Möglichkeit der Zusammenarbeit mit der Technik- resp. Kunstlehrerin / dem Technik- resp. Kunstlehrer.

Die Umsetzung des Projekts mit Schülerinnen und Schülern des Georg-Cantor-Gymnasiums in Halle

Ausgehend von der Idee, den Schülerinnen und Schülern einen Einblick in die barocke Wissenschaftsgeschichte am Beispiel von Christoph Scheiner und seinem Pantographen zu ermöglichen, ergab sich die Notwendigkeit, verschiedene Lehrbereiche (Mathematik, Latein, Kunsterziehung, Geschichte) miteinander zu verbinden. Dadurch war eine beträchtliche Breite des zu behandelnden Stoffes von vornherein vorgegeben, ebenso die Zusammenarbeit unterschiedlicher Fachlehrkräfte, was sich für alle Beteiligten in keiner Weise als Belastung, sondern im Gegenteil als interessante und bereichernde Erfahrung herausstellte. Die Ansiedlung der Projektarbeit im außerunterrichtlichen Bereich mag hierzu beigetragen haben.

Wegen der inhaltlichen Vielschichtigkeit des Projektes war eine Auseinandersetzung mit dem Thema im Rahmen des Schulunterrichts von vornherein kaum möglich, so dass die Arbeitsform einer wöchentlichen Arbeitsgemeinschaft gewählt wurde. Als Alternative hätten sich auch Projekttage angeboten, wodurch eine kompakte, aber zugleich eben auch relativ kurzzeitige Auseinandersetzung mit der Thematik möglich geworden wäre. Die Entscheidung fiel auf die Beschäftigung mit der Scheiner-Thematik in Form einer Arbeitsgemeinschaft, um – aufbauend auf einer bereits bestehenden Latein-Arbeitsgemeinschaft – Erfahrungen in der Behandlung einer anspruchsvollen historischen Problematik durch Schülerinnen und Schüler unterschiedlicher Jahrgangsstufen *über einen längeren Zeitraum* (hier den Zeitraum eines Schuljahres) sammeln zu können. Es stellte sich im Laufe der Arbeit heraus, dass die Schülerinnen und Schüler, angespornt durch den anspruchsvollen Gehalt der zu untersuchenden Fragestellungen, sehr wohl in der Lage waren, den Spannungsbogen über das Schuljahr hinweg zu halten und über den gesamten Zeitraum mit Eifer und Ideenreichtum bei der Sache zu sein. Ein entscheidender Grund hierfür ist sicherlich in der Tatsache zu sehen, dass die Schülerinnen und Schüler von dem Angebot verantwortlicher und kreativer Teilnahme am Scheiner-Latein-Projekt durchgängig Gebrauch machten und in allen Bereichen der Gestaltung und Durchführung der Arbeitsgemeinschaft eine hohe Eigenaktivität entfalten und so das Projekt im eigentlichen Sinne des Wortes zu ihrem eigenen werden ließen.

Auf die schulöffentliche Ankündigung der Arbeitsgemeinschaft (mit möglichst vielen, unterschiedlichen, inhaltlich motivierenden Stichworten „gespickt") durch die Mathematik- und Latein-Lehrkräfte des Gymnasiums meldeten sich ca. 20 Schülerinnen und Schüler der Jahrgangsstufen 8 bis 11. Dementsprechend mussten unterschiedliche Vorkenntnisse, insbesondere in der lateinischen Sprache, aber auch in Mathematik und Geschichte, vorausgesetzt werden. Das erwies sich keineswegs als Nachteil, sondern wirkte eher bereichernd. Alle brachten ihre eigenen Stärken ein und, sämtlich an Gruppenarbeit gewöhnt, gelang es den Schülerinnen und Schülern, sich gegenseitig zu motivieren und die verschiedenen Kenntnisse und Fähigkeiten in Einklang zu bringen und wirksam werden zu lassen.

Charakteristika der Arbeit	Vorrangige Arbeitsformen
Sprachlicher Aspekt Klasse 8: geringere Vorkenntnisse, insbesondere in Latein; Bereicherung der Arbeit der AG durch besondere Aufgeschlossenheit und Kreativität (inhaltlich und methodisch). Klasse 10/11: größere Vorkenntnisse, stärkere Selbständigkeit.	**Arbeit am lateinischen Text** Paralleles oder einander ergänzendes Arbeiten in Gruppen, in der Regel aus Schülerinnen und Schülern gleicher Jahrgangsstufe, aber unterschiedlicher Größe und wechselnder Zusammensetzung. Die Gruppenarbeit mündete jeweils in gemeinsamer Diskussion über die bearbeiteten Texte und die dabei herausgefundenen Sachverhalte und Informationen.
Mathematischer und geschichtlicher Aspekt Klasse 8: besondere Aufgeschlossenheit und Kreativität. Klasse 10/11: Aufgreifen und Ausgestalten der eingebrachten Ideen.	**Arbeit zum mathematischen und geschichtlichen Hintergrund** Gemeinsame Auseinandersetzung, unterbrochen durch Phasen von Gruppenarbeit. Die Zusammenarbeit auf der Grundlage unterschiedlicher Vorkenntnisse erwies sich hier als keineswegs nachteilig oder hemmend, sondern als ausgesprochen motivierend und förderlich. (Das „offene Ohr" für die Vorschläge und Ideen der anderen war für alle selbstverständlich.)

Als Ergebnis des ersten Treffens erarbeiteten alle Teilnehmerinnen und Teilnehmer der Arbeitsgemeinschaft folgendes inhaltliches „Stufen"-Konzept für die weitere Vorgehensweise.

> *1. Christoph Scheiner und seine Zeit:*
> Zur Person Christoph Scheiners.
> Was ist barockes Universalgelehrtentum?
> Der Pantograph und andere Zeichengeräte.
> Der Pantograph im Wandel der Zeit.

> *2. Zu Funktion und Arbeitsweise des Pantographen:*
> Scheiners Bauanleitung.
> Unser Nachbau und unsere verbesserte Bauanleitung.
> Der mathematische Hintergrund.
> Ausprobieren und Erklären des Pantographen für andere
> Schülerinnen und Schüler

> *3. Vorstellen unserer Ergebnisse:*
> Wandzeitungen, Bastelanleitungen, Beitrag

Um die Arbeitsgemeinschaft interessant und abwechslungsreich zu gestalten, wurde darauf Wert gelegt, den sprachlichen, den mathematischen, den geschichtlichen und den künstlerischen Aspekt in wechselnder Art und Weise inhaltlich sinnvoll zum Tragen kommen zu lassen. Auf dieser Grundlage ergab sich wie selbstverständlich der folgende zeitliche Ablauf für die Durchführung der Arbeitsgemeinschaft:

1. Schwerpunkt: Auseinandersetzung mit dem geschichtlichen Kontext: Christoph Scheiner und seine Zeit;
   geschichtlicher, mathematikgeschichtlicher, kunstgeschichtlicher, sprachlicher Aspekt im Vordergrund,
   Diskussion des Zieles der AG (Ergebnisorientierung).

2. Schwerpunkt: Scheiners Anleitung zum Pantographenbau;
   sprachlicher, mathematikgeschichtlicher und künstlerischer Aspekt: Arbeit am lateinischen Text.

3. Schwerpunkt: Der Pantograph als Zeichengerät – Überlegungen zur Konstruktion des Instruments;
   künstlerisch-praktischer Aspekt: Pantographennachbau.

4. Schwerpunkt: Untersuchung und Begründung der Funktionsweise

des Geräts;
mathematischer Aspekt: mathematische Begründung der Funktionsweise und der Nutzungsmöglichkeiten des Pantographen.

5. Schwerpunkt: Was haben wir herausgefunden? Was ist uns wichtig, um es anderen mitzuteilen?
   Sprachlicher und mathematikgeschichtlicher Aspekt, künstlerischer Aspekt;
   Zwischenfazit und Zielorientierung: Vorbereitung von und Arbeit an Postern, Ausarbeitung von schriftlichen und mündlichen Präsentationen.

Arbeit am lateinischen Originaltext

Erarbeitung der mathematischen Hintergründe

Beim Nachbau des Pantographen

Was machte das Besondere an dieser Arbeitsgemeinschaft aus?

Die anfänglichen Bedenken, dass durch das Aufeinandertreffen verschiedener Altersstufen inhaltliche oder soziale Probleme entstehen könnten, wurden durch die gute und einander ergänzende Zusammenarbeit der Schülerinnen und Schüler schnell ausgeräumt. Dabei kam es zugute, dass alle Teilnehmenden Erfahrungen (aus dem Unterricht und aus Projektarbeiten) in der Teamarbeit mitbrachten.

Die arbeitsteilige Gestaltung ergab sich von selbst und ermöglichte einer / einem jeden kreative Einflussnahme. Dadurch war eine entspannte Arbeitsatmosphäre gewährleistet. Alle Schülerinnen und Schüler fühlten sich inhaltlich, organisatorisch und gestalterisch mitverantwortlich und nahmen dieses Recht und diese Aufgabe selbstbewusst und ideenreich wahr. Zu Beginn jedes „Scheiner-Treffens" wurde es zur Selbstverständlichkeit, dass die eine oder der andere sich zu Wort meldeten: „Mir ist da etwas eingefallen. Könnten wir nicht …" Oder: „Ich habe nachgestöbert. Hört mal, was ich gefunden habe: …"

Um die Arbeit abwechslungsreich zu gestalten, wurde bewusst zwischen Gruppen- und Gemeinschaftsarbeit gewechselt – mitunter und in zunehmendem Maße geschah dies auch spontan inhalts- und problembezogen.

Die Beschäftigung mit der Thematik auch außerhalb der wöchentlichen Treffen wurde in steigendem Maße für alle Teilnehmenden zur Selbstverständlichkeit. Die Schülerinnen und Schüler waren so an ihrem Projekt interessiert, dass sie sich aus eigenem Antrieb in häuslicher Arbeit weiter mit dem Themenkreis Pantograph auseinandersetzten und damit die Treffen bereicherten und inhaltlich neue Impulse einbrachten.

Mathematik-Latein-Kunst: ein lohnendes Projekt?

Der beschrittene Weg zeigt gute Möglichkeiten auf, den individuellen Fähigkeiten und Interessen aller teilnehmenden Schülerinnen und Schüler nachzugehen und diese produktiv und kreativ umzusetzen. Das Zusammenspiel von Mathematik, Latein, Geschichte und Kunsterziehung, in der konkreten Thematik des Pantographen gebündelt, erwies sich als so facettenreich, dass Arbeitsalltag gar nicht aufkommen konnte.

Durch das Projekt wurden die Schülerinnen und Schüler auf behutsame und zugleich für sie spannende Weise zu konkretem wissenschaftlichen und fächerübergreifenden Arbeiten angeleitet. Das Gehen neuer, eigener Wege bei der Beschäftigung mit einer vielschichtigen Thematik wurde von allen Teilnehmenden als interessante Herausforderung angenommen und ideenreich realisiert. Ein Beispiel hierfür: Die Frage nach der Identität des Dillinger Malers, über den Scheiner in der Einleitung seines Buches berichtet, die bisher durch keinen Wissenschaftler befriedigend beantwortet werden konnte, beschäftigte die Schülerinnen und Schüler der Arbeitsgemeinschaft nachhaltig. Sie lernten, nach Informationen gezielt zu suchen, Gefundenes kritisch zu hinterfragen, Antworten zu diskutieren, Hypothesen aufzustellen und als Grundlage für weitere Nachforschungen zu nutzen, vorläufige Resultate zu formulieren, eigene Erkenntnisse einzuordnen, sich mit der Tatsache noch nicht abgeschlossener Forschung konkret vertraut zu machen.

Befürchtungen, dass es Schwierigkeiten bereiten könnte, auch wirklich alle beteiligten Fächer einzubeziehen, erwiesen sich als unbegründet. Das Themenfeld war so ergiebig und spannend, dass sowohl Mathematik als auch die lateinische Sprache sowie Kunst und Geschichte wesentliche Impulse zum Gelingen beisteuern konnten. Dementsprechend gestaltete sich die Zusammenarbeit zwischen Mathematik-, Latein- und Kunsterziehungslehrkräften effektiv und harmonisch.

Mathematik-Latein-Kunst – es war ein gelungenes und ist ein lohnendes Projekt!

Franziska: „Das hat Spaß gemacht. Wann machen wir weiter?" Noch schöner und ermutigender kann das Fazit auf eine durchgeführte Arbeitsgemeinschaft wohl kaum ausfallen. Es regt an, sich auch in Zukunft solchen Herausforderungen trotz der arbeitsintensiven Vor- und Nachbereitungen zu stellen. Mathematik, Sprache (für uns speziell: Latein), Geschichte, Kunst – das passt zusammen, das lohnt, ganz konkret und immer wieder neu entdeckt zu werden.

„Die Frage, ob die Geschichte der Mathematik etwas zur Verbesserung des mathematischen Unterrichts beitragen kann, ... ist falsch gestellt. Es muss vielmehr heißen: Ist Mathematik ohne Geschichte der Mathematik überhaupt denkbar? Alles Weitere folgt aus der Antwort, die nur lauten kann: Nein, es gibt keine Mathematik ohne ihre Geschichte."

Chr. Scriba[34]

---

[34] [31], S. 8.

Literaturverzeichnis

Zugrundegelegte Originalliteratur zum Themenkreis Pantograph aus dem 17., 18. und 19. Jahrhundert

[1] Bion, Nicolas: Traité de la construction et des principaux usages des instruments de Mathématiques. Paris 1723.

[2] Bramer, Benjamin: Bericht und Gebrauch eines Proportional Lineal, neben kutzem Undericht eines Parallel Instruments. Marburg 1617.

[3] Clavius, Christopherus: Christopheri Clavii Bambergensis Operum Mathematicorum. Moguntiae 1611–12.

[4] Kircher, Athanasius: Arithmologia sive de abditis numerorum mysteriis. Amsterdam 1667.

[5] Kircher, Athanasius: Mundus subterraneus, Amsterdam 1665.

[6] Langlois, M.: Pantographe ou singe perfectionné. Recueil des Machines Approuvées par l'Académie Royale des Sciences, Année 1743, No. 460. In: Machines et Inventions ... Bd. 7 (1777), S. 207–215. Paris 1777.

[7] Leupold, Jacob: Theatrum arithmetico geometricum, ... Schau=Platz der Rechen- und Meß-Kunst, ... Leipzig 1727.

[8] Milliet de Chales, Claude Francois: Cursus seu mundus mathematicus. Tomus Tertius. Lugdunum 1690.

[9] Nollet, J. A.: Leçons de physique expérimentale. Paris 1743–1748.

[10] Rhodius, Ambrosius: Ambrosii Rhodii Medici Ac Mathematici, Mathesis Militaris, oder Kriegs Mathematic: Vor etliche seine private Auditores. Wittenberg 1630.

[11] Scheiner, Christoph: Pantographice, seu ars delineandi, res quaslibet per parallelogrammum lineare seu cavum, mechanicum, mobile. Rom 1631.

[12] Schott, Caspar: Organum mathematicum. Norimbergae 1668.

[13] Schwenter, Daniel: Geometriae Practicae novae et auctuae tractatus. Nürnberg 1623–27.

[14] Stahl, Georg Conrad: Neu aufgeführter Europäischer Ingenieur: oder Kriegs=Bau=Kunst. Nürnberg 1687.

[15] Sylvester, James Joseph: On the Plagiograph aliter the Skew Pantograph. Nature XII (1875), July 1, 168.

Sekundärliteratur

[16] Adams, George: Geometrische und graphische Versuche oder Beschreibung der mathematischen Instrumente … Nach der dt. Ausgabe von 1795 bearbeitet von P. Damerow und W. Lefèvre. Darmstadt 1985.

[17] Beinlich, Horst, et al.: Spurensuche: Wege zu Athanasius Kircher. Dettelbach 2002.

[18] Braunmühl, Anton von: Christoph Scheiner als Mathematiker, Physiker und Astronom. Bayerische Bibliothek Bd. 24. Bamberg 1891.

[19] Deschauer, Stefan: Möglichkeiten einer historischen Akzentuierung im Mathematikunterricht. In: Mathematica didactica Bd. 23 (2000). Hildesheim 2000.

[20] Dyck, Walter (Hrsg.): Katalog mathematischer und mathematisch-physikalischer Modelle, Apparate und Instrumente. München 1892.

[21] Falkner, Andreas; Imhof, Paul: Ignatius von Loyola und die Gesellschaft Jesu 1491 – 1556. Würzburg 1990.

[22] Fischer, Ernst: Ueber Pantographen. In: Carl, Philipp (Hrsg.): Repetitorium für physikalische Technik, für mathematische und astronomische Instrumentenkunde, Bd. 1, S. 257–276. München 1866.

[23] Folkerts, Menso: Maß, Zahl und Gewicht. Mathematik als Schlüssel zu Weltverständnis und Weltbeherrschung. Wolfenbüttel 1989.

[24] Goebel, Manfred et al.: Der Pantograph in historischen Veröffentlichungen des 17. bis 19. Jahrhunderts. Schriftenreihe zum Bibliotheks- und Büchereiwesen in Sachsen-Anhalt Bd. 84. Halle (Saale) 1993.

[25] Gottwald, Siegfried et al.: Lexikon bedeutender Mathematiker. Frankfurt am Main 1996.

[26] Grötzsch, Helmut; Karpinski, Jürgen: Dresden: mathematisch-physikalischer Salon. Leipzig 1978.

[27] Günther, S.: Geschichte der Mathematik, Bd. 1. Leipzig 1908.

[28] Hamann, Bruno: Geschichte des Schulwesens. Bad Heilbrunn 1993.

[29] Kramer, Otto: Bildungswesen und Gegenreformation. Die Hohen Schulen der Jesuiten im katholischen Teil Deutschlands vom 16. bis zum 18. Jahrhundert. Würzburg 1988.

[30] Krayer, Albert: Mathematik im Studienplan der Jesuiten. Die Vorlesung von Otto Cattenius an der Universität Mainz. Stuttgart 1991.

[31] Kronfellner, Manfred: Historische Aspekte im Mathematikunterricht – eine didaktische Analyse mit unterrichtsspezifischen Beispielen. Wien 1998.

[32] Müller, Thomas (Hrsg.): Die Kunst- und Natutralienkammer der Franckeschen Stiftungen. Halle 1995.

[33] Poggendorff, J. C. (Hrsg.): Biographisch-literarisches Handwörterbuch zur Geschichte der exacten Wissenschaften. Leipzig 1863.

[34] Pschyrembel, Willibald: Klinisches Wörterbuch, Berlin 1952.

[35] Reth, Johann und Süß, Johannes: Lehr- und Fachbücher für die Berufsausbildung. Physik für Metallberufe. Elektrizitätslehre. Berlin 1961.

[36] Römisches Sonntagsmeßbuch, Freiburg im Breisgau 1936.

[37] Sammelblatt des Historischen Vereins Ingolstadt. 109 (2000). Ingolstadt 2000.

[38] Scriba, Christoph; Schreiber, Peter: 5000 Jahre Geometrie. Berlin usw. 2001.

[39] Sivernich, Michael; Switek, Günter: Ignatianisch – Eigenart und Methode der Gesellschaft Jesu. Freiburg 1990.

[40] Sonne entdecken – Christoph Scheiner 1575 – 1650. Katalog zur Ausstellung des Stadtmuseums Ingolstadt in Zusammenarbeit mit dem Jesuiten-Orden und dem Deutschen Museum in Bonn 6. Februar bis 30. April 2000. Herausgegeben vom Stadtmuseum Ingolstadt. Stadt Ingolstadt 2000.

Schulbücher

[41] Mathematik heute 9. Schroedel Verlag, 1996.

[42] Lambacher Schweizer 9, Mathematisches Unterrichtswerk für Gymnasien. Klett Verlag. Stuttgart usw. 1996.

[43] Mathelive. Mathematik für Gesamtschulen 7 Klett Verlag. Stuttgart usw. 2000.

[44] Astronomie – Lehrbuch für die Sekundarstufe 1. Volk und Wissen. Berlin 1994.

Links (Stand Dezember 2004)

[45] www.didaktik.mathematik.uni-wuerzburg.de/history/vollrath/

[46] www-groups.dcs.st-and.ac.uk/~history/

[47] www.ibiblio.org/expo/vatican.exhibit/exhibit/d-mathematics/

[48] www.heiligenlexikon.de/Orden/Jesuiten.htm

[49] www.jesuiten.org/geschichte/index.htm

[50] www.priesterseminar-augsburg.de/geschichte.html

Karin Richter und Silvia Schöneburg

Martin-Luther-Universität
Halle-Wittenberg
karin.richter@mathematik.uni-halle.de
silvia.schoeneburg@mathematik.uni-halle.de

Einige Beiträge der Mathematikgeschichte zur Lehramtsausbildung

PETER ULLRICH

Dass die *Mathematikgeschichte in der Schule* ihren Platz hat, wird durch eine Vielzahl von Beiträgen in diesem Band eindrucksvoll belegt. *Mathematikgeschichte in der Universität* hingegen konnte sich nur an wenigen deutschsprachigen Hochschulen etablieren.

Ein Grund für das komplizierte Verhältnis der Mathematik zu ihrer Geschichte ist, dass dieses Fach „von seiner inhärenten Struktur dazu neigt, eher geschichtslos zu sein", wie es der damalige Präsident der Deutschen Mathematiker-Vereinigung (DMV), PETER GRITZMANN, formulierte in seinem Grußwort an die gemeinsame Tagung der Fachsektion „Geschichte der Mathematik" der DMV und des Arbeitskreises „Mathematikgeschichte und Unterricht" der Gesellschaft für Didaktik der Mathematik im Jahre 2003 [14, S. 18]. Positiv wendete dies DAVID HILBERT (1862–1943) am 25. April 1891 in einem Brief an FRIEDRICH ENGEL (1861–1941) [17]:

> „[I]n Bezug auf den Stoff, welcher auf der Universität gelehrt wird [...] sollte nur das Beste, das Vorzüglichste, *das Unvergängliche* [Hervorhebung P. U.] ausgewählt werden".

Allerdings ist es nicht unproblematisch, hier gerade HILBERT als Zeugen anzuführen: Sein Beweis aus dem Jahre 1888, dass jedes Ideal in einem Polynomring in endlich vielen Unbestimmten über einem Körper ein endliches Erzeugendensystem besitzt, führte nach übereinstimmender Meinung der Zeitgenossen zum Tod der Invariantentheorie – bis diese nach circa 80 Jahren wieder zum Leben erwachte. In einem Treppenwitz der Mathematikgeschichte lieferte HILBERT also selbst einen Beleg dafür, dass Urteile wie „vergänglich" bzw. „unvergänglich" auch und gerade in der Mathematik nur relativ sind.

Berührungsängste aktiv forschender Mathematiker/innen mit der Geschichte ihres Faches entspringen vielleicht auch der Befürchtung, Nachdenken über die Art und Weise, wie Mathematik entstanden ist, behindere die Fähigkeit, selbst Mathematik entstehen zu lassen, ähnlich wie der Versuch, die relevanten Muskelpartien bewusst zu steuern, die sicherste Methode ist, bei einer Kurvenfahrt mit dem Fahrrad zu stürzen.

Mathematik*lehrer/innen* jedoch haben nicht primär die Aufgabe, selbst Mathematik zu erzeugen, sondern vielmehr die, mathematisches Denken bei Dritten, nämlich den Schüler/ inne/n, zu befördern. Daher greift das Argument zu kurz, die Studierenden des Lehramts hätten sich – im Gegensatz zu den Schüler/inne/n – bewusst für die Mathematik entschieden und bedürften daher nicht der Mathematikgeschichte, etwa zur Sinnstiftung.

Die gleichen Überlegungen, die für die „Mathematikgeschichte in der Schule" sprechen, lassen sich mithin auch zur Begründung von *Mathematikgeschichte in der Lehramtsausbildung* heranziehen, wozu noch das eher technische Argument kommt, dass die angehenden Lehrer/innen orientierende Grundkenntnisse aus der Mathematikgeschichte besitzen müssen, um diese in ihrem Unterricht berücksichtigen zu können. Diese beiden, kurz als

– Analogie zur „Mathematikgeschichte in der Schule"

und

– Wissensbasis für die „Mathematikgeschichte in der Schule"

zusammengefassten, Gründe für die Berücksichtigung mathematikhistorischer Aspekte in der Lehramtsausbildung basieren offensichtlich auf der Etablierung der Mathematikgeschichte im Schulunterricht. Einige Argumente dafür, dass diese sinnvoll ist, sollen daher im folgenden Abschnitt 0 kurz diskutiert werden.

Ausführlicher werden jedoch anhand von Beispielen zwei Gründe erläutert, die dafür sprechen, Mathematikgeschichte in die Lehramtsausbildung einzubeziehen, *selbst wenn im Schulunterricht keinerlei mathematikhistorischen Aspekte berücksichtigt würden*.

Dabei geht es zum einen um die

– Unterstützung und Ergänzung der schulbezogenen Fachdidaktik

in dem Sinne, dass sich bei wohlbekannten Problemkreisen der Stoffdidaktik (hier: die Einführung des „Buchstabenrechnens" (Abschnitt 1) und der Umgang mit negativen Zahlen (Abschnitt 2)) unter historischem Blickwinkel neue Aspekte eröffnen, die auch zu einer Skepsis gegenüber scheinbaren Patentlösungen Anlass geben.

Zum anderen weist die historische Analyse auf Beispiele hin, die im Schulunterricht (und so mancher Universitätsvorlesung) nicht behandelt werden, die aber in der Schule relevante Begriffsbildungen (etwa das Konzept der Funktion, siehe die Abschnitte 3 und 4) erst in voller Schärfe hervortreten lassen. Insoweit kann die Mathematikgeschichte auch als

– (partieller) Ersatz für die universitätsbezogene Fachdidaktik

wirken.

Inhaltsverzeichnis

0   *Warum Mathematikgeschichte in der Schul- und Universitätsausbildung?*   *202*
    0.1   Warum nicht? 202
    0.2   Motivation 202
    0.3   Mathematik als etwas Gewordenes – und etwas Werdendes 202
    0.4   Verbesserung des Verständnisses mathematischer Konzepte 203
    0.5   Beziehung von Mathematik und Anwendungen 204
    0.6   Verständnis des sozialen und kulturellen Phänomens „Mathematik" 205

1   *Die Entwicklung der „Buchstabenrechnung" – oder: Manche Dinge brauchen ihre Zeit.*   *206*
    1.1   Ein Überblick über die historischen Stationen 207
    1.2   (Was) Läßt sich aus diesem Überblick lernen? 211

2   *Negative Zahlen – oder: Manchmal erzeugen Anwendungen erst die Denkhürden.*   *212*

3   *Infimum und Minimum – oder: Wie konnte* GAUSS *schleudern?* *216*
    3.1   Das DIRICHLET-Prinzip 216
    3.2   Wann nimmt eine Funktion einen Wert an? 219
    3.3   Was ist eine Funktion? I: Die verschiedenen Darstellungsweisen 219

4   *Überall stetige, nirgends differenzierbare Funktionen – oder: Die „Krise der Anschauung"*   *221*
    4.1   Gibt es „Funktionen ohne Ableitung"? 221
    4.2   RIEMANNs Beispiel 223

4.3 Was ist eine Funktion? II: Der Definitionsbereich 224

0 Warum Mathematikgeschichte in der Schul- und Universitätsausbildung?

0.1 Warum nicht?

Diese Frage als Argument zu verwenden, klingt nur im ersten Moment oberflächlich: Niemand wundert sich darüber, dass im Deutschunterricht Literaturgeschichte behandelt wird, entsprechend in den Fächern Kunst und Musik. Die Zurückhaltung der Mathematik in dieser Hinsicht mag zum einen mit ihrem bereits erwähnten Anspruch auf geschichtslose Unvergänglichkeit zu tun haben. Zum anderen wirkt sich hier wohl auch die Nähe zu den Naturwissenschaften aus, in denen die von THOMAS S. KUHN (1922–1996) konstatierten „wissenschaftlichen Revolutionen" ganze Theoriegebäude zum Einsturz bringen können.

0.2 Motivation

Aufgrund dieser Fachkultur stehen Bemerkungen zur Geschichte der Mathematik häufig unter dem Anfangsverdacht, nur „soft science" zur Auflockerung des Unterrichts zu sein. Deutlich gesteigerte Aktivitätsbereitschaft von Schüler/inne/n im Zusammenhang mit mathematikhistorischen Unterrichtsphasen wird dementsprechend auf ein Vermeidungsverhalten zurückgeführt, eine Dankbarkeit für jede Minute, in der keine „richtige" Mathematik betrieben wird.

Zu welch konzentriertem und ausdauerndem Arbeiten Angehörige der angeblich nur auf Videoclip-Länge geeichten Generation jedoch fähig sind, belegt zum Beispiel der Erfahrungsbericht [23] über ein Schülerseminar zur Geschichte der Mathematik an der Herzog-August-Bibliothek in Wolfenbüttel.

0.3 Mathematik als etwas Gewordenes – und etwas Werdendes

Ein Grund für die Bereitschaft der Schüler/innen, Aktivitäten über das von der Schule verlangte Maß hinaus zu entwickeln, ist, dass sie an mathematikhistorischen Themen häufig zum ersten Mal erfahren, dass Mathematik kein Monolith ist, der fertig vom Himmel fiel und nun im 45-Minuten-Takt der Schulstunden verdaut werden muss. Stattdessen erleben sie, dass und wie Mathematik entstanden ist, dass sie von Menschen – auf nicht immer gradlinig verlaufenden Wegen – gemacht wurde. Dabei wird ihnen unter anderem klar, dass hier durchaus Konventionen getroffen wurden, wie etwa die Schreibweise für die Normalverfahren der vier Grundrechenarten und die für die Brüche (zu letzterem siehe etwa [28, S. 79]).

Das damit verbundene Nach-Entdecken mathematischer Resultate bringt die Lernenden überdies in die Nähe des Selbst-Entdeckens, also zu der Erkenntnis, dass auch heute noch aktiv Mathematik betrieben werden kann. In diesem Sinne ist Mathematikgeschichte also keinesfalls eine reine Rückwärtswendung des Erkenntnisinteresses.

0.4 Verbesserung des Verständnisses mathematischer Konzepte

Auf jeden Fall bringt es die größere Nähe zu den Quellen mit sich, dass die Lernenden umso klarer sehen, woher der Gedankenfluss kommt:

Eines der überzeugendsten Beispiele hierfür ist die reelle Analysis einer Veränderlichen, die heutzutage in einer durch logische Strenge abgesicherten und in der Abfolge der Darstellung optimierten Form vor uns liegt. Der Aufbau, erst die Begründung der reellen Zahlen zu geben, dann Folgen- und Reihenrechnung zu betreiben und zuletzt die Differential- und Intergralrechnung, ist uns wohlbekannt, verläuft aber genau andersherum, als es in der historischen Entwicklung geschah.

Für den Unterricht sollte ein Weg gewählt werden, der zwischen einem rein genetischen Zugang und einer rein „resultantischen" Behandlung verläuft: Einerseits sollen die Lernenden keineswegs alle Umwege gehen, die andere für sie schon gegangen sind.[1] Andererseits soll aber nicht nur erläutert werden, wer wann welches Resultat beziehungsweise welchen Begriff genau so verwendet hat, wie wir es heute tun. Auch für Lehrende ist es durchaus hilfreich zu sehen, dass uns vertraute Begriffe in früheren Zeiten durchaus nicht so festgelegt waren; noch LEONHARD EULER (1707–1783) verwendete beim Funktionsbegriff neben einem, der den heutigen Vorstellungen nahesteht, einen anderen, der sich rein auf den Funktionsterm konzentrierte, welcher zudem eine spezielle Gestalt

---

[1] Ohnehin hat gerade die Mathematikgeschichte in der Universität nur selten die Chance, die *Erst*begegnung der Lernenden mit einem Stoff zu gestalten; von einem konsequent genetischen Zugang kann schon gar nicht die Rede sein, da die Studierenden zumindest die „Lösung" bereits aus der Schule oder auch aus einer Fachvorlesung kennen.

haben musste.

Damit soll nichts gesagt sein gegen die heutige Strenge und ihre polierten Methoden. Ganz im Gegenteil: Wer einmal versucht hat, eine Ableitung mittels eines unendlich kleinen Inkrements dx auszurechnen, und dieses an der falschen Stelle als gleich beziehungsweise ungleich Null angesehen hat, wird vielleicht die Epsilontik nicht unbedingt lieben, aber doch verstehen, warum sie eingeführt wurde. Und wer einmal gesehen hat, wie mühsam es ist, Extremwertaufgaben ohne Differentialrechnung zu lösen, wird die Macht dieser Methode erfassen.[2]

Dieses und zahlreiche weitere Beispiele führten bereits HEINRICH WINTER im Vorwort seines mathematikdidaktischen Klassikers „Entdeckendes Lernen im Mathematikunterricht" zu der Feststellung [47, S. V]:

> „Die Orientierung an der Geschichte entspringt der doppelten Überzeugung, daß man etwas Mathematisches umso besser verstehen kann, je besser man seine Entdeckungsgeschichte kennt – und noch weitaus wichtiger – daß Bildungsbemühungen in der Schule umso weniger der Gefahr naiver und unmündiger Praxisverhaftung erliegen, je mehr sie mit der Geschichte des menschlichen Geistes in Verbindung stehen. Ich halte es für unerläßlich, daß der Mathematiklehrer eine geisteswissenschaftliche Perspektive anstrebt."

0.5 Beziehung von Mathematik und Anwendungen

Warnt WINTER in diesem Zitat vor „naiver und unmündiger Praxisverhaftung", so kann gerade der Blick zurück zu den Anfängen mathematischer Entwicklungen aufzeigen, wie Fragestellungen aus der Praxis erwachsen sind, etwa aus den Bedürfnissen von Astronomie und Navigation, und wie sich die in der Mathematik gefundenen Resultate in der Realität anwenden ließen, etwa bei der Bestimmung von Planetenbahnen.

Dabei finden sich durchaus auch Beispiele dafür, dass gerade die Anwendungen zur exakten Klärung mathematischer Begriffe zwangen, zum Beispiel das physikalische Problem der schwingenden Saite zu einem neuen Verständnis des Funktionsbegriffs.

---

[2]Eine ausführliche Diskussion historischer Aspekte der Analysis findet sich in dem Beitrag von GERHARD WANNER in diesem Band.

0.6 Verständnis des sozialen und kulturellen Phänomens „Mathematik"

Das obige WINTER-Zitat läßt die „geisteswissenschaftliche Perspektive" nur kurz anklingen. Umso deutlicher bringt CHRISTOPH J. SCRIBA diese zum Ausdruck in seinem Artikel „Die Rolle der Geschichte der Mathematik in der Ausbildung von Schülern und Lehrern" [33], in dem er drei Thesen entwickelt:

1. „Die Frage, ob die Geschichte der Mathematik etwas zur Verbesserung des mathematischen Unterrichts beitragen kann – gleich ob im Schul- oder im Hochschulunterricht – ist falsch gestellt. Es muß vielmehr heißen: Ist Mathematik ohne Geschichte der Mathematik überhaupt möglich? Alles weitere folgt aus der Antwort, die nur lauten kann: Nein, es gibt keine Mathematik ohne ihre Geschichte." [33, S. 113–114]

2. „Mathematik darf nicht als isolierte Wissenschaft und reines Erkenntnisgebilde verstanden werden, sondern sie muß – insbesondere im Unterricht – in ihren wissenschaftlichen, kulturellen und sozialen Zusammenhängen und Verflechtungen gesehen und vorgestellt werden." [33, S. 116–117]

3. „Mathematik als kulturelles Phänomen ist ohne historische Betrachtung nicht zu begreifen." [33, S. 117]

Insbesondere sieht SCRIBA die „Hauptaufgabe" der Mathematikgeschichte darin [33, S. 118],

„das Wachsen mathematischer Erkenntnis, mathematischer Ideen und Theorien aus dem allgemeinen kulturellen Urgrund durch das schöpferische Werk von Menschen aus Fleisch und Blut, die ihrer Zeit vielfältig verhaftet sind, zu beschreiben und womöglich zu erklären. Mathematik als ein kulturelles und soziales Phänomen im weitesten Sinne vorzustellen, sollte ihr Ziel sein."

Zugegeben sei allerdings, dass in SCRIBAS Augen die Thematik des hier vorliegenden Beitrags nur von sekundärer Bedeutung ist. So kommentiert er seine dritte These wie folgt [33, S. 117–118]:

„Diese These schlägt den Bogen zurück zur Ausgangsfrage, ob die Mathematikgeschichte etwas zur Verbesserung des Mathematikunterrichts beitragen kann. Die Antwort muß nach dem bisher Gesagten anderes ausfallen, als man zunächst erwarten könnte. Denn es kann nicht – jedenfalls nicht ausschließlich oder in erster Linie – darum gehen, zu untersuchen, wo bei der Vermittlung von Mathematik an einzelnen Stellen besondere Schwierigkeiten auftreten, um dann zu fragen, ob hier die Mathematikgeschichte helfend einspringen kann, mit historischen Beispielen etwa, die einen Gedankengang klarer machen oder eine abstrakte Formulierung durch ein konkretes Exempel aufhellen können. Dies wären gleichsam sekundäre Nebeneffekte, im Einzelfall nicht zu verachten, aber nicht das Wesentliche darstellend, was Mathematikgeschichte leisten könnte und leisten sollte."

Da aber die oben genannte „Hauptaufgabe" der Mathematikgeschichte in den anderen Beiträgen dieses Bandes hinreichend ausgiebig behandelt wird, mag es dennoch gestattet sein, sich in dem hier vorliegenden den „sekundäre[n] Nebeneffekte[n]" zuzuwenden, den Beziehungen zu konkreten Unterrichtssituationen.

1 Die Entwicklung der „Buchstabenrechnung" – oder: Manche Dinge brauchen ihre Zeit.

Fast einschüchternd wird in so manchem Schulbuch der Algebra mitgeteilt, dass es seit über fünfhundert Jahren eine Methodik des Gleichungsaufstellens und -lösens gibt, die 1591 erschienene „In artem analyticem isagoge" (= „Einführung in die analytische Kunst") des FRANÇOIS VIÈTE (1540–1603). Dieser entwickelte zwar in der Tat die erste Metasprache für die Formelsprache, baute dazu aber auf den Vorarbeiten von über drei Jahrtausenden auf. Und diese vorhergehende Entwicklung der Formelsprache zeichnet eine Linie, die nicht nur lang, sondern auch keinesfalls ohne Knicke ist, wie im folgenden kurz dargestellt werden soll:

1.1 Ein Überblick über die historischen Stationen

1.1.1 Altägypten

In dem wohl im 16. Jahrhundert vor Christus geschriebenen „Papyrus RHIND" finden sich unter den dort gesammelten 84 Aufgaben elf des folgenden Typs:

> „Ein Haufen und sein Viertel ergeben zusammen 15. Was ist der Haufen?"

Der „Haufen", um den es hier geht, bildet in gewisser Weise den Übergang von einer Wortvariablen zu einer unbekannten Größe schlechthin: Im „Papyrus RHIND" wird die den Haufen darstellende Hieroglyphe durch ein Korn spezifiziert, in späteren Texten durch eine Buchrolle, was als Zeichen dafür gesehen werden kann, dass man von einem konkreten Kornhaufen abstrahiert hatte.

Bemerkenswert ist, dass der „Haufen" wohl in der Aufgabenstellung vorkommt, aber gar nicht bei der Lösung verwendet wird. Modern würde man die genannte Gleichung als $x + \frac{1}{4}x = 15$ interpretieren und erwarten, dass jetzt ein Lösungsweg beschritten wird, der auf ein Auflösen der Gleichung nach dem „Haufen", also nach x, hinausläuft. Der „Papyrus RHIND" verwendet jedoch stattdessen die Methode des „falschen Ansatzes": Es heißt dort

> „Rechne mit 4.",

wonach Zahlen folgen, die bedeuten:

> „$4 + \frac{1}{4} \cdot 4 = 5$. $15 : 5 = 3$. $4 \cdot 3 = 12$.",

d. h., man setzt eine konkrete – und vielleicht rechentechnisch geschickt gewählte – Zahl in die linke Seite der Gleichung ein, bestimmt den Faktor, um den sich das erhaltene Ergebnis von der gewünschten rechten Seite unterscheidet, und multipliziert die gewählte Zahl mit diesem Faktor.

Die Wortvariable „Haufen" wird hier also nur verwendet, um in der Aufgabenstellung die gesuchte Größe zu bezeichnen; der Rest der Lösung erfolgt mit konkreten Zahlen. Der „Haufen", so kann man spekulieren, wurde mithin eingeführt, um den Lernenden klarzumachen, dass hier ein allgemeines Lösungsschema präsentiert wird, das auf verschiedenartige Aufgabenstellungen angewendet werden kann. Wenn man so will, war es also eine *didaktische* Überlegung, die in Altägypten zur Einführung einer Variablen führte, wenn auch erst in der Gestalt einer Wortvariablen und, ohne damit zu rechnen.

1.1.2 Mesopotamien

Ähnliches geschah im Zweistromland des zweiten Jahrtausends vor Christus, wobei man sogar lineare und quadratische Gleichungssysteme in mehreren Unbekannten betrachtete. Die Bezeichnungen für die Variablen entsprangen den Aufgabenstellungen oder wurden aus der Geometrie entnommen. So wurden Gleichungssysteme, die auf quadratische Gleichungen führen, häufig für die „Länge" und die „Breite" (bzw. „längere" und „kürzere Seite") eines Rechtecks formuliert.

Die Tatsache, dass Texte überliefert sind, in denen Zahlen addiert werden, die eine Länge und einen Flächeninhalt oder auch einen Flächeninhalt und ein Volumen repräsentieren, legt die Vermutung nahe, dass sich die mesopotamischen Mathematiker mit der Zeit von der geometrischen Interpretation ihrer Gleichungen befreiten und somit einen Schritt zur abstrakten (und sei es nur Wort-)Algebra machten. Allerdings ist für die Aufgabentexte aus altbabylonischer Zeit (ca. 1900–1600 v. Chr.) auch eine anschaulich-geometrische Interpretation möglich. (Die neubabylonische Zeit hingegen reichte immerhin bis 539 v. Chr.)

Parameter als fest vorgegebene, aber unbestimmte Größen gibt es weder in den altägyptischen Texten noch denen des Zweistromlandes; alles – bis auf die Variablen – bleibt konkret (und verbal). Bei den mesopotamischen Texten findet man jedoch schon eine „Ahnung" von allgemeinen Zahlen, wenn zum Beispiel wohl nur konkrete Zahlen hingeschrieben werden, aber die Multiplikation mit einem Faktor 1 explizit angegeben wird, so dass der Eindruck entsteht, hier sollte ein allgemeines Prinzip vorgeführt werden. (Wohlgemerkt entsprachen viele der aufgefundenen mesopotamischen Tontafeln offenbar heutigen Schulheften, dienten also der Einübung von Rechenverfahren.)

1.1.3 Griechische Klassik

Die Entwicklung einer algebraischen Symbolik im Gegensatz zu den verbalen Formulierungen setzte mit der antiken griechischen Mathematik ein. So benutzte zum Beispiel der Alt-Pythagoräer THYMARIDAS von Paros (5. Jh. v. Chr) Symbole für die Unbekannten. Und ARISTOTELES

(384–322 v. Chr.) verwendete Symbole für Parameter, zumindest in der Logik; so beschreibt er in seiner „Analytica Priora" [Buch I, Kapitel 2] die Nicht-Umkehrbarkeit der Nicht-Äquivalenz wie folgt:

> „Wenn aber A einem B nicht zukommt, braucht nicht auch B einem A nicht zuzukommen, wenn z. B. B ein Sinneswesen und A ein Mensch ist. Denn Mensch zu sein, kommt ja nicht jedem Sinneswesen zu. Sinneswesen sein kommt aber jedem Menschen zu."

In EUKLIDs (ca. 340–270 v. Chr.) „Elementen" wird eine derartige Symbolik für Parameter dann konsequent durchgehalten: Die Eckpunkte eines Dreiecks werden stets mit A, B, Γ bezeichnet, während die Kleinbuchstaben den Zahlen vorbehalten sind, zum Beispiel im Beweis, dass es beliebig viele Primzahlen gibt [Buch IX, Satz 20], wo von „drei Primzahlen α, β, γ" die Rede ist. Allerdings wird mit diesen Symbolen nicht „gerechnet"; sie dienen nur dazu, die Objekte in der verbal durchgeführten Argumentation auseinander zu halten.

1.1.4 Spätantike

Die am weitesten fortgeschrittene algebraische Symbolsprache der Antike findet sich bei DIOPHANT von Alexandria (3. Jh. n. Chr.):

Die Bezeichnungen für die Unbekannte (das heutige „x") und ihre Potenzen bis zur 6ten waren Kürzel für die (aus der Umgangssprache entliehenen) Fachtermini:

1	$\dot{M}$	monás	(Einheit)
x	ς	arithmós	(Zahl)
x^2	Δ^Y	dýnamis	(Kraft, Potenz)
x^3	K^Y	Kũbos	(Würfel)
x^4	$\Delta^Y\Delta$	dynamodýnamis	
x^5	$\Delta^Y K$	dynamókubos	
x^6	$K^Y K$	Kubókubos	

Diese Abkürzungen waren noch in die Sprache eingebettet, wurden zum Beispiel dekliniert.

Skalare Vielfache wurden durch Anhängen des Zahlensymbols dargestellt. Um derartige Ausdrücke zu addieren, reichte ein Aneinanderreihen aus; für die Substraktion hingegen führte DIOPHANT ein eigenes

Symbol ein, das einem auf dem Kopf stehenden „Ψ" ähnelt und offenbar aus seinem Terminus „leīpsis" (eigentlich: „Mangel") für das Subtrahieren hergeleitet war. Multiplikation und Division hingegen beschrieb er immer noch verbal.

1.1.5 Islamischer Raum

Trotz der bereits früh einsetzenden Rezeption von DIOPHANT im islamischen Raum baute man dort nicht auf seiner Symbolsprache auf, sonderen entwickelte eine eigenständige algebraische Notation. AL-ḪWĀRIZMI (780–850 n. Chr.) zum Beispiel kannte offensichtlich dessen Arbeiten, da er mit dem Titel seines um 830 n. Chr. erschienenen Werkes „Al-kitab al-muḫtaṣar fi ḥisāb al-ğäbr wa'l-muqābala" (= „Ein kurzgefasstes Buch über die Rechenverfahren durch Ergänzen und Ausgleichen") auf die durch DIOPHANT so genannten Techniken des „Ergänzens" und „Ausgleichens" anspielte. (Aus „al-ğäbr" für „Ergänzen" entstand der Begriff „Algebra".)

AL-ḪWĀRIZMIs algebraische Notation war jedoch von anderem Charakter: Die gesuchte Größe wurde konsequent als „Sache", „Ding" („šai") bzw. „Wurzel" („ğidr") bezeichnet, deren Quadrat als „Vermögen" („māl") und deren dritte Potenz als „Würfel" („ka'b"). Allgemeine Parameter hingegen nannte er „Seite" oder auch „Zahl".

1.1.6 Frührenaissance

Die Bezeichnung der unbekannten Größe durch ein inhaltsleeres Wort setzte sich im islamischen Raum durch und wurde unter wörtlicher Übersetzung von „šai" zu „res" bzw. „cos" auch von den italienischen Mathematikern der Frührenaissance übernommen.

So heißt beispielsweise in LEONARDO PISANOS, d. h., FIBONACCIS (um 1170/80 – nach 1240) „Liber abbaci" von 1202 die Unbekannte „res" und deren Quadrat „census". FIBONACCI verwendete auch Buchstaben zur Bezeichnung von gegebenen und gesuchten Größen, wobei allerdings ein Buchstabe nicht stets ein- und dasselbe bedeutet, also noch keine regelrechte „Buchstabenrechnung" vorliegt.

In den Schriften der „Cossisten" (also derer, die sich mit dem Auffinden der „cos", der unbekannten Größe, beschäftigten) entwickelten sich aber in den nächsten Jahrhunderten die Rechenzeichen, wie sie uns heute vertraut sind, so 1486 das „+"- und das „−"-Zeichen bei JOHANnes Widman(n) (um 1460/65 – nach 1505) (vgl. hierzu und wegen der anderen Zeichen [28]).

1.1.7 Renaissance

Viètes „In artem analyticem isagoge" fasste dann diese Vorarbeiten einerseits nur zusammen, wobei er aber andererseits ein konsequentes Regelwerk für das Aufstellen und Lösen algebraischer Gleichungen entwickelte.

Übrigens hätten Viète oder eine/r seiner direkten Schüler/innen – das Buch ist Cathérine de Partenai gewidmet – heutzutage Schwierigkeiten im Mittelstufenunterricht: Viète benutzte Großbuchstaben für Variable und Parameter, und er sortierte die Bezeichnungen anders als heute üblich, für die Variablen Vokale und die Parameter Konsonanten. Erst René Descartes (1596–1650) erfand die Konvention, die unbekannten Größen an das Ende des Alphabets zu verbannen, die bekannten dagegen vom Anfang zu nehmen.

1.2 (Was) Läßt sich aus diesem Überblick lernen?

Die Stärke der mathematischen Formelsprache ist unbestritten, aber auch, dass die Einführung der „Buchstabenrechnung" ein heikles Problem des Mathematikunterrichts ist, das auch im Zeitalter von Computeralgebrasystemen nichts von seiner Relevanz verloren hat.

Was aber könnte die obige Übersicht direkt für den Schulunterricht bringen? Im ersten Moment sieht man darin vor allen Dingen die Bestätigung dafür, dass – wie schon zuvor gesagt – die Schüler/innen nicht alle Umwege nachlaufen sollen, wenn der direkte Weg zum Ziel noch schwer genug ist: Eine vollständige Behandlung aller Vorläufer der heutigen Formelsprache würde sicherlich zu noch größerer Verwirrung der Lernenden führen als bereits im Normalfall zu erwarten ist. – Allerdings: Das Lesen eines oder weniger Texte, in denen alles verbal beschrieben wird, kann sprachlich orientierte Schüler/innen motivieren und allen, gerade auch den in Mathematik leistungsstarken, die Möglichkeit der alternativen Darstellung mathematischer Sachverhalte bewusst machen und sie so für andere Sichtweisen sensibilisieren. – Ähnlich kann man auch für den fachwissenschaftlichen Hochschulunterricht argumentieren.

Was also bringt die Liste der historischen Stationen? Erstens macht sie klar, dass sich die „Buchstabenrechnung" langsam entwickelt hat; offensichtlich ist das Rechnen mit derartigen Symbolen also nicht gerade natürlich. Zweitens kann man die historische Entwicklung als Leitfaden für eine Einführung in die Formelsprache verwenden: zunächst die Vorstellung von der Variablen als einer „unbekannten" oder auch einer „allgemeinen" Zahl, dann die Verwendung von Kürzeln in sprachlicher Einbindung und erst recht spät die Verwendung von Parametern.

Diese beiden Aspekte sind zwar durchaus aus eigener Unterrichtserfahrung bzw. mathematikdidaktischer Fachliteratur hinreichend bekannt. Die historische Perspektive kann aber darüber hinaus gerade Lehramtsstudierenden bewusst machen, dass die Formelsprache in Teilen Konvention und daher gewöhnungsbedürftig ist, und sie kann verdeutlichen, dass an dieser Stelle nicht nur ein technisches Problem im Unterricht besteht – das sich vielleicht durch den Einsatz von Computeralgebrasystemen zur Termumformung umgehen läßt –, sondern auch ein viel tiefer gehendes, das das Verstehen mathematischer Konzepte betrifft. Auf eine Patentlösung durch die modernen Wundermittel sollte man also lieber nicht bauen.

2 Negative Zahlen – oder: Manchmal erzeugen Anwendungen erst die Denkhürden.

Der aus der Grundschule vertraute Bereich der natürlichen Zahlen wird zu Beginn der höheren Schule in zweifacher Hinsicht erweitert. Die Erweiterung zu den gebrochenen Zahlen macht dabei zwar rechentechnisch Schwierigkeiten, nicht aber von der Vorstellung der neuen „Zahlen" her. Dementsprechend findet man – wenn auch von dem heutigen verschiedene – Systeme der Bruchrechnung sowohl in Altägypten als auch in Mesopotamien.

Zu den negativen Zahlen hingegen schrieb noch 1755 ein Vertreter der deutschen Aufklärung Folgendes [19, S. 96]:

> „Was ist eine negative Grösse? Ein Kunstwort, das die Mathematiker angenommen haben, eine wirkliche Grösse anzudeuten, um welche eine andere verringert werden muß.
>
> Im abgesonderten Begriff, ist eine negative Grösse ein Unding. Die Wirklichkeit kann ihr so wenig als dem mathematischen Punkte zukommen. Wenn ein Algebraist sagt, eine negative Grösse sey weniger als Zero; so muß er entweder gar

nichts, oder dieses dabey denken: eine negative Grösse, zu einer wirklichen hinzugethan, oder deutlicher, eine ihr gleiche positive Grösse, von einer anderen positiven abgezogen, läßt weniger übrig als wenn das Z e r o zu eben der Grösse hinzugethan wird."

Und es war kein geringer, der dies schrieb: Er korrespondierte unter anderem mit IMMANUEL KANT (1724–1804) und, um einige „mathematische" Namen zu nennen, mit JEAN LE ROND D'ALEMBERT (1717-1783) und PIERRE LOUIS MOREAU DE MAUPERTUIS (1698–1759). Erwähnt man jetzt noch, dass er GOTTHOLD EPHRAIM LESSING (1729–1781) als Vorbild für die Titelfigur seines Theaterstückes „Nathan der Weise" diente, wird endgültig klar, dass es sich bei dem obigen Zitat um einen Text von MOSES MENDELSSOHN (1729–1786) handelt.

Wohlgemerkt, MENDELSSOHN war in der Tat ein gebildeter Mann: Er kannte schon seit Jugendtagen die „Elemente" des EUKLID, ihm war auch die LEIBNIZsche Infinitesimalrechnung bekannt, und er rezensierte später EULERS „Calculus differentialis". Und dennoch sprach er – noch in der Mitte des 18. Jahrhunderts! – den negativen Zahlen die Existenz als eigenständige Objekte ab.

Allerdings hatte er sich in seinem Briefroman „Über die Empfindungen", aus dessem „Vierzehnten Brief" das obige Zitat stammt, selbst in eine unglückliche Situation manövriert. Es ging dabei um die Frage der Rechtfertigung der Selbsttötung. MENDELSSOHN lehnte diese ab und wollte dieses moralische Urteil „more geometrico" herleiten, in der durch die griechische Antike begründeten Tradition des exakten Deduzierens. Unter der Prämisse, dass die Existenz mit dem Tod ende, wählte er dazu folgende „Mathematisierung" des Problems [19, S. 78]:

„Ein Algebraist würde das Gute in seinem Leben mit p o s i t i v e n , das Uebel mit n e g a t i v e n Grössen, und den Tod mit dem Z e r o vergleichen. Wenn in der Vermischung von Gut und Uebel nach gegenseitiger Berechnung eine positive Grösse übrig bleibt; so ist der Zustand erwünschter als der Tod. Heben sie sich einander auf; so ist er dem Zero gleich. Bleibt eine negative Grösse; was weigert man sich ihr das Zero vorzuziehen?"

Dass die letztgenannte Situation auftreten könne, will MENDELSSOHN ausschließen. Dazu argumentiert er aber weder auf der moralischsittlichen Ebene noch auf dem Niveau der von einem Menschen gezogenen Lebensbilanz, sondern er greift stattdessen die zur „Modellierung" herangezogenen mathematischen Objekte an. Die bereits zitierte Passage [19, S. 96]:

> „Im abgesonderten Begrif, ist eine negative Grösse ein Unding. Die Wirklichkeit kann ihr so wenig als dem mathematischen Punkte zukommen."

fällt also im Kontext einer – zwar keineswegs seltenen, aber doch recht riskanten – Verwendung von Mathematik und im Hinblick auf ein intendiertes Ergebnis bezüglich der Anwendungssituation.

In der „Verbesserten Auflage" seiner Schrift aus dem Jahre 1771 [20] hat MENDELSSOHN diese recht unglückliche Argumentation überarbeitet. Zum einen schreibt er an der entsprechenden Stelle statt der obigen beiden Sätze [20, S. 292]:

> „Das Negative ist von dem Positiven in Ansehung der Größe gar nicht, wohl aber in Ansehung der Verrichtung unterschieden, die mit dieser Größe vorgenommen werden soll. Jene soll abgezogen, diese hinzugethan, jene von einem Punkte an rückwärts, diese vorwärts genommen werden".

Und zum anderen ist es jetzt nicht mehr ein „Algebraist", der von Größen redet, die „weniger als Zero" sind, sondern er setzt den Namen „Lindamour" ein, der Person in seinem Briefroman, die versucht, die Selbsttötung zu rechtfertigen. Somit wird die Kritik an der Verwendung des Konzepts der negativen Zahl von der innermathematischen Ebene auf die der Anwendung verlegt.

Dieses Beispiel belegt nachdrücklich, dass Modellsituationen für ein mathematisches Konzept häufig nicht dessen sämtliche Aspekte widerspiegeln können. Hier ist es zwar extrem, da die negativen Zahlen in der Anwendung gar nicht auftreten sollen. Aber auch die im Unterricht standardmäßig verwendeten Modelle für negative Zahlen (wie Temperaturen, Geländehöhen, Stockwerkszahlen, Kontostände, ...) zeigen gewisse Schwächen, wenn es darum geht, die Multiplikation negativer Zahlen miteinander zu erläutern.

Umgekehrt bildet der MENDELSSOHN-Text natürlich auch einen Anlass, darüber nachzudenken, wo Mathematisierung an ihre Grenzen stößt.

Als Trost für Schüler/innen, die Probleme mit negativen Zahlen haben, ist er hingegen nicht besonders geeignet: Dazu wird die deutsche Aufklärung zu spät in den anderen Fächern (Deutsch, Geschichte, Philosophie) behandelt. Dies ist allerdings kein einmaliges Problem der Lehrplankoordination, sondern tritt auch mathematikintern auf: Ein technisch überzeugendes Argument, negative Zahlen einzuführen und mit diesen so wie mit positiven zu rechnen, ist, dass dann das Lösen quadratischer Gleichungen einfacher wird. Läßt man nur positive Koeffizienten zu, so gibt es selbst für eine normierte quadratische Gleichung drei verschiedene Formen

$$x^2 + px = q, \quad x^2 + q = px, \quad x^2 = px + q,$$

für die man jeweils ein eigenes Lösungsverfahren kennen muss. Läßt man aber auch negative Koeffizienten zu, so braucht man nur ein einziges Schema zu kennen, nämlich das, um die Gleichung

$$x^2 + px + q = 0$$

zu lösen.[3]

Allerdings stand bzw. steht dieses Argument wieder erst sehr bzw. zu spät zur Verfügung: In der *historischen* Entwicklung griff es erst in dem Moment, in dem man ein algebraisches Lösungsverfahren für quadratische Gleichungen einem geometrischen vorzog, da man bei letzterem immer noch positive und negative Koeffizienten durch die Orientierung von Strecken oder auch Flächen unterscheiden musste – wie lange es gedauert hat, bis die Formelsprache so weit entwickelt war, wurde in Abschnitt 1 erläutert –. Und in der Abfolge des Mathematik*unterrichts* werden die quadratischen Gleichungen erst Schuljahre nach der Einführung der negativen Zahlen behandelt.

Nur ein schwacher Trost kann es da sein, dass sich das gleiche Spiel eine Ebene höher wiederholt (hat): Die imaginären Zahlen an sich sind nicht unbedingt überzeugend; dass man sie aber dazu verwenden kann, kubische Gleichungen mit *reellen* Wurzeln aufzulösen, macht(e) sie etwas weniger obskur.

---

[3] Vergleiche zu diesen Überlegungen auch den Artikel [32].

3 Infimum und Minimum – oder: Wie konnte GAUSS schleudern?

Spielten sich die bisher diskutierten mathematikhistorischen Ereignisse in Antike und Mittelalter bzw. früher Neuzeit ab, so wechselt der Schauplatz im folgenden in das 19. Jahrhundert. Damit ist auch eine Änderung des Niveaus der mathematischen Themen verbunden: Waren diese bisher eindeutig auf den Schulunterricht bezogen, so treten nun solche auf, die an universitären Stoff zumindest anknüpfen. Allerdings wird der Bezug zu schulischen Themen nicht verloren gehen.[4]

3.1 Das DIRICHLET-*Prinzip*

Von Studierenden der Mathematik wird erwartet, dass sie die Konzepte „Minimum" und „Infimum" unterscheiden können, ob also die größte untere Schranke einer Menge reeller Zahlen zu dieser Menge dazugehört oder nicht. So besitzt die Menge aller reellen Zahlen, welche größer*gleich* Null sind, die Null als kleinstes Element, also als Minimum, während die Null zwar auch die größte untere Schranke der Menge aller *echt* positiven reellen Zahlen ist, aber nicht zu dieser Menge dazugehört; im letzteren Fall liegt also ein Infimum vor, welches kein Minimum ist.

Um so überraschender ist es, dass – keinesfalls zweitrangige! – Mathematiker des 19. Jahrhunderts Schwierigkeiten mit der Unterscheidung der genannten zwei Konzepte hatten. Allerdings traten deren Probleme nicht in solch elementaren Situationen wie der eben geschilderten auf, sondern zum Beispiel bei dem – im Anschluß an BERNHARD RIEMANN (1826–1866) [30, S. 129] so genannten – „DIRICHLET-Prinzip".

In einer für die gegenwärtige Diskussion ausreichenden Fassung besagt dieses:

> Auf dem Rand $\partial\mathbb{E}$ der Einheitskreisscheibe $\mathbb{E}$ in der reell 2-dimensionalen Zahlenebene sei eine stetige reellwertige Funktion $g\colon\partial\mathbb{E}\to\mathbb{R}$ gegeben. Man betrachte alle auf dem abgeschlossenen Einheitskreis $\overline{\mathbb{E}}$ stetigen und im Inneren – eigentlich: zweimal – stetig differenzierbaren reellwertigen Funktionen $f\colon\overline{\mathbb{E}}\to\mathbb{R}$, die auf $\partial\mathbb{E}$ mit der gegebenen Funktion g übereinstimmen.

---

[4]Vergleiche zu diesem Abschnitt auch den Vortrag, den der Autor 1999 auf einer Tagung in Bautzen-Schmochtitz gehalten hat und dessen Text [38] mittlerweile im Tagungsband erschienen ist.

Dann gibt es eine Funktion f_0 unter all diesen Funktionen f, für die das Integral

$$\int_{\mathbb{E}} \left(\left(\frac{\partial f}{\partial x}\right)^2 + \left(\frac{\partial f}{\partial y}\right)^2 \right) dx\, dy$$

minimal wird.

Heroen der Mathematik wie CARL FRIEDRICH GAUSS (1777–1855), PETER GUSTAV LEJEUNE DIRICHLET (1805–1859) und RIEMANN selbst wiesen korrekt nach, dass es nur eine solche Funktion f_0 geben kann und dass diese dann harmonisch ist (d. h., die zweimal nach x gebildete Ableitung von f_0 und die zweimal nach y gebildete unterscheiden sich genau um das Vorzeichen). Ob aber überhaupt solch eine Funktion existiert, für die das obige Integral minimal wird, dazu äußerten sie sich doch nur recht knapp.

GAUSS etwa schrieb in einer aus dem Jahre 1839 stammenden Arbeit [8, Art. 31]:

„allein offenbar muss für Eine solche Vertheilungsart ein Minimumwerth dieses Integrals stattfinden."

(Sein Text ist für die Verteilung physikalischer Massen formuliert, daher das Wort „Vertheilungsart".) Allerdings war ihm auch durchaus bewusst, dass sein Argument beruhte [8, Art. 33]

„auf der Evidenz, mit welcher die Existenz eines Minimumwerths für [das Integral] Ω unmittelbar erkannt wird".

DIRICHLET dagegen äußerte sich in seinen Vorlesungen im Wintersemester 1856/57 wie folgt [5, S. 127–128]:

„Unter diesen Functionen wird wenigstens eine sein, die das [...] Integral auf ein Minimum reduciert; denn es liegt auf der Hand, dass dies Integral ein Minimum hat, da es nicht negativ werden kann."

Dies kann man modern so lesen, dass die Menge der möglichen Werte des Integrals nach unten durch 0 beschränkt ist und daher als Teilmenge der Menge der reellen Zahlen eine größte untere Schranke besitzt, eben ein Infimum. (Damit unterstellt man übrigens nicht nur, dass DIRICHLET den Unterschied zwischen Infimum und Minimum nicht bedachte, sondern es steckt in diesem Argument auch noch das Problem, dass möglicherweise das Integral bei einem gegebenen g für alle Funktionen f stets gegen $+\infty$ divergiert, die betrachtete Teilmenge der reellen Zahlen also leer ist. Auf letzteres wies 1871 als erster FRIEDRICH PRYM (1841–1915) hin, sogar mit Gegenbeispiel [25, S. 361–364].)

DIRICHLETs Schlussweise findet sich auch bei seinem Schüler RIEMANN in dessen Dissertation [29, S. 62] und in der Arbeit „Theorie der *Abel*'schen Functionen" [30, S. 130]. Er benutzte das DIRICHLET-Prinzip allerdings [18, S. 264]

> „nur als ein bequemes Hilfsmittel [...], das gerade zur Hand war",

um seine Existenztheoreme für Funktionen auf Riemannschen Flächen zu beweisen.

Gerade diese überaus erfolgreiche Anwendung des Prinzips rief aber auch eine kritische Analyse seiner Grundlagen – nicht nur – durch Berliner Mathematiker hervor. Speziell belegte KARL WEIERSTRASS (1815–1897) am 14. Juli 1870 in einem Vortrag vor der Berliner Akademie durch ein Beispiel, dass man in dieser Situation scharf unterscheiden muss, ob es nur eine größte untere Schranke aller möglichen Integralwerte gibt oder ob wirklich eine Funktion f_0 existiert, für die das Integral einen minimalen Wert erhält [40]. (Zur Verwendung des DIRICHLET-Prinzips durch RIEMANN und die sich daran anschließende Kritik vergleiche man auch [6] und die darin zitierte Literatur.)

GAUSS, DIRICHLET und RIEMANN hatten, gelenkt durch physikalische Intuition, ihre Betrachtungen nur in Situationen angestellt, in denen die jeweils gesuchte Funktion in der Tat existiert, so dass man ihnen eigentlich nur ankreiden kann, sie hätten nach heutigen Maßstäben viel zu knapp argumentiert. Nimmt man dazu noch das generelle Phänomen, dass Existenzfragen in der Mathematik erst sehr spät problematisiert wurden, könnte man also die ganze Angelegenheit mit dem Mantel der Heldenverehrung zudecken.

Es lohnt sich aber dennoch, die Frage nach der Unterscheidung von Infimum und Minimum noch etwas genauer zu betrachten, wenn auch nicht unbedingt für Funktionale, wie beim DIRICHLET-Prinzip, sondern für Funktionen.

3.2 Wann nimmt eine Funktion einen Wert an?

Hier geht es um die Frage, ob eine Funktion einen gegebenen Wert annimmt oder ihm nur beliebig nahe kommt. Ein Beispiel einer unklaren (wenn auch in einer Fremdsprache geschriebenen) Formulierung bietet der „Satz von CASORATI-WEIERSTRASS", wie FELICE CASORATI (1835–1890) selbst ihn formuliert hat.

Der Satz besagt, dass die Wertemenge einer (komplex-)analytischen Funktion einer komplexen Veränderlichen auf jeder (punktierten) Umgebung einer wesentlichen Singularität dicht in der komplexen Zahlenebene liegt. Wohlgemerkt, die Wertemenge kommt jeder komplexen Zahl beliebig nahe, aber nicht jede komplexe Zahl ist auch wirklich Wert der Funktion, wie etwa das Beispiel $e^{1/z}$ im Nullpunkt belegt: Es liegt hier eine wesentliche Singularität vor, aber die Exponentialfunktion nimmt den Wert Null niemals an.

Jedoch formulierte CASORATI im Jahre 1868 wie folgt [4, S. 434, Teorema]:

> „*In un punto di discontinuità, una funzione ammette come valori tutti quanti i numeri*" (= „In einer Unstetigkeitsstelle [gemeint ist: wesentlichen Singularität] nimmt eine Funktion alle [komplexen] Zahlen als Werte an").

CASORATI hatte sich offensichtlich nicht verschrieben, da er den Satz an anderer Stelle [3, S. 123 bzw. S. 279] ähnlich formulierte.

Die Funktion $e^{1/z}$ war CASORATI nicht nur bekannt, sondern er gab sie sogar als Beispiel für seinen Satz an [4, S. 435, Fußnote (*)]. Somit kann man eigentlich ausschließen, dass ihm der vorliegende mathematische Sachverhalt nicht klar war, vor allen Dingen, da sein Beweis zu der nach unserem Verständnis „richtigen" Aussage passt [3], [4, § 88].

Daher bleibt nur noch die Interpretation, dass seine Formulierung „ammette come valori" den Unterschied zwischen „annehmen als Wert" und „dem Wert beliebig nahekommen" sprachlich nicht herausarbeitet, sei es, dass er kein Bedürfnis danach hatte, sei es, dass er unter „Annehmen eines Wertes" etwas anderes verstand als wir heute.

3.3 Was ist eine Funktion? I: Die verschiedenen Darstellungsweisen

Noch in der zweiten Hälfte des 19. Jahrhunderts bestand nämlich durchaus Unklarheit darüber, was man zu den Werten einer (komplex-)analytischen Funktion rechnen sollte. So zählte etwa die komplexe Quadratwurzelfunktion zu den analytischen Funktionen. Da viele Mathematiker mit den RIEMANNschen „Flächen" noch nichts rechtes anzufangen wussten, betrachtete man sie allerdings als eine auf der komplexen Zahlenebene und nicht auf der zugehörigen RIEMANNschen Fläche definierte Funktion; die Mehrdeutigkeit irritierte dabei zunächst weniger. Jedoch ließ sich das Werteverhalten im Nullpunkt, wo eine Verzweigungsstelle vorliegt, nicht durch eine Potenzreihe darstellen (sondern nur durch eine PUISEUX-Reihe). Rein formal gesehen, gehörte der Nullpunkt also zunächst nicht zu der analytischen Funktion; andererseits war klar, dass man ihn irgendwie dazunehmen musste, entsprechend die Verzweigungspunkte beliebiger algebraischer Funktionen.

Ohne dass dieses Vorgehen im modernen Sinne exakt formuliert wurde, fügte man solche „Grenzpunkte" zu der ursprünglich definierten Funktion hinzu, indem man deren Graph im kartesischen Produkt der komplexen Ebene $\mathbb{C}$ mit sich (eigentlich: des komplex 1-dimensionalen projektiven Raumes $\mathbb{P}^1$ mit sich) betrachtete und diesen Graphen abschloss. Dies hatte dann allerdings zur Konsequenz, dass um eine Stelle, an der die Wertemenge „eigentlich" nur dicht in $\mathbb{C}$ (bzw. $\mathbb{P}^1$) lag, nunmehr *jede* komplexe Zahl als Wert angenommen wurde, ohne dass man diesen Abschließungsprozess in der Formulierung der Aussagen deutlich machen wollte oder auch konnte.

Reelle – und schultaugliche – Beispiele für diese Vorgegehensweise liefert die zunächst nur auf der Menge $\mathbb{R}^\times$ der von Null verschiedenen reellen Zahlen definierte Funktion $\sin\frac{1}{x}\colon \mathbb{R}^\times \to \mathbb{R}$: Während sich die durch $x \cdot \sin\frac{1}{x}$ gegebene Funktion noch unbezweifelbar als Funktion nach 0 stetig fortsetzen läßt, legt eine Untersuchung des Graphen von $\sin\frac{1}{x}$ um 0 herum (etwa durch Zoomen mit einem grafikfähigen Taschenrechner) die Ansicht nahe, in 0 werde jeder Wert zwischen -1 und $+1$ angenommen. Entsprechend „sieht" man bei der Funktion $\frac{1}{x} \cdot \sin\frac{1}{x}$, dass in 0 sogar *jede* reelle Zahl als Wert angenommen wird.

Natürlich läßt sich dies alles in der modernen Terminologie von „Funktionsterm", „Graph" und „Wertetabelle" klarstellen, aber man benötigt diese auch in der Tat dazu. Mit anderen Worten: An Beispielen wie den genannten wird klar, wie sich diese Konzepte unterscheiden und warum man sie eingeführt hat. (Welche Schwierigkeiten dabei noch im Jahre 1885 zu überwinden waren, machen zum Beispiel Formulierungen bei PRYM [26, S. 1–2] und LAZARUS FUCHS (1833–1902) [7, No. 1] klar;

4 Überall stetige, nirgends differenzierbare Funktionen – oder: Die „Krise der Anschauung"

4.1 Gibt es „Funktionen ohne Ableitung"?

Alle im Schulunterricht üblicherweise betrachteten stetigen Funktionen – einer reellen Veränderlichen – sind bis auf endlich viele (und damit isolierte) Punkte differenzierbar; das bekannteste Beispiel, welches nicht überall differenzierbar ist, bildet die Betragsfunktion. Diese Beobachtung legt folgende Vermutung nahe:

I. Jede stetige reelle Funktion hat – bis auf einzelne Stellen – überall einen Differentialquotienten.

Falls diese Vermutung richtig wäre, könnte man jeder stetigen reellen Funktion eine Ableitungsfunktion zuordnen; diese wäre zwar nicht in jedem Punkt des Definitionsbereichs der Ausgangsfunktion definiert, sondern hätte Lücken dazwischen, aber solch ein Phänomen verhindert ja auch nicht, dass man rationale reelle Funktionen mit Polen trotz dieser Definitionslücken als *eine* Funktion ansieht. Insoweit läßt sich die Vermutung I. modifizieren zu:

II. Jede stetige reelle Funktion besitzt eine Ableitungsfunktion.

Diese Vermutungen sind aufgrund des genannten Beispielmaterials so überzeugend, dass es bis weit in das 19. Jahrhundert hinein „Beweise" dafür gab, so noch 1864 in einem Lehrbuch [1, S. 2–4] von JOSEPH BERTRAND (1822–1900) und 1872 in einem Artikel [12] von PHILIPPE GILBERT (1832–1892).

Heutzutage kann man die Diskussion darüber auf fachlicher Ebene sofort dadurch beenden, dass man auf das Beispiel

$$W(x) := \sum_{n=0}^{\infty} b^n \cos(a^n \pi x)$$

mit a ganz, ungerade, $0 < b < 1$, $ab > 1 + \frac{3}{2}\pi$, einer überall im Reellen stetigen, aber in *keinem* Punkt differenzierbaren Funktion W verweist, das WEIERSTRASS am 18. Juli 1872 vor der Berliner Akademie vorstellte [41].

Dieses Beispiel – oder auch nur die Existenz derartiger Beispiele – ist zwar keinesfalls allen Absolvent/inn/en eines Mathematik-Studiums vertraut. Aber umso mehr lohnt sich eine über die kurze Mitteilung hinausgehende historische Betrachtung.

So gaben überall stetige, aber nirgends differenzierbare Funktionen im 19. Jahrhundert mit zu der „Krise der Anschauung" (vgl. [39]) Anlass: Zwar soll bereits CARL GUSTAV JACOB JACOBI (1804–1851) in seinen Vorlesungen bemerkt haben „man könne sich stetige Curven mit unendlich vielen Spitzen denken" [13, S. 69, Fußnote †], Beispiele stetiger, nicht nur bis auf einzelne Punkte nicht differenzierbarer Funktionen stießen aber noch lange auf Unglauben, wenn nicht sogar Schlimmeres. So meditierte PAUL DU BOIS-REYMOND (1831–1889) über die „Metaphysik" der Funktion W [2, S. 29, insb. Fußnote **)] in einem 1875 erschienenen Artikel, in dem er selbst einen Beweis von deren Nirgendsdifferenzierbarkeit gab. CHARLES HERMITE (1822–1901) wandte sich 1893 „[m]it Schrecken und Entsetzen [...] von dieser beklagenswerten Wunde der stetigen, nirgendsdifferenzierbaren Funktionen" ab [16, **2**, S. 318]. Und HENRI POINCARÉ (1854–1912) klagte noch 1908 in „Science et méthode" [24, S. 111]:

> „Die Logik erzeugt mitunter monströse Gebilde. Seit einem halben Jahrhundert sehen wir eine Menge von bizarren Funktionen auftauchen, die sich förmlich anzustrengen scheinen[,] den ehrbaren Funktionen möglichst wenig zu gleichen, welche zu irgend etwas gebraucht werden könnten. Sie haben keine Stetigkeit, oder sie sind zwar stetig, haben aber keine Derivierte usw."

Neben diesem die Philosophie der Mathematik betreffenden Aspekt liefert die Frage nach den „Funktionen ohne Ableitung" überdies noch einen Anlass, sich mit der Ausschärfung zweier Begriffe zu beschäftigen, die eben bei der Aufstellung der Vermutungen mehr oder minder stillschweigend verwendet wurden: Was sind „einzelne Stellen" [Vermutung I.]? Und was ist eine „Ableitungsfunktion" [Vermutung II.], bzw., wie viele „Lücken" dürfen zwischen den Stellen liegen, an denen eine Funktion definiert ist (bei den als Rechtfertigung herangezogenen rationalen Funktionen sind es ja nur endlich viele).

4.2 Riemanns *Beispiel*

Diese Fragen lassen sich allerdings nicht anhand der Weierstrassschen Funktion W diskutieren, sondern besser an einem älteren Beispiel, der Funktion

$$R(x) := \sum_{n=1}^{\infty} \frac{\sin n^2 x}{n^2}.$$

Die Überlieferungsgeschichte dieser Funktion ist (noch) nicht in allen Details bekannt; der gegenwärtige Kenntnisstand ist folgender (vgl. [37]): Riemann erwähnte R Anfang der 1860er Jahren in seinen Vorlesungen mit dem Hinweis, dass sie auf der ganzen reellen Geraden $\mathbb{R}$ stetig, aber „nicht differenzierbar" sei; dabei ist nicht mehr festzustellen, ob er explizit erklärte, dass dies nur so zu verstehen ist, dass R in den Punkten einer (in moderner Sprache) in $\mathbb{R}$ dichten Menge nicht differenzierbar ist. Leopold Kronecker (1823–1891) und Weierstrass wussten von Riemanns Beispiel, wobei aber bereits zumindest dem letztgenannten schon nicht bekannt war, was genau Riemann über die „Nicht-Differenzierbarkeit" von R gesagt hatte. Weierstrass hatte sich aber Anfang der 1870er Jahre einen Beweis dafür überlegt, dass R in den Punkten einer (wieder in moderner Sprache) in $\mathbb{R}$ dichten und abzählbaren Menge – vermutlich gewissen rationalen Vielfachen von π – nicht differenzierbar ist.

Wie man zum Beispiel einem Brief von Weierstrass an du Bois-Reymond vom 23. November 1873 [44, S. 199–200] oder auch Ausarbeitungen seiner Vorlesung „Einleitung in die Theorie der analytischen Functionen" aus dem Sommersemester 1874 entnehmen kann ([42, Bogen 90], [46, S. 220]), war ersterer sich dabei völlig darüber im klaren, dass diese für R nachgewiesene Eigenschaft keinesfalls bedeutet, dass die Funktion *nirgends* differerenzierbar ist.[5]

Daher musste noch geklärt werden, ob R ein Gegenbeispiel zu der Vermutung I. ist, nach der jede stetige Funktion „bis auf einzelne Stellen" differenzierbar ist. Weierstrass war dabei zunächst durchaus von der Ansicht ausgegangen, dass man bei einer dichten Teilmenge nicht mehr von „einzelnen Stellen" sprechen kann, auch wenn diese Menge abzählbar ist. In einer mit Leo Koenigsberger (1837–1921) geführ-

---

[5] In der Tat ist R an den Stellen der Gestalt $\pi \cdot \frac{p}{q}$ mit p und q ungerade ganze Zahlen differenzierbar; dies wurde allerdings erst um 1970 von mehreren Autoren (unabhängig voneinander) bewiesen ([9], [10], [11], [22], [27]; [34], [35]).

ten Auseinandersetzung fand er sich aber letztlich doch in einem Brief vom 10. Februar 1876 bereit, diesem zuzugestehen [45, S. 234],

> „daß man auch die Gesamtheit aller algebraischen Zahlen als ‚einzelne Stellen' im Gebiete der reellen Größen auffassen kann, insofern sie durch eine bestimmte Definition von den übrigen geschieden werden können."

(Ähnliches hatte er bereits am 15. Dezember 1874 an DU BOIS-REYMOND geschrieben [44, S. 205–206].)

Zu dieser Zeit war für WEIERSTRASS also der Begriff „einzelne Stellen" nicht mit dem „isolierte Punkte" gleichbedeutend, auch wenn dies heutzutage in einer Formulierung wie der von Vermutung I. automatisch unterstellt würde.

4.3 Was ist eine Funktion? II: Der Definitionsbereich

Ein anderes Problem ergibt sich bei der Vermutung II., diesmal aufgrund des Begriffes „Ableitungsfunktion". In der zweiten Hälfte des 19. Jahrhunderts beinhaltete die Definition einer Funktion eines reellen Arguments nämlich bisweilen die Bedingung, dass der Definitionsbereich Vereinigung von (nichttrivialen) Intervallen sein müsse, so etwa in dem 1875 erschienenen Buch „Einleitung in die Theorie der bestimmten Integrale" von JOHANNES THOMAE (1840–1921) [36, S. 4]. Im Sinne dieses Funktionsbegriffs hat dann bereits eine Funktion, die nur in den Punkten einer in $\mathbb{R}$ dichten Menge nicht differenzierbar ist, nirgendwo eine Ableitungs*funktion*, so dass zum Beispiel schon R aufgrund des von WEIERSTRASS Bewiesenen eine stetige Funktion ohne Ableitungsfunktion wäre.

Wiederum war sich WEIERSTRASS dieser Begriffsunschärfe genau bewusst und wies auch in dem bereits erwähnten Brief vom 23. November 1873 DU BOIS-REYMOND darauf hin [44, S. 200]:

> „[D]enn hätte z. B. eine Function $f(x)$ [...] die Eigenschaft, für irrationale Werthe von x einen bestimmten D[ifferential]-q[uotienten] zu besitzen, nicht aber für rationale, so wäre $f'(x)$ zwar keine Function im gewöhnlichen, aber doch in dem von R[iemann] wie von Ihnen adoptierten Sinne."

Wie heikel diese Unterscheidung aber für seine Zeitgenossen war, kann man der Tatsache entnehmen, dass DU BOIS-REYMOND sich zwar in seinem Artikel [2] genau an die ihm von WEIERSTRASS gegebenen Instruktionen hielt und von der Funktion R nur behauptete, sie [2, S. 28]

> „solle für gewisse, in jedem noch so kleinen Intervalle unbegrenzt oft wiederkehrende Werthe von x keinen endlichen bestimmten Differentialquotienten zulassen."

THOMAE verstand dies jedoch gründlich miss und schrieb in seinem Buch, DU BOIS-REYMOND habe behauptet, die Funktion R habe „an keiner Stelle einen Differentialquotienten" [36, S. 17, Fußnote **)].

Der Zusammenhang der Frage, ob jede stetige reelle Funktion eine Ableitungsfunktion besitzt, mit der, wie der Definitionsbereich einer reellen Funktion aussehen soll, wird besonders deutlich in einer Mitschrift der WEIERSTRASSschen Vorlesung „Einleitung in die Theorie der analytischen Functionen" aus dem Sommersemester 1874. Ihr Verfasser ließ sich leider nicht feststellen; da der Text aber von WEIERSTRASS in der ersten Person spricht, scheint er ein wörtliches Zitat wiederzugeben [42, Bogen 90]:

> „Anfangs der sechziger Jahre hatte Riemann seinen Zuhörern eine sehr einfach gebildete Funktion mitgeteilt: $\sum \frac{\sin n^2 x}{n^2}$, von der er behauptet hat, daß sie keine Differentialkoeffizienten habe. Man sieht sehr leicht, daß dies eine für reelle Werte von x beständig konvergente [Reihe ist] und eine stetige Funktion darstellt. Ich bin nicht genau davon unterrichtet, in welchem Sinne dies Riemann aufgefaßt hat, ob in dem Sinne, daß keine Ableitung existiert, wie er sagte, oder ob er behauptet hat, daß diese Funktion an keiner Stelle einen Differentialkoeffizienten hat. [...] Es steht also nicht fest, in welchem Sinne er es aufgefaßt hat, daß die Funktion keine Ableitung besitzt. [...] Wenn man den Funktionenbegriff einer reellen Veränderlichen so allgemein stellt, als erforderlich ist, so muß man auch Funktionen zulassen, die an unendlich vielen Stellen unbestimmt, unstetig, unendlich groß u[nd] d[er]gl[eichen] w[e]rd[en] und wenn man von einer Funktion auch beweisen könnte, daß es unendlich viele Stellen gibt u[nd] z[war] auch innerhalb jedes Intervalls unendlich viele Stellen gibt, wofür der Differentialkoeffizient nicht existiert d. h. unbestimmt wird, so könnte man doch noch sagen, es

> kann immer noch andere Werte von x geben, wofür der Differentialkoeffizient bestimmt ist. Dann hätte man nur eine Funktion, die an unendlich vielen Stellen unbestimmt wäre, also noch immer eine Funktion, welche zulässig wäre. Deshalb habe ich gesucht, eine Funktion aufzufinden, von der man beweisen könnte, daß sie an keiner Stelle einen Differentialquotienten hat".

Mit dem letzten Satz leitet WEIERSTRASS zu „seiner" Funktion W über, die ja in der Tat überall stetig, aber nirgends differenzierbar ist und daher die Vermutungen I. und II. unabhängig von aller notwendigen Begriffsklärung widerlegt.

Gerade anhand der Diskussion über die Funktion R wird aber deutlich, wie schwierig es war, Konzepte wie „einzelne Stellen" oder „(Definitionsbereich einer) Funktion" exakt zu fassen. Vor allen Dingen zeigt sich wieder, dass solche Begriffe nicht in den glattpolierten Zusammenhängen problematisch wurden, in denen heutzutage ihre Definition üblicherweise präsentiert wird, sondern in Situationen, die technisch durchaus komplex waren.

Natürlich kann dies kein Plädoyer dafür sein, etwa die Funktion R im Schulunterricht zu behandeln, um klarzumachen, was es bedeutet, dass der Definitionsbereich einer reellen Funktion eine *beliebige* Teilmenge von $\mathbb{R}$ ist. Aber darum ging es ja in diesem Beitrag auch gar nicht, sondern darum, nachzuweisen, dass die Auseinandersetzung mit historischen Themen im Lehramtsstudium der Mathematik nicht nur das Verständnis für mathematische Konzepte vertieft, sondern auch die Probleme verdeutlichen kann, die aktive Mathematiker/innen bei deren Entwicklung hatten und mit denen – mutatis mutandis – auch heute noch Schüler/innen konfrontiert werden.

Literatur

[1] JOSEPH LOUIS FRANÇOIS BERTRAND: *Traité de calcul différentiel et de calcul intégral* **I**. Gauthier-Villars: Paris 1864.

[2] PAUL DU BOIS-REYMOND: Versuch einer Classification der willkürlichen Functionen reeller Argumente nach ihren Aenderungen in den kleinsten Intervallen. *Journal für die reine und angewandte Mathematik* **79** (1875), 21–37.

[3] FELICE CASORATI: Un teorema fondamentale nella teorica delle discontinuità delle funzioni. *Rendiconti del Reale Istituto Lombardo, II. Serie* **1** (1868), 123–135; auch in *Felice Casorati: Opere* **1**, S. 279–281. Edizioni Cremonese: Roma 1951.

[4] —: *Teorica delle funzioni di variabili complesse, 1.* Fratelli Fusi: Pavia 1868.

[5] PETER GUSTAV LEJEUNE DIRICHLET: *Vorlesungen über die im umgekehrten Verhältniss des Quadrats der Entfernung wirkenden Kräfte.* Herausgegeben von F. GRUBE. B. G. Teubner: Leipzig 1876.

[6] JÜRGEN ELSTRODT und PETER ULLRICH: A real sheet of complex Riemannian function theory: A recently discovered sketch by Riemann's own hand. *Historia Mathematica* **26** (1999), 268–288.

[7] LAZARUS FUCHS: Über den Character der Integrale von Differentialgleichungen zwischen complexen Variabeln. *Sitzberichte der Königlich Preussischen Akademie der Wissenschaften zu Berlin* 1885, **II**, 5–12; auch in *Lazarus Fuchs, Gesammelte mathematische Werke* **2**. Herausgegeben von RICHARD FUCHS und LUDWIG SCHLESINGER. Mayer & Müller: Berlin 1906, S. 381–389.

[8] CARL FRIEDRICH GAUSS: Allgemeine Lehrsätze in Beziehung auf die im verkehrten Verhältnisse des Quadrats der Entfernung wirkenden Anziehungs- und Abstossungs-Kräfte. *Resultate aus den Beobachtungen des magnetischen Vereins im Jahre 1839*; hier in *Carl Friedrich Gauß: Werke* **V**, S. 195–242. Herausgegeben von der Königlichen Gesellschaft der Wissenschaften zu Göttingen. Leipzig: B. G. Teubner, 2. Abdruck 1877 und als *Ostwald's Klassiker der exacten Wissenschaften* **2**. Herausgegeben von ALBERT WANGERIN. Wilhelm Engelmann: Leipzig 1889.

[9] JOSEPH GERVER: The differentiability of the Riemann function at certain rational multiples of π. *Proceedings of the National Academy of Sciences of the United States of America* **62** (1969), 668–670.

[10] —: The differentiability of the Riemann function at certain rational multiples of π. *American Journal of Mathematics* **92** (1970), 33–55.

[11] —: More on the differentiability of the Riemann function. *American Journal of Mathematics* **93** (1971), 33–41.

[12] PHILIPPE GILBERT: Mémoire sur l'existence de la dérivée dans les fonctions continues (4 mai 1872). *Mémoires couronnés et autres Mémoires publiés par l'Académie Royale de Belgique* **XXIII** (1873).

[13] HERMANN HANKEL: Untersuchungen über die unendlich oft oscillirenden und unstetigen Functionen. In *Gratulationsprogramm der Tübinger Universität vom 6. März 1870*, hier in *Mathematische Annalen* **20** (1882), 63–112.

[14] WOLFGANG HEIN: Gemeinsame Tagung mit der DMV-Fachsektion „Geschichte der Mathematik". *Mitteilungen der Gesellschaft für Didaktik der Mathematik* **77** (Dezember 2003), 17–19.

[15] — und PETER ULLRICH (Hrsg.): *Mathematik im Fluss der Zeit, Tagung zur Geschichte der Mathematik in Attendorn / Neu-Listernohl (28.5. bis 1.6.2003)*. Algorismus **44**. ERV Dr. Erwin Rauner Verlag: Augsburg 2004.

[16] CHARLES HERMITE und THOMAS JAN STIELTJES: *Correspondance d'Hermite et de Stieltjes publiée par les soins de B. Baillaud, H. Bourget.* 2 Bände. Gauthier-Villars: Paris 1905.

[17] DAVID HILBERT: Brief an FRIEDRICH ENGEL vom 25. April 1891. Standort: Justus-Liebig-Universität Gießen, Universitätsbibliothek, Nachlass ENGEL, Signatur NE 180608.

[18] FELIX KLEIN: *Vorlesungen über die Entwicklung der Mathematik im 19. Jahrhundert* **I**. Grundlehren der mathematischen Wissenschaften **24**. Julius Springer: Berlin 1926.

[19] MOSES MENDELSSOHN: *Über die Empfindungen*. Christian Friedrich Voß: Berlin 1755; hier in [21, S. 41–123].

[20] —: *Über die Empfindungen*. Christian Friedrich Voß: Berlin 1771; hier in [21, S. 233–334].

[21] —: *Schriften zur Philosophie und Ästhetik I. Bearbeitet von Fritz Bamberger.* Gesammelte Schriften, Jubiläumsausgabe **1**. Friedrich Frommann Verlag (Günther Holzboog): Stuttgart, Bad Cannstatt 1971.

[22] ERNST MOHR: Wo ist die Riemannsche Funktion $\sum_{n=1}^{\infty} \frac{\sin n^2 x}{n^2}$ nichtdifferenzierbar? *Annali di Matematica Pura ed Applicata, IV. Ser.* **123** (1980), 93–104.

[23] KATJA PETERS: Mathematikgeschichte hautnah erfahren – oder: Wie Quellenlektüre für Mathematik begeistern kann. In [15, S. 534–548].

[24] HENRI POINCARÉ: *Science et méthode*. Flammarion: Paris 1908; hier *Wissenschaft und Methode, Autorisierte deutsche Ausgabe mit erläuternden Anmerkungen von F. und L. Lindemann*. Wissenschaft und Hypothese **XVII**. B. G. Teubner: Leipzig und Berlin 1914.

[25] FRIEDRICH PRYM: Zur Integration der Differentialgleichung $\frac{\partial^2 u}{\partial x^2} + \frac{\partial^2 u}{\partial y^2} = 0$. *Journal für die reine und angewandte Mathematik* **73** (1871), 340–364.

[26] —: *Neue Theorie der ultraelliptischen Functionen*. Mayer & Müller: Berlin, 2. Ausgabe 1885.

[27] HERVÉ QUEFFELEC: Dérivabilité de certaines sommes de séries de Fourier lacunaires. *Comptes Rendus de l'Académie des Sciences, Ser. I*, **273** (1971), 291–293.

[28] ULRICH REICH: Vom Pluszeichen bis zum Gleichheitszeichen: Neuere Erkenntnisse über die Entstehung unserer gebräuchlichsten Zeichen. In [15, S. 71–83].

[29] BERNHARD RIEMANN: *Grundlagen für eine allgemeine Theorie der Functionen einer veränderlichen complexen Grösse.* Inauguraldissertation. Ernst August Huth: Göttingen 1851; hier in [31, S. 35–77].

[30] —: Theorie der *Abel*'schen Functionen. *Journal für die reine und angewandte Mathematik* **54** (1857), 101–155; hier in [31, S. 120–174].

[31] —: *Gesammelte mathematische Werke, wissenschaftlicher Nachlaß und Nachträge, Collected Papers.* Herausgeben von HEINRICH WEBER, RICHARD DEDEKIND und RAGHAVAN NARASIMHAN. Springer: Berlin und B. G. Teubner: Leipzig 1990.

[32] HANS G. SCHÖNWALD: Geschichte(n) über negative Zahlen. In [15, S. 514–522].

[33] CHRISTOPH J. SCRIBA: Die Rolle der Geschichte der Mathematik in der Ausbildung von Schülern und Lehrern. *Jahresbericht der Deutschen Mathematiker-Vereinigung* **85** (1983), 113–128.

[34] ARTHUR SMITH: The differentiability of Riemann's function. *Proceedings of the American Mathematical Society* **34** (1972), 463–468.

[35] —: Correction to "The differentiability of Riemann's function". *Proceedings of the American Mathematical Society* **89** (1983), 567–568.

[36] JOHANNES THOMAE: *Einleitung in die Theorie der bestimmten Integrale.* Louis Nebert: Halle a. S. 1875.

[37] PETER ULLRICH: Anmerkungen zum „Riemannschen Beispiel" $\sum_{n=1}^{\infty} \frac{\sin n^2 x}{n^2}$ einer stetigen, nicht differenzierbaren Funktion. *Results in Mathematics, Resultate der Mathematik* **31** (1997), 245–265.

[38] —: Einige historische Anmerkungen zur Unterscheidung von Infimum und Minimum. In *Mathematik im Wandel – Anregungen zu einem fächerübergreifenden Mathematikunterricht, Bd. 3*, hrsg. v. Michael Toepell. Mathematikgeschichte und Unterricht **IV**, S. 229–239. Verlag Franzbecker: Hildesheim, Berlin 2006.

[39] KLAUS (THOMAS) VOLKERT: *Die Krise der Anschauung, Eine Studie zu formalen und heuristischen Verfahren in der Mathematik seit 1850.* Studien zur Wissenschafts-, Sozial- und Bildungsgeschichte der Mathematik **3**. Vandenhoeck & Ruprecht: Göttingen 1986.

[40] KARL WEIERSTRASS: Über das sogenannte Dirichlet'sche Princip. Gelesen in der Königl. Akademie der Wissenschaften am 14. Juli 1870, in [43, **II**, S. 49–54].

[41] —: *Über continuirliche Functionen eines reellen Arguments, die für keinen Werth des letzteren einen bestimmten Differentialquotienten besitzen.* Gelesen in der Königl. Akademie der Wissenschaften am 18. Juli 1872, veröffentlicht in [43, **II**, S. 71–74].

[42] —: *Einleitung in die Theorie der analytischen Funktionen, Vorlesung, gehalten im SommerSemester 1874.* Handschriftlich, ohne Angabe des Verfassers. Standort: Bibliothek des Instituts Mittag-Leffler, Djursholm.

[43] —: *Mathematische Werke von Karl Weierstrass.* 7 Bände. Mayer & Müller: Berlin 1894–1927, Nachdruck Georg Olms: Hildesheim und Johnson Reprint: New York o.J.

[44] —: Briefe von K. Weierstraß an Paul du Bois-Reymond. *Acta mathematica* **39** (1923), 199–225.

[45] —: Briefe von K. Weierstraß an L. Koenigsberger. *Acta mathematica* **39** (1923), 226–239.

[46] —: *Einleitung in die Theorieen der analytischen Functionen, Nach den Vorlesungen im S.S. 1874 ausgearbeitet von G. Hettner.* Fotomechanisch vervielfältigt von der Bibliothek des Mathematischen Instituts der Universität Göttingen 1988.

[47] HEINRICH WINTER: *Entdeckendes Lernen im Mathematikunterricht. Einblicke in die Ideengeschichte und ihre Bedeutung für die Pädagogik.* Herausgegeben von ERICH CH. WITTMANN. Friedr. Vieweg & Sohn: Braunschweig, Wiesbaden 1989.

Prof. Dr. PETER ULLRICH

Universität Koblenz-Landau
Campus Koblenz
Mathematisches Institut
Universitätsstraße 1
56070 Koblenz
Deutschland
E-Mail: ullrich@uni-koblenz.de

Erfahrungen mit Einführungsvorlesungen: Geometrie und Analysis

(Zusammenstellung der Slides des Vortrages von G. Wanner, Genève)

"Wer liebt schon die Mathematik ?"
(In der Braunschweiger Touristeninformation, auf die absolut ungewohnte Frage, wo denn Gauss' Geburtshaus stehe.)

Diese Situation wollen wir verbessern. Ein Unterricht mit dem historischen Aufbau des Stoffes und den originalen Motivationen der Entdecker scheint, neben vielen Figuren, dabei das beste Mittel zum Zweck. Solche Vorlesungen, welche der Autor seit vielen Jahren hält, werden hier vorgestellt. Am Ende der Vorlesung wurde dann immer das Interesse und Verständnis der Studenten für die einzelnen Abschnitte durch einen Fragebogen erfasst. Die Resultate sind überzeugend.

Bemerkung. Der Begleittext zu den Bildern ist knapp gehalten. Mehr Material enthält ein (in französischer Sprache geschriebenes) Vorlesungsmanuskript, welches auf der Homepage `http://www.unige.ch/~wanner` (unter einem Ikon $\Gamma\varepsilon\omega\mu\varepsilon\tau\rho\iota\alpha$) abrufbar ist, sowie das Buch *Analysis by Its History*, Springer 1995/97, von E. Hairer und G. Wanner.

Teil I. Vorlesung über Geometrie

Vorspiel auf dem Theater

"Die Lehrart, die man schon in dem ältesten auf unsere Zeit gekommenen Lehrbuche der Mathematik (den Elementen des Euklides) antrifft, hat einen so hohen Grad der Vollkommenheit, dass sie von jeher ein Gegenstand der Bewunderung, zuweilen auch einer mehr oder weniger glücklichen Nachahmung ....
(B. Bolzano, *Grössenlehre*, p. 18r, 1848)

Dieses älteste und so vollkommene Lehrbuch der Mathematik beginnt folgendermassen (das französisch ist jenes der historisch ersten Übersetzung durch F. Peyrard, 1819, des Manuskriptes M.S. 190, welches die Truppen Napoleons in den Tresoren des Vatikans aufstöberten):

Euklid's Definitionen.

[1.] Un point est ce dont il n'y a aucune partie.
(Σημεῖόν ἐστιν, οὑ μέρος οὐθέν)
[2.] Une ligne est une longueur sans largeur.
[3.] Les limites d'une ligne sont des points.
[4.] Une ligne droite est celle qui est placée de manière égale par rapport aux points qui sont sur elle.
[5.] Une surface est ce qui a seulement longueur et largeur.
[6.] Les limites d'une surface sont des lignes.
[7.] Une surface plane est celle qui est placée de manière égale par rapport aux droites qui sont sur elle.
[8.] Un angle plan est l'inclinaison, l'une sur l'autre, dans un plan, de deux lignes qui se touchent l'une l'autre et ne sont pas placées en ligne droite.
[9.] Et quand les lignes contenant l'angle sont droites, l'angle est appelé rectiligne.
[10.] Et quand une droite, ayant été élevée sur une droite, fait les angles adjacents égaux entre eux, chacun de ces angles égaux est droit, et la droite qui a été élevée est appelée perpendiculaire à celle sur laquelle elle a été élevée.
[11.] Un angle obtus est celui qui est plus grand qu'un droit.
[12.] Un angle aigu celui qui est plus petit qu'un droit.
[13.] Une frontière est ce qui est limite de quelque chose.
[14.] Une figure est ce qui est contenu par quelque ou quelques frontière(s).
[15.] Un cercle est une figure plane contenue par une ligne unique (celle appelée circonférence) par rapport à laquelle toutes les droites menées à sa rencontre à partir d'un unique point parmi ceux qui sont placés à l'intérieur de la figure, sont (jusqu'à la circonférence du cercle) égales entre elles.
[16.] Et le point est appelé centre du cercle.
[17.] Et un diamètre du cercle est n'importe quelle droite menée par le centre, limitée de chaque côté par la circonférence du cercle, laquelle coupe le cercle en deux parties égales.
[18.] Un demi-cercle est la figure contenue par le diamètre et la circonférence découpée par lui; le centre du demi-cercle est le même que celui du cercle.
[19.] Les figures rectilignes sont les figures contenues par des droites; trilatères (triangles) : celles qui sont contenues par trois droites, quadrilatères par quatre; multilatères par plus de quatre.
[20.] Parmi les figures trilatères est un triangle équilatéral celle qui a les trois côtés égaux; isocèle celle qui a deux côtés égaux seulement; scalène celle qui a les trois côtés inégaux.
[21.] De plus, parmi les figures trilatères est un triangle rectangle celle qui a un angle droit; obtusangle, celle qui a un angle obtus; acutangle, celle qui a les trois angles aigus.
[22.] Parmi les figures quadrilatères est un carré celle qui est à la fois équilatérale
et rectangle; est oblongue celle qui est rectangle mais non équilatérale; un losange, celle qui est équilatérale mais non rectangle; un rhomboïde (parallélogramme), celle qui a les côtés et les angles opposés
égaux les uns aux autres mais qui n'est ni équilatérale ni rectangle; et que l'on appelle trapèzes les quadrilatères autres que ceux-là.
[23.] Des droites parallèles sont celles qui étant dans le même plan et indéfiniment prolongées de part et d'autre, ne se rencontrent pas, ni d'un côté ni de l'autre.

Nach so einem Anfang versteht man den Seufzer, welchen Clairaut schon 1741 ausgestossen hatte (siehe nachfolgendes Zitat).

"Quoique la Géométrie soit par elle-même abstraite, il faut avoüer cependant que les difficultés qu'éprouvent ceux qui commencent à s'y appliquer, viennent le plus souvent de la manière dont elle est enseignée dans les Elémens ordinaires. On y débute toûjours par un grand nombre de définitions, de demandes, d'axiomes, & de principes préliminaires, qui semblent ne promettre rien que de sec au lecteur".

(Clairaut, *Elemens de Geometrie*, 1741)

(in freier Übersetzung: "Obwohl die Geometrie an und für sich abstrakt ist, muss man allerdings zugeben, dass die Schwierigkeiten, welche Anfänger mit ihr haben, hauptsächlich von der Art und Weise stammen, wie sie unterrichtet wird. Man beginnt immer mit einer riesigen Zahl von Definitionen, Axiomen und vorläufigen Resultaten, welche nichts als trockene Materie dem Leser versprechen.")

Rückbesinnung auf die Anfänge

Wie uns die folgende Synopsis der griechischen Mathematiker zeigt

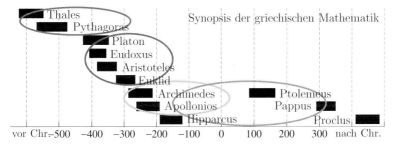

war Euklid gar nicht am Beginn der Entstehung der Geometrie. Um Freude und Verständnis für die Schönheiten und die Eleganz der ersten Resultate von Thales und Pythagoras zu haben, braucht man alle diese Definitionen ja nicht hinunterzuwürgen. Wir teilen den Beginn der Vorlesung also wie folgt ein:

- I.1 Thales und Pythagoras
- I.2 Euklid
- I.3 Kegelschnitte, Archimedes
- I.4 Trigonometrie

I.1 Thales und Pythagoras

"... la théorie des lignes proportionnelles et la proposition de Pythagore, qui sont les bases de la Géométrie ..."

(Poncelet 1822, p. xxix)

Der Strahlensatz. Wenn man ein Dreieck zweimal parallelverschiebt (von dunkelgrau nach hellgrau; siehe linkes Bild), sieht man sofort den Strahlensatz (oder "Satz von Thales") für Streckenverhältnisse 2 : 1. Wenn man dies öfters wiederholt (rechtes Bild), gilt er auch für beliebige *rationale* Verhältnisse $p:q$:

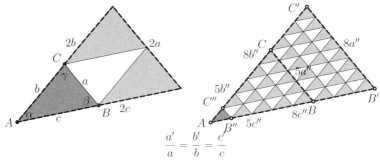

$$\frac{a'}{a} = \frac{b'}{b} = \frac{c'}{c}$$

Zentriwinkel – Peripheriewinkel. Ebenso leicht sieht man den schönen Satz vom Zentriwinkel und, halb so grossen, Peripheriewinkel, der später "Euklid III.20" heissen wird (Idee: wir ziehen im Bild (a) eine Parallele zu AC durch O):

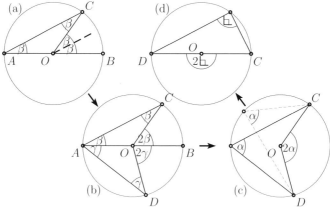

Satz von Pythagoras. Die Figurfolgen (a-b), (a-c) und (a-d) bilden drei Beweise des berühmten pythagoreischen Lehrsatzes aus drei Kulturkreisen und zwei Jahrtausenden (Chou-pei Suan-ching in China, Bhāskara in Indien, Thābit Ibn Qurra in Arabien):

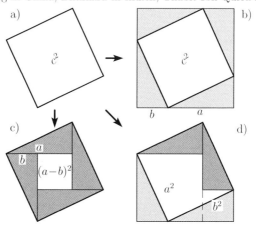

Die folgende Abbildung zeigt Dokumente aller Sprachen und aller Kulturen —, und immer
dasselbe Theorem. Keine andere Wissenschaft ist so universell !

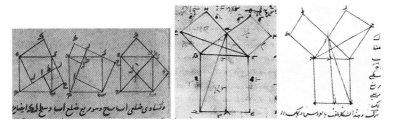

Thābit Ibn Qurra, 870 n. Chr.   Euklid 300 v. Chr.

Das Pentagon. Die drei obigen Sätze erlauben bereits eine grosse Menge von Anwendungen; z.B., um das regelmässige Pentagon, die Kultfigur der griechischen Mathematik, vollkommen zu entschlüsseln:

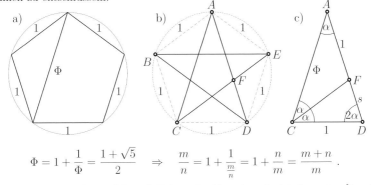

$$\Phi = 1 + \frac{1}{\Phi} = \frac{1+\sqrt{5}}{2} \quad \Rightarrow \quad \frac{m}{n} = 1 + \frac{1}{\frac{m}{n}} = 1 + \frac{n}{m} = \frac{m+n}{m} \; .$$

Versucht man, den "goldenen Schnitt" Φ (von $\Phi\varepsilon\iota\delta\iota\alpha\varsigma$, dem Architekten der $^{\prime}A\kappa\rho\delta\pi o\lambda\iota\varsigma$)
als rationale Zahl zu scheiben, so geht das nicht !!

Der grosse Schock : alle Beweise sind ungenügend !!!

Der Entdecker dieses "Skandals", Hippasus von Metapontum, wurde darauf vom Meer verschlungen. Den übrigen "Pytharogäern", die diesen Skandal vertuschen wollten, kam dieses "Unglück" sehr gelegen.

Jedenfalls wird es Zeit, reumütig wieder die lange Liste des Euklid hervorzukramen, und anschliessend, so rigoros wie möglich, ein Theorem nach dem andern, beginnend mit genau präzisierten "Postulaten", herzuleiten:

I.2 Euklid's Elemente.

> "La Géométrie d'Euclide a certainement de très-grands avantages, elle accoutume
> l'esprit à la rigueur, à l'élégance des démonstrations et à l'enchaînement méthodique
> des idées ..."
>
> (Poncelet 1822, p. xxv)

> "Pemberton ... avait entendu plusieurs fois Newton se plaindre de s'être livré tout
> entier aux ouvrages de Descartes et d'autres Algébristes avant d'avoir étudié et
> médité les Éléments d'Euclide."
>
> (Préface de *Œuvres d'Euclide* par F. Peyrard, 1819)

"There never has been, and till we see it we never shall believe that there can be, a system of geometry worthy of the name, which has any material departures ... from the plan laid down by Euclid."

(De Morgan 1848; copied from the *Preface* of Heath.)

Die 5 Postulate Euklid's.

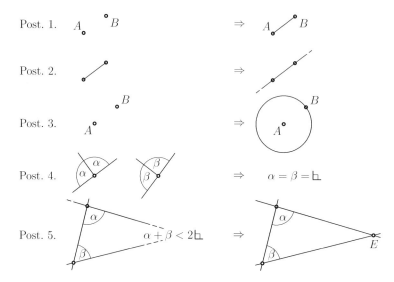

Die ersten drei Postulate präzisieren die geometrischen Konstruktionen mit Lineal (1, 2) und Zirkel (3). Postulat 4 definiert den rechten Winkel (den wir kurz mit ⊾ bezeichnen) als universelle Einheit. Das fünfte ist das berühmte Parallelenpostulat.

Die ersten Propositionen.

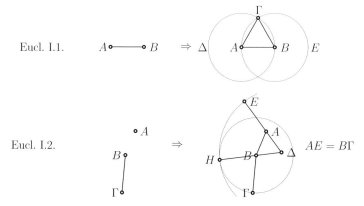

(Konstruktion des gleichseitigen Dreiecks und Verschiebung der Zirkelöffnung $B\Gamma$ nach

AE).

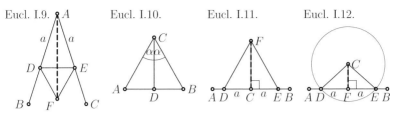

(Winkelsymmetrale, Seitensymmetrale, Orthogonale in C, orthogonale Projektion von C; das gleichseitige Dreieck von Prop. I.1 ist das universelle Hlfsmittel). Als nächstes folgen Sätze über Aussenwinkel und Gegenwinkel; hier wird das Postulat 4 erstmals benötigt:

Eucl. I.13.

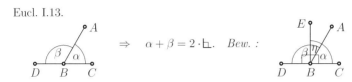

Auftritt Postulat 4 :

Prop. I.14. $\quad \alpha + \beta = 2 \cdot \llcorner \quad \Rightarrow \quad DBC$ in 1 Linie. Bew. mit Post. 4.

Eucl. I.15.

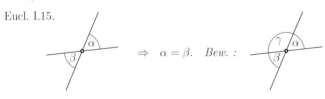

Schliesslich folgen Sätze über Dreiecke, insbesondere alle bekannten Kongruenzsätze:

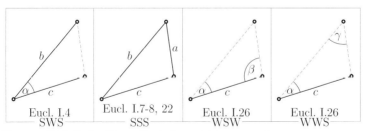

und als Nummer I.20 die berühmte Dreiecksungleichung $a < b + c$.

Bis hierher hatte Euklid nur die Postulate 1–4 verwendet. Bei Sätzen über Parallelen und Parallelwinkel wird nun das Postulat 5 benötigt:

Eucl. I.27.

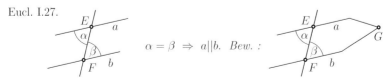

Auftritt Postulat 5:

Eucl. I.29. 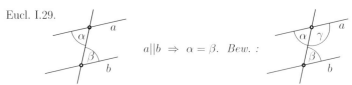 $a \| b \Rightarrow \alpha = \beta$. Bew.:

⇒ Sätze über Parallelwinkel, Winkelsumme im Dreieck (I.32), Parallelogramme, Quadrate, Pythogareischer Lehrsatz (I.47) und seine Umkehrung. Ende Buch I.

Buch II. Algebraische Identitäten.

Buch III. Kreise und Winkel; Potenz eines Punktes.

Buch IV. Kreise und eingeschriebene Drei-, Vier-, und Fünfecke.

Buch V. Theorie der Proportionen (Irrationalzahlen, fast à la Dedekind).

Erst im **Buch VI**, also nach insgesamt 141 Propositionen, kommt Euklid endlich zum Satz des Thales:

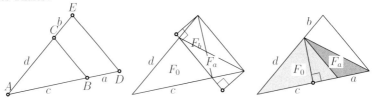

welchen er über Flächenformeln von Dreiecken gewinnt, etwa

$$F_a = F_b \quad \Rightarrow \quad a : c = F_a : F_0 = F_b : F_0 = b : d \, ,$$

und erst jetzt wäre der Schüler befähigt, primitivste Anwendungen, wie etwa die Berechnung der Höhe eines Baumes, korrekt durchzuführen.

Dann folgen Bücher über Zahlentheorie (zum Beispiel den Satz über unendlich viele Primzahlen und den berühmten Euklidischen Algorithmus) und schliesslich die Bücher XI bis XIII, welche die Geometrie des Raumes und, als Krönung, die Platonischen Polyeder (Tetraeder, Oktaeder, Würfel, Ikosaeder und Dodekaeder) beschreiben. Erst die Proposition XIII.9 zeigt den obigen eleganten Beweis für das Pentagon.

I.3 Apollonius und die Kegelschnitte.

"The cream of the classical period's contributions are Euclid's *Elements* and Apollonius' *Conic Sections*." (M. Kline, *Mathematical Thought...*, 1972, p. 27)

Das zweite monumentale Vermächtnis des griechischen Altertums sind die *Kegelschnitte* (Parabel, Ellipse und Hyperbel) des Apollonius. Die bekannteste Eigenschaft einer Ellipse, nämlich

$$\ell_1 + \ell_2 = 2a$$

befindet sich bei Apollonius erst im Buch III, Proposition 52.

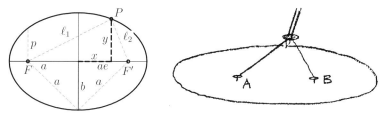

(rechts: Zeichnung von R. Feynman, 1965). Der elegante Beweis von G.P. Dandelin (1822):

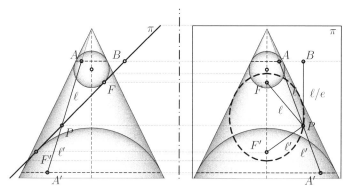

hat an die hundert Propositionen des Apollonius überflüssig gemacht!! Hier sehen wir besonders eindrücklich, dass die sture "historische Methode" *nicht immer* das Beste ist!!

Gleiches gilt für die **ebene und sphärische Trigonometrie** des Ptolemäus aus dem *Almagest*, dem dritten und letzten Monumentalwerk der klassischen Periode:

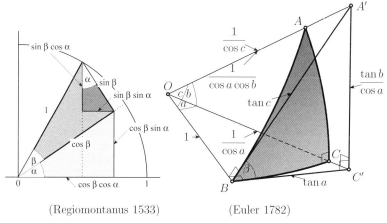

(Regiomontanus 1533)   (Euler 1782)

Hier sieht man die wichtigsten Eigenschaften der Winkelfunktionen und des sphärischen rechtwinkeligen Dreiecks durch die eleganten Ansichten von Regiomontanus und von Euler auf einen Blick.

Kap. II. Analytische Geometrie (Descartes)

... en cherchant une question de géométrie ... je ne considère point d'autres théorèmes, sinon que les côtés des triangles semblables ont semblable proportion entre eux, et que dans les triangles rectangles le carré de la base est égal aux deux carrés des côtés ; (Descartes, *Lettre à Mme La princesse Élisabeth*, 1643)

... affin de faire voir qu'on peut construire tous les Problemes de la Geometrie ordinaire, sans faire autre chose que le peu qui est compris dans les quatre figures que i'ay expliquées. Ce que ie ne croy que les anciens ayent remarqué, car autrement ils n'eussent pas pris la peine d'en escrire tant de gros liures, ou le seul ordre de leurs propositions nous fait connoistre qu'ils n'ont point eu la vraye methode pour les trouuer toutes, mais qu'ils ont seulement ramassé celles qu'ils ont rencontrées.

(R. Descartes, *La Geometrie*, 1637, p. 304)

Wir lesen aus den Zitaten von Descartes, dass dieser sich über die alten Griechen mit all ihren dicken Büchern und unzähligen Propositionen lustig macht und behauptet, er brauche nur den Strahlensatz und den Pythagoreischen Lehrsatz; alles andere besorge die Algebra, welche in der Zwischenzeit entstanden ist, vor allem die Buchstabenrechnung des Viète. Mit Hilfe der nachfolgenden Tabelle ("les quatre figures que i'ay expliquées") gehe man wie mit einem Wörterbuch zwischen geometrischen Figuren und algebraischen Formeln hin und her, immer auf diejenige Seite, welche gerade leichteres Vorwärtskommen verspricht.

Geometrie	Algebra
	somme $\quad c = a + b$
	différence $\quad c = a - b$
	produit $\quad c = a \cdot b$
	quotient $\quad c = \dfrac{b}{a}$
	racine $\quad h = \sqrt{a \cdot b}$ (Eucl. II.14)

Beispiel: das Problem von Pappus–Cramer–Castillon.

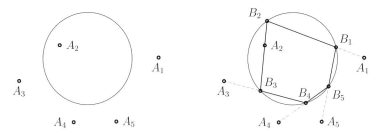

Problem. Gegeben n Punkte $A_1, A_2, \ldots, A_n$ und ein Kreis. Gesucht eingeschriebenes n Polygon $B_1, B_2, \ldots, B_n$ sodass $(B_i B_{i+1})$ durch A_i geht.

> "Dans ma jeunesse … un vieux Géomètre, pour essayer mes forces en ce genre, me proposa le Problème que je vous proposai, tentez de le résoudre et vous verrez, combien il est difficile." (G. Cramer in 1742 ; quoted in Euler's *Opera*, vol. 26)

> "Ce problème passe pour difficile, et il a fixé l'attention de plusieurs grands géomètres." (L. Carnot, *Géométrie de Position*, 1803, p. 383)

> "Le lendemain du jour dans lequel je lus à l'Académie ma solution du Problème concernant le cercle et le triangle à inscrire dans ce cercle, en sorte que chaque côté passe par un de trois points donnés, M. de la Grange m'en envoya la solution algébrique suivante." (Castillon 1776 ; see *Oeuvres de Lagrange*, vol. 4, p. 335)

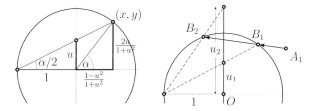

Nachdem das Problem, selbst für $n = 3$, Jahrhunderte lang die Geometer beschäftigt hatte (siehe Zitate), findet Lagrange *an einem Abend* eine **Analyt. Lösung**, welche sich noch dazu auf beliebige n leicht ausdehnen lässt (Carnot 1803): Wir führen pythagoreische Koordinaten auf dem Kreis ein (siehe linkes Bild). Dann ist die Projektion $B_1 \mapsto B_2$ durch A_1, nach kurzer Rechnung, eine *Möbius Transformation*:

$$u_2 = \frac{-b_1 u_1 + 1 - a_1}{-(a_1 + 1)u_1 + b_1} \quad \text{oder} \quad \begin{pmatrix} u_2 \\ 1 \end{pmatrix} = C \begin{pmatrix} -b_1 & 1 - a_1 \\ -a_1 - 1 & b_1 \end{pmatrix} \begin{pmatrix} u_1 \\ 1 \end{pmatrix} \;,$$

Zusammensetzung $B_1 \mapsto B_2 \mapsto B_3 \mapsto \ldots \Rightarrow$ führt auf Matrizenprodukte; die Bedingung $B_{n+1} = B_1 \Rightarrow$ quadratische Gleichung. Also gibt es in der Regel zwei Lösungen … oder gar keine.

Numerisches Beispiel:

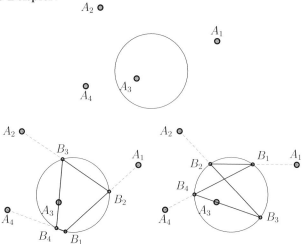

2. Beispiel: Urquhart's 'Most Elementary Theorem of Euclidean Geometry'.

> "Urquhart considered this to be the 'most elementary theorem', since it involves only the concepts of straight line and distance. The proof of this theorem by purely geometrical methods is not elementary."
>
> (D. Elliot ; *J. Australian Math. Soc.* 1968, p. 129)

Theorem.

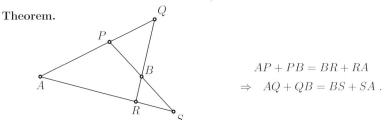

$$AP + PB = BR + RA$$
$$\Rightarrow \quad AQ + QB = BS + SA \ .$$

Das Theorem ist eigentlich ein Satz über konfokale Ellipsen:

Theorem.

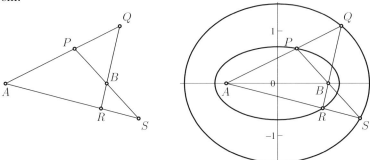

Hilfssatz: Billiard in einer Ellipse.

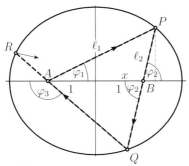

Problem. Gegeben φ_1, gesucht $\varphi_2, \varphi_3, \ldots$

Lösung. Mit $c_i = \cos \varphi_i$ gilt

$$c_2 = \frac{c_1 - \theta}{-\theta \, c_1 + 1} \quad \text{mit} \quad A = \begin{pmatrix} 1 & -\theta \\ -\theta & 1 \end{pmatrix}, \quad \theta = \frac{2e}{e^2 + 1}$$

wird also durch Möbiustransformationen vermittelt.

Nun der 'most elementary' Beweis des Satzes von Urquhart:

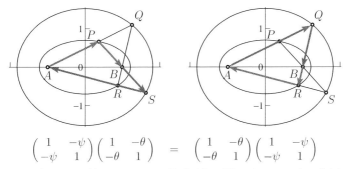

$$\begin{pmatrix} 1 & -\psi \\ -\psi & 1 \end{pmatrix} \begin{pmatrix} 1 & -\theta \\ -\theta & 1 \end{pmatrix} = \begin{pmatrix} 1 & -\theta \\ -\theta & 1 \end{pmatrix} \begin{pmatrix} 1 & -\psi \\ -\psi & 1 \end{pmatrix}$$

Die Matrizen sind vertauschbar $\Rightarrow$ die beiden Wege kommen im gleichen Winkel an.

Kap. II.2. Konstr. mit Zirkel und Lineal (Gauss)

> Magnopere sane est mirandum, quod, quum iam Euclidis temporibus circuli divisibilitas geometrica in tres et quinque partes nota fuerit, nihil his inventis intervallo 2000 annorum adiectum sit, ...
>
> (C.F. Gauss, *Disquisitiones Arithmeticae*, 1801, Art. 365)

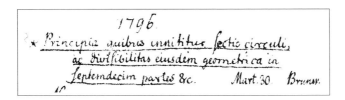

Faksimile der ersten Eintragung des "Notizenjournals" von Gauss, 30. März 1796 in Braunschweig; ein historischer Tag für die Mathematik.

Regelmässiges 17-Eck:

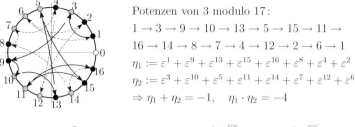

Potenzen von 3 modulo 17:
$1 \to 3 \to 9 \to 10 \to 13 \to 5 \to 15 \to 11 \to 16 \to 14 \to 8 \to 7 \to 4 \to 12 \to 2 \to 6 \to 1$

$\eta_1 := \varepsilon^1 + \varepsilon^9 + \varepsilon^{13} + \varepsilon^{15} + \varepsilon^{16} + \varepsilon^8 + \varepsilon^4 + \varepsilon^2$

$\eta_2 := \varepsilon^3 + \varepsilon^{10} + \varepsilon^5 + \varepsilon^{11} + \varepsilon^{14} + \varepsilon^7 + \varepsilon^{12} + \varepsilon^6$

$\Rightarrow \eta_1 + \eta_2 = -1, \quad \eta_1 \cdot \eta_2 = -4$

$$\Rightarrow \quad \eta^2 + \eta - 4 = 0 \quad \Rightarrow \quad \eta_1 = \frac{-1+\sqrt{17}}{2}, \quad \eta_2 = \frac{-1-\sqrt{17}}{2}$$

3 mal wiederholen, fertig.

Unmöglichkeit (Heptagon, Winkeldreiteilung, Würfelverdoppelung):
Gauss behauptet es, ohne Beweis.
Beweis: Wantzel 1837, Galois 1832, F. Klein 1908.

Kap. III. Projektive Geometrie (Poncelet 1822)

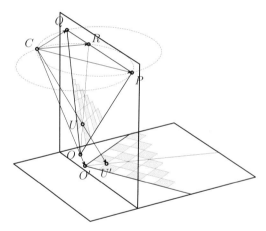

Idee: durch Zentralprojektion
        kompliziertes Theorem in triviales Theorem verwandeln.

Beispiel (Pascal 1640): 6 Punkte auf einem Kegelschnitt ⇒ KML in einer Linie.

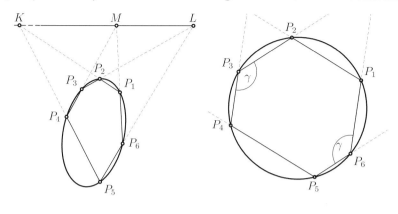

"hexagramma mysticum" ⇔ Euklid III.20.

Bilanz ?

> Ein Mensch, am Ende seines Lebens,
> sieht die Erfolge seines Strebens
> nur wenig sein, an dem gemessen,
> was er versoffen und verfressen. (Eugen Roth)

Am Ende der Vorlesung erhielten die Studenten den folgenden Fragebogen mit der Bitte, "die 5 interessantesten Abschnitte anzukreuzen".

	I Géométrie classique	1
☐	I.1 Thalès et Pythagore	2
☐	I.2 Les Éléments d'Euclide	10
☐	I.3 Période alexandrine — les coniques	24
☐	I.4 Trigonométrie	37
	II Géométrie analytique	54
☐	II.1 La Géométrie de Descartes	54
☐	II.2 Constructibilium omnium, et inconstructibilium	70
☐	II.3 Géométrie de l'espace et calcul vectoriel	80
☐	II.4 Matrices et applications linéaires	92
	III Géométrie non euclidienne	102
☐	III.1 Géométrie projective	102

Resultat der Studentenbefragung:

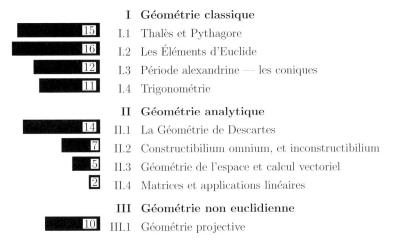

- **I Géométrie classique**
  - I.1 Thalès et Pythagore — 15
  - I.2 Les Éléments d'Euclide — 16
  - I.3 Période alexandrine — les coniques — 12
  - I.4 Trigonométrie — 11
- **II Géométrie analytique**
  - II.1 La Géométrie de Descartes — 14
  - II.2 Constructibilium omnium, et inconstructibilium — 7
  - II.3 Géométrie de l'espace et calcul vectoriel — 5
  - II.4 Matrices et applications linéaires — 2
- **III Géométrie non euclidienne**
  - III.1 Géométrie projective — 10

Diskussion. Die Deutlichkeit, mit welcher die ersten beiden Abschnitte als interessanteste gewählt wurden, überraschte mich einigermassen. Jedenfalls scheinen sie absolut geeignet, um bei den Studenten Interesse für die Vorlesung zu wecken. Manche Studenten bedauerten, dass sie nur *fünf* Abschnitte ankreuzen durften, wo ihnen doch *alles* so gut gefiel.

Teil II. Vorlesung über Analysis

Traditionelle Vorlesung:

$$\text{sets, mappings} \Rightarrow \text{limits, continuous functions} \Rightarrow \text{derivatives} \Rightarrow \text{integration.}$$

Historische Entwicklung:

$$\begin{array}{c}\text{Cantor 1875}\\ \text{Dedekind}\end{array} \Leftarrow \begin{array}{c}\text{Cauchy 1821}\\ \text{Weierstrass}\end{array} \Leftarrow \begin{array}{c}\text{Newton 1665}\\ \text{Leibniz 1675}\end{array} \Leftarrow \begin{array}{c}\text{Archimedes}\\ \text{Kepler 1615}\\ \text{Fermat 1638}\end{array}$$

Die Vorlesung (und gleichzeitig das Buch *Analysis by Its History*) ist also gegliedert in

Chapter I. Introductio in Analysin Infinitorum
Chapter II. Differential und Integralrechnung
Chapter III. Fundamente der klassischen Analysis
Chapter IV. Mehrere Variable

I. Introductio in Analysin Infinitorum

Die Ur-Keimzelle der Analysis ist das Pascalsche Dreieck, deren Koeffizienten von der Form $\frac{n(n-1)(n-2)\ldots}{1\cdot 2\cdot 3\ldots}$ sind:

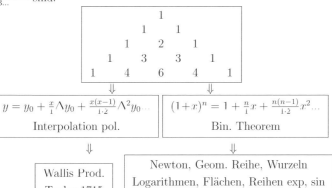

Beispiel. Exponentielles Wachstum
(Debeaune 1638, Leibniz 1684, Euler 1748)

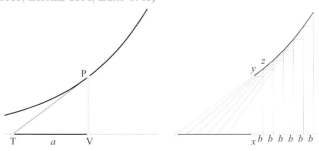

$$\left(1+\tfrac{1}{N}\right)^N = 1 + 1 + \tfrac{1(1-\tfrac{1}{N})}{1\cdot 2} + \tfrac{1(1-\tfrac{1}{N})(1-\tfrac{2}{N})}{1\cdot 2\cdot 3} + \ldots$$
$$= 1 + 1 + \tfrac{1}{1\cdot 2} + \tfrac{1}{1\cdot 2\cdot 3} + \tfrac{1}{1\cdot 2\cdot 3\cdot 4} + \ldots = e \quad (N\to\infty)$$

ähnlich $\quad\boxed{\left(1+\tfrac{x}{N}\right)^N = e^x = 1 + x + \tfrac{x^2}{1\cdot 2} + \tfrac{x^3}{1\cdot 2\cdot 3} + \tfrac{x^4}{1\cdot 2\cdot 3\cdot 4} + \ldots}$

2. Beispiel. $\quad\boxed{\tfrac{1}{1+x} = 1 - x + x^2\ldots}\quad\boxed{\tfrac{1}{1-x} = 1 + x + x^2\ldots}$

Berechnung der Fläche von $y = x^a$ (Fermat 1638):

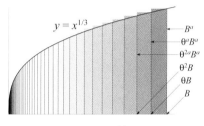

$$F = \text{geom. Reihe} = \frac{B^{a+1}}{a+1} \quad\text{if}\quad a > -1.$$

funtioniert nicht für $a = -1$ ......

> Was erst verdriesslich schien,
> war schliesslich gut für ihn.   (W. Busch 1895)

3. Beispiel.
Logarithmen (Gregory of St. Vincent 1647, Mercator 1668): Wie man im ersten Bild sieht, ist die Fläche der Hyperbel $y = 1/x$ zwischen 1 und a ein Logarithmus.

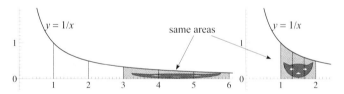

Nun erstetzt man $y = 1/(1+x)$ durch eine geometrische Reihe und integriert:

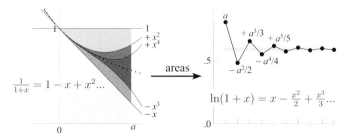

$$\ln(1+x) = x - \tfrac{x^2}{2} + \tfrac{x^3}{3}\ldots$$

4. Beispiel.

Arcustangens (Gregory 1669, Leibniz 1675): Wenn der "Tangens" $OD = a$ ist, dann ist der "arcus" gleich OE oder gleich der Fläche der beiden grau gefärbten Sektoren (siehe linkes Bild).

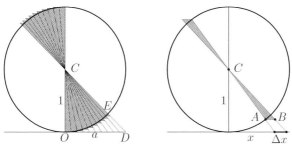

Nach Pythagoras ist die doppelte Fläche von ABC (rechtes Bild):

$$F = \frac{\Delta x}{1+x^2} = (1 - x^2 + x^4 - x^6 \ldots) \cdot \Delta x.$$

integrieren $\Rightarrow$ $\boxed{\arctan a = a - \dfrac{a^3}{3} + \dfrac{a^5}{5} - \dfrac{a^7}{7} \ldots}$

II. Differential und Integralrechnung

> Et j'ose dire que c'est cecy le problésme le plus utile, & le plus general non seulement que ie sçache, mais mesme que i'aye iamais desiré de sçauoir en Geometrie ...
>
> (Descartes 1637, p. 342)

Problem. Berechne, für eine gegebene Kurve $y = f(x)$ und für jeden Punkt x, den *Anstieg*, die *Tangente*, die *Normale* oder für eine Bewegung $y = f(t)$ die Geschwindigkeit.

Motivationen.
– Berechnung der Winkel zwischen zwei Kurven (Descartes);
– Konstruction von Teleskopen (Galilei), oder Uhren (Huygens 1673);
– Suche von Minimum oder Maximum einer Funktion (Fermat 1638);
– Geschwindigkeit und Beschleunigung einer Bewegung (Galilei 1638, Newton 1686);
– Astronomie, Herleitung des Gravitationsgesetzes (Kepler, Newton).

Beispiel: Parabel $y = x^2$:

$y + \Delta y = (x + \Delta x)^2$
$= x^2 + 2x\,\Delta x + \Delta x^2$

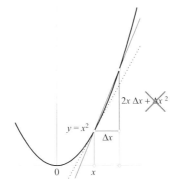

$$dy = 2x\,dx \quad \Rightarrow \quad \frac{dy}{dx} = 2x$$

2. Beispiel: Produktregel.

$$\Rightarrow \quad d(uv) = u\,dv + v\,du$$

3. Beispiel: Quotientenregel.

$$\frac{u+\Delta u}{v+\Delta v} - \frac{u}{v} = \frac{v\Delta u - u\Delta v}{v^2 + v\Delta v} \quad \Rightarrow \quad d\left(\frac{u}{v}\right) = \frac{v\,du - u\,dv}{v^2}$$

4. Beispiel: Umkehrfunktion.

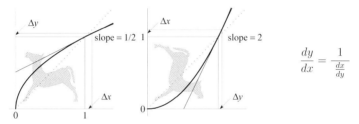

$$\frac{dy}{dx} = \frac{1}{\frac{dx}{dy}}$$

5. Beispiel: Kettenregel.

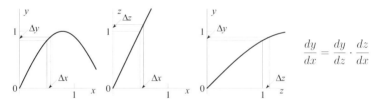

$$\frac{dy}{dx} = \frac{dy}{dz} \cdot \frac{dz}{dx}$$

6. Beispiel: Exponentialfunktion.

$$y + \Delta y = e^{x+\Delta x} = e^x \cdot e^{\Delta x} \quad \Rightarrow \quad \Delta y = e^x(e^{\Delta x} - 1) \quad \Rightarrow \quad \frac{dy}{dx} = e^x.$$

Genauso: sin, cos.

7. Beispiel: Logarithmus.

$$y = \ln x \quad \Rightarrow \quad \frac{dy}{dx} = \frac{1}{\frac{dx}{dy}} = \frac{1}{e^y} = \frac{1}{x}$$

Genauso: arctan, arcsin, arccos.

Probleme "de maximis et minimis"

Beispiel: das Fermatsche Prinzip

> ... et trouver la raison de la réfraction dans notre principe commun, qui est que la nature agit toujours par les voies les plus courtes et les plus aisées.
> (Lettre de Fermat à De La Chambre, août 1657, Œuvres **2**, p. 354)

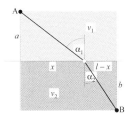

Fermat will das Brechungsgesetz für Licht dadurch erklären, dass das Licht, um von A nach B zu gelangen, immer den *schnellsten* Weg sucht (siehe Zitat), glaubt aber, dass ein exakter Beweis dieses Resultates ("cujus accuratissimam demonstrationem a principio nostro derivatam exhibet superoir analysis") sehr schwierig wäre.

Beweis des Fermatsche Prinzips.

Leibniz (1684) zeigt mit Stolz diesen Beweis "in tribus lineis":

$$T = \frac{\sqrt{a^2 + x^2}}{v_1} + \frac{\sqrt{b^2 + (\ell - x)^2}}{v_2} = \min !$$

Die Ableitung von T nach x ist

$$T' = \frac{1}{v_1} \frac{2x}{2\sqrt{a^2 + x^2}} + \frac{-2(\ell - x)}{2\sqrt{b^2 + (\ell - x)^2}} \frac{1}{v_2}.$$

Wegen $\sin \alpha_1 = x/\sqrt{a^2 + x^2}$ und $\sin \alpha_2 = (\ell - x)/\sqrt{b^2 + (\ell - x)^2}$ ist diese Ableitung null falls

$$\frac{\sin \alpha_1}{v_1} = \frac{\sin \alpha_2}{v_2} \quad \text{(Gesetz von Snellius-Descartes)}.$$

Höhere Ableitungen

> But the velocities of the velocities, the second, third, fourth, and fifth velocities, &c., exceed, if I mistake not, all human understanding. The further the mind analyseth and pursueth these fugitive ideas the more it is lost and bewildered; ...
> (Bishop Berkeley 1734, *The Analyst*)

Der Gebrauch *höherer* Ableitungen brachte die Kritik gegen das "unendlich Kleine" (insbesondere durch Bishop Berkeley, siehe Zitat) zum Sieden. Das allerkühnste in diese Hinsicht war die Herleitung der Taylorformel aus dem Interpolationspolynom (siehe zweites Zitat).

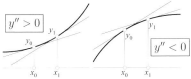

Taylor (1715)

> Hierin liegt nun tatsächlich ein *Grenzübergang von unerhörter Kühnheit*.
> (F. Klein 1908, Zweite Aufl., p. 509)

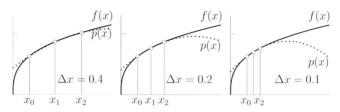

Polyn.: $p(x) = y_0 + \dfrac{x - x_0}{1} \dfrac{\Delta y_0}{\Delta x} + \dfrac{(x - x_0)(x - x_1)}{1 \cdot 2} \dfrac{\Delta^2 y_0}{\Delta x^2}$,

Reihe: $f(x) = f(x_0) + (x - x_0)f'(x_0) + \dfrac{(x - x_0)^2}{2!} f''(x_0) + \ldots$

Einhüllende

> Mon *Frére*, Professeur à *Bâle*, a pris de là occasion de rechercher plusieurs courbes que la Nature nous met tous les jours devant les yeux ... (Joh. Bernoulli 1692)

Beispiel: Wurfparabeln einer Kanone.

Idee: Die Einhüllende ist dort, wo sich die Parabel bei Veränderung des Parameters a (i.e., bei Drehung der Kanone) nicht ändert (siehe zweites Bild).

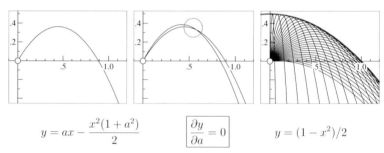

$y = ax - \dfrac{x^2(1 + a^2)}{2}$ $\quad \boxed{\dfrac{\partial y}{\partial a} = 0} \quad$ $y = (1 - x^2)/2$

Weitere Beispiele: (Jac. und Joh. Bernoulli 1692)

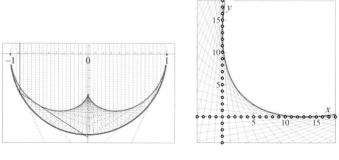

Kaustik eines Kreises Geradenschar

$$y = -\sqrt{1-x^{2/3}}\Big(\frac{1}{2}+x^{2/3}\Big) \qquad y = x - 2\sqrt{13x} + 13$$

Krümmungsradius

> There are few Problems concerning Curves more elegant than this, or that give a greater Insight into their nature. (Newton 1671, Engl. pub. 1736, p. 59)

Idee: Der Krümmungsmittelpunkt ist dort, wo sich zwei benachbarte Normalen schneiden. Wir müssen also, genau wie vorher, die Ableitung nach a null setzen:

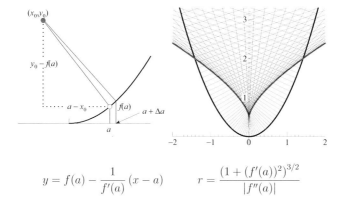

$$y = f(a) - \frac{1}{f'(a)}(x-a) \qquad r = \frac{(1+(f'(a))^2)^{3/2}}{|f''(a)|}$$

Integralrechnung.

> ... notam $\int$ pro summis, ut adhibetur nota d pro differentiis ...
> (Letter of Leibniz to Joh. Bernoulli, March 8/18, 1696)

> ... vocabulum integralis etiamnum usurpaverim ...
> (Letter of Joh. Bernoulli to Leibniz, April 7, 1696)

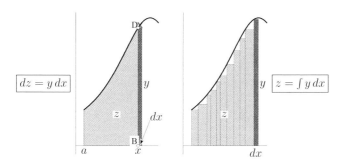

Die grosse Entdeckung von Newton und Leibniz ist, dass die Berechnung von Flächen, Volumina, Bogenlängen usw auf die *Umkehrung* der Differentiation ("... sic nobis summæ & differentiæ seu $\int$ & d, reciprocæ sunt.") hinausläuft. Damit wurden 2000 Jahre mühevoller Volumens- und Flächenberechnungen von Euklid, Archimedes bis Fermat mit einem Schlage zu einer Trivialität!!!

Beispiele. (Fermat, St. Vincent, Gregory-Leibniz, Newton, Archimedes, Newton)

$$\int x^n\,dx = \frac{x^{n+1}}{n+1} + C \quad (n \neq -1) \qquad \int \frac{1}{x}\,dx = \ln x + C$$

$$\int \frac{1}{1+x^2}\,dx = \arctan x + C \qquad \int \frac{1}{\sqrt{1-x^2}}\,dx = \arcsin x + C$$

Oberfläche der Kugel $\qquad L = \int \sqrt{dx^2 + dy^2} = \int \sqrt{1 + y'^2}\,dx$

Differentialgleichungen.

Beispiel. Die Traktrix. (Problem gestellt durch Perrault 1674):

> Claudius Perraltus Medicus Parisinus insignis, tum & Mechanicis atque Architectonicis studiis egregius, & Vitruvii editione notus, idemque in Regia scientiarum Societate Gallica, dum viveret, non postremus, mihi & aliis ante me multis proposuit hoc problema, cujus nondum sibi occurrisse solutionem ingenue fatebatur . . .
> (Leibniz 1693)

Der berühmte Arzt und Architekt Claude Perrault stellt dem jungen Leibniz in Paris die Frage, nacxh welcher Kurve sich eine über den Tisch gezogene Taschenuhr bewege, mit der Bemerkung, dass kein anderer Mathematiker aus Paris oder Toulouse (hier war Fermat gemeint) die Lösung kenne. Zwanzig Jahre später publiziert Leibniz die Lösung mit der Bemerkung, dass er sie schon lange wüsste:

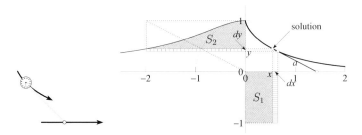

Lösung (Leibniz 1693):
$$\frac{dy}{dx} = -\frac{y}{\sqrt{a^2 - y^2}}, \quad \text{i.e.,} \quad -\frac{\sqrt{a^2 - y^2}}{y}\,dy = dx,$$

Die beiden gestreiften Rechtecke haben immer gleiche Fläche, also müssen auch die Flächen $S_1 = S_2$ gleich sein (nach dem Ausdruck "Ergo & horum integralia aequantur" von Jac. Bernoulli 1690; hier tritt das Wort "Integral" zum ersten Mal in der Literatur auf). Also

$$x = \int_y^a \frac{\sqrt{a^2-y^2}}{y} dy = -\sqrt{a^2-y^2} - a \log \frac{a - \sqrt{a^2-y^2}}{y}.$$

Anderes Beispiel: die Kettenlinie (Galilei 1638)

> "une chaînette suspendue par deux clous contre un mur se place presque *ad unguem* au-dessus d'une parabole"
>
> (G. Galilei, *Discorsi e Dimostrazioni Matematiche* 1638)

Galilei behauptet, dass eine an zwei Nägeln aufgehängte Kette *ad unguem* eine Parabel darstellt. Trotz jahrelanger Prozesse findet die katholische Inquisition keinen Fehler bei Galilei, ein 15 Jahre alter protestantischen holländischer Jüngling (Chr. Huygens) aber schon!!

> Mais pour juger mieux de l'excellence de vostre Algorithme j'attens avec impatience de voir les choses que vous aurez trouvées touchant la ligne de la corde ou chaine pendante, que Mr. Bernouilly vous a proposé à trouver, dont je luy scay bon gré, parce que cette ligne renferme des proprietez singulieres et remarquables. Je l'avois considerée autre fois dans ma jeunesse, n'ayant que 15 ans, et j'avois demontré au P. Mersenne, que ce n'estoit pas une Parabole ...
>
> (Lettre de Huygens à Leibniz, le 9 oct. 1690)
>
> Les efforts de mon frere furent sans succès, pour moi, je fus plus heureux, car je trouvai l'adresse ... Il est vrai que cela me couta des meditations qui me deroberent le repos d'une nuit entiere ...
>
> (Joh. Bernoulli, voir *Briefwechsel*, vol. 1, p. 98)

Um 1690 herum beginnt ein Wettlauf, wer nun die *wahre* Gestalt der Kettenlinie herausfindet. Johann, der um 13 Jahren jüngere der beiden Bernoulli Brüder, erlebt hier, nach einer schlaflosen Nacht, seinen ersten Triumpf (siehe Zitat), mit einer eleganten Idee: Er denkt sich die Masse der Kette in eine einige schwere Kugel zusammengezogen (siehe Zeichnung). Dadurch hat die Kette die Eigenschaft, dass der *Anstieg proportional zur Bogenlänge* ist.

Lösung (Leibniz 1691, Joh. Bernoulli 1691):

> "Je ne mets point ici la démonstration, parce que ceux qui entendent ces matiéres, la trouveront aisément, & qu'il faudroit trop de discours pour la faire comprendre aux autres."
>
> (Johann Bernoulli, 1692)

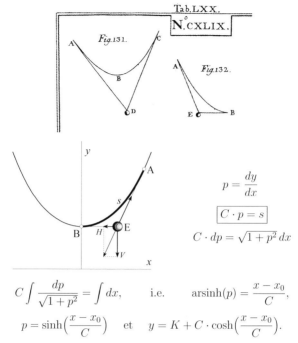

$$p = \frac{dy}{dx}$$

$$\boxed{C \cdot p = s}$$

$$C \cdot dp = \sqrt{1+p^2}\, dx$$

$$C \int \frac{dp}{\sqrt{1+p^2}} = \int dx, \quad \text{i.e.} \quad \operatorname{arsinh}(p) = \frac{x - x_0}{C},$$

$$p = \sinh\left(\frac{x-x_0}{C}\right) \quad \text{et} \quad y = K + C \cdot \cosh\left(\frac{x-x_0}{C}\right).$$

In seiner Publikation, in den *Acta Eruditorum* (1691), unterdrückt Joh. Bernoulli jegliche Herleitung mit der Begründung, sie sei "zu leicht" für einen Mathematiker (siehe Zitat) !! Nur in den *Lectiones in usum Ill. Marchionis Hospitalii* (gegen gute Bezahlung) findet sich mehr Klarheit.

Weiteres Beispiel: das Pendel (Galilei als Bub, bei der Beobachtung der Kronleuchter in der Kathedrale von Pisa).

$$\boxed{y'' + \sin y = 0}$$

$$\boxed{y'' = \frac{dp}{dx} = \frac{dp}{dy} \cdot \frac{dy}{dx} = p' \cdot p} \quad (Riccati\,1712)$$

$$p \cdot dp = -\sin y \cdot dy \quad \text{et} \quad \frac{p^2}{2} = \cos y + C.$$

Wenn wir die Amplitude (wo $p = y' = 0$ ist) mit A bezeichnen, haben wir $C = -\cos A$ und also

$$p = \frac{dy}{dt} = \sqrt{2\cos y - 2\cos A}.$$

Dies ist erneut eine Differentialgleichung, diesmal für y. Varfiablentrennung gibt

$$\int_0^y \frac{d\eta}{\sqrt{2\cos\eta - 2\cos A}} = t$$

ein elliptisches Integral !!!

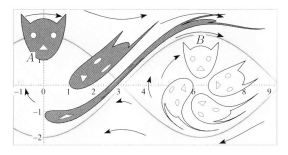

... Zudem hängt die Periode von der Amplitude ab !!
Bereits das Pendel, eines der einfachsten mechanischen Vorgänge, verlangt also viel Mathematik, wenn man es exakt beherrschen will. Nur für *kleine* Schwingungen, bei denen man in der oberen Differentialgleichung $\sin y \approx y$ setzt, wird die Sache einfacher.

Die wunderbare Zykloide.

Die meisten schönen Eigenschaften der Zykloide (das isochrone Pendel, die Evolute) wurden von Chr. Huygens (*Horologium oscillatorium* 1673) entdeckt. Hinzu kam später ihre Eigenschaft als *Brachystochrone* (Joh. Bernoulli 1696).

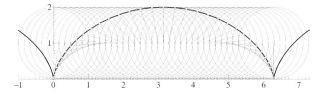

Wenn ein Kreis (dessen Radius wir mit 1 nehmen) auf einer Gerade abrollt, beschreibt ein Punkt dieses Kreises eine Zykloide. Wir bemerken sogleich, dass ein *Durchmesser* dieses Rades eine Einhüllende erzeugt, welche wieder eine Zykloide ist, um den Faktor 1/2 kleiner:

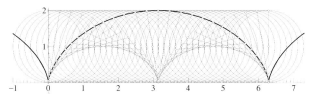

Idee. (Hj. Geiges, Inauguralvorl. Köln 2003): Wir lassen *zwei* Kreise gleichzeitig abrollen, von denen der zweite, mit dem Punkt P', um den Winkel π versetzt ist (siehe Fig. 1).
Zweite Idee. In jedem Moment dreht sich der Kreis mit Winkelgeschwindigkeit 1, nicht um seinen Mittelpunkt, sondern, da er sich gleichzeitig fortbewegt, um den Auflagenpunkt B, weil der Kreis ja dort die feste Gerade berührt.

$\Rightarrow$ die Tangente in P ist orthogonal auf PB.

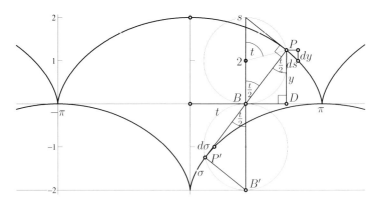

Figure 1: Erzeugung und Eigenschaften der Zykloide

Eucl. III.20: der Peripheriewinkel in B ist halb so gross als der Zentriwinkel t;

$$PB = 2\cos\tfrac{t}{2}, \quad P'B' = 2\sin\tfrac{t}{2}, \quad ds = 2\cos\tfrac{t}{2}\,dt \quad d\sigma = 2\sin\tfrac{t}{2}\,dt.$$

$$\frac{d(PP')}{dt} = -2\sin\frac{t}{2}, \quad \frac{d\sigma}{dt} = 2\sin\frac{t}{2} \quad \Rightarrow \quad \boxed{PP' + \sigma = \text{const} = 4.}$$

die Zykloide ist die Evolute der anderen; $P' =$ Krümmungsmittelpunkt.

Das isochrone Pendel.

"Dieses ist von Christian Huygens ersonnen, dem genialsten Uhrmacher aller Zeiten" (Horologium Oscillatorium, Paris 1673).
(A. Sommerfeld, Vorl. über theoretische Physik, Band I)

Problem. Gesucht ist eine Kurve $y(x)$, sodass ein Körper, der gleitend auf ihr hin und her schwingt, eine konstante, von der Amplitude unabhängige, Periode besitzt. In Zeiten, in denen es noch keine Atom- oder Quarzuhren gab, war dies ein wichtiges praktisches Problem.

Lösung. Wir sehen an ähnlichen Dreiecken (siehe auch Fig. 1), dass die zurücktreibende Kraft

$$f = \frac{dy}{ds} = \sin\frac{t}{2} = \frac{s}{4} \qquad \text{denn} \qquad s = \int_0^t 2\cos\frac{t}{2}\,dt = 4\sin\frac{t}{2}.$$

Also wird das Zykloidenpendel ein harmonischer Oszillator

$$\boxed{s'' + \frac{s}{4} = 0} \quad \Rightarrow \quad s = c_1 \cos\frac{t}{2} + c_2 \sin\frac{t}{2}, \quad \text{und hat immer dieselbe Periode.}$$

Wegen der Evoluteneigenschaft kann man das Pendel schön durch einen Faden realisieren, der an zwei halben Zykloiden abrollt.

Die Brachystochrone. ($\beta\rho\alpha\chi\acute{\upsilon}\varsigma$ = kurz, $\chi\rho\acute{o}\nu o\varsigma$ = Zeit).

> "... Mr. Leibnits remarque en Galilée deux fautes considerables: c'est que cet homme-là, qui étoit, sans contredit, le plus clairvoyant de son tems dans cette matiére, vouloit conjecturer que la courbe de la chainette étoit une Parabole, que celle de la plus vite descente étoit un Cercle.."
> (Joh. Bernoulli, 1697)

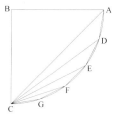

Fehlschluss von Galilei (1638):
Ein Körper gleitet von A nach C
ADC ist schneller als AC; (das stimmt noch)
$ADEC$ ist schneller als ADC; (stimmt auch)
etc. ... $\Rightarrow$
der *Kreis* ist die schnellste aller Kurven !!

Weil Joh. Bernoulli vermutet, dass sein Bruder demselben Fehler unterliegt, startet er eine grossangelegte Kampagne (im Juniheft der Acta Eruditorum 1696), wo alle "Mathesos cultori" aufgefordert werden, die Lösung des Brachystochronenproblems zu suchen.

> Profundioris in primis Mathesos cultori, Salutem!
> PROBLEMA NOVUM Ad cujus solutionem Mathematici invitantur. Datis in plano verticali duobus punctis A et B assignare mobili M, viam AMB per quam gravitate sua descendens et moveri incipiens a puncto A, brevissimo tempore perveniat ad alterum punctum B.
> (Joh. Bernoulli 1696)

> Ce problème me paroist des plus curieux et des plus jolis que l'on ait encore proposé, et je serois bien aise de m'y appliquer, mais pour cela il seroit necessaire que vous me l'envoyassiez réduit à la mathematique pure, car le phisique m'embarasse ...
> (L'Hospital, lettre à Joh. Bernoulli, 15 juin, 1696)

> Voycy donc maintenant comme le probleme se reduit à la pure mathematique :
> D'entre toutes les lignes AMB qui joignent deux points donnés A et B on cherche la nature de celle dont
> $$\int \frac{\sqrt{dx^2 + dy^2}}{\sqrt{y}}$$
> soit la plus petite.
> (Joh. Bernoulli, lettre à de l'Hôpital, 30 juin 1696)

Lösung des Brachistochronenproblems. Bis Juni 1697 erhält das Journal fünf Lösungen; eine anonym (man erkannte Newton "an seinen Krallen"), weitere von Leibniz, Johann (natürlich!), de l'Hopital und von Jacob, zur Enttäuschung allerdings auch richtig. Aber die Lösung von Johann ist die eleganteste: Er macht einen Vergleich mit dem

Fermatschen Prinzip, wo er an unendlich viele Schichten verschiedenen Glases denkt, entsprechend der "Licht"geschwindigkeit $v = \sqrt{2y}$.

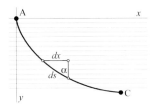

Nun sehen wir aus dem Dreieck BPD der Fig. 1 dass

$$y = BP \cdot \cos\frac{t}{2} = 2 \cdot \cos^2 \frac{t}{2} \quad \text{also} \quad v = \sqrt{4\cos^2 \frac{t}{2}} = 2\sin\alpha \quad \text{oder} \quad \frac{\sin\alpha}{v} = \text{const.}$$

also ist die *Zykloide* des schnellste Weg ("ex qua concludo Curvam *Brachystochronam* esse *Cycloidem vulgarem*").

3. Fundamente der klassischen Analysis

> Doch ach! wie bald wird uns verhunzt
> die schöne Zeit naiver Kunst;
>
> (W. Busch, *Maler Klecksel* 1884)

> Bitte vergiß alles, was Du auf der Schule gelernt hast; denn Du hast es nicht gelernt. ... indem meine Töchter bekanntlich schon mehrere Semester studieren (Chemie), schon auf der Schule Differential- und Integralrechnung gelernt zu haben glauben und heute noch nicht wissen, warum $x \cdot y = y \cdot x$ ist.
>
> (Landau 1930)

> Für mich war damals das Gefühl der Unbefriedigung ein so überwältigendes, dass ich den festen Entschluss fasste, so lange nachzudenken, bis ich eine rein arithmetische und völlig strenge Begründung der Principien der Infinitesimalanalysis gefunden haben würde. ... Dies gelang mir am 24. November 1858, ... aber zu einer eigentlichen Publication konnte ich mich nicht recht entschliessen, weil erstens die Darstellung nicht ganz leicht, und weil ausserdem die Sache so wenig fruchtbar ist.
>
> (Dedekind 1872)

Nach allen diesen schönen Erfolgen beginnt man sich schliesslich Fragen zu stellen über die mathematische **Strenge** aller dieser Überlegungen. Etwa:
– Was ist eine Ableitung wirklich? Antwort: ein Grenzwert.
– Was ist ein Integral wirklich? Antwort: ein Grenzwert.
– Was ist eine unendliche Reihe $a_1 + a_2 + a_3 + \ldots$ wirklich? Antwort: ein Grenzwert.
– schliesslich: Was ist ein Grenzwert? Antwort: eine Zahl.
Und zuletzt:
– Was ist eine Zahl?
Und erstaunlich, diese scheinbar einfachste aller Fragen hatte bis gegen 1872 keine befriedigende Antwort. Seit dann um diese Zeit, Dedekind, Cantor, Méray und Heine, unabhängig

voneinander, befriedigende Definitionen gegeben haben, beginnen alle Textbücher hier und entwickeln die Analysis streng und nach allen Regeln der Kunst

mit ε und δ

Bilanz.

> "Ich wollte Ihnen immer schon meine Meinung zu Ihrem Buch sagen: Sie müssen es **richtig** machen!" (Ein Kollege aus Zürich, 1999)

Die Frage ist nur: was ist "richtig"? Die Antwort liefert uns vielleicht die Studentenbefragung (siehe Fig. 2 und 3).

Diskussion. Mit deutlichem Vorsprung am interessantesten für die Studenten waren die Anwendungen der Differential- und Integralrechnung (Krümmung, Einhüllende, Differentialgleichungen). Das erste Kapitel war klar das leichteste, das dritte Kapitel das schwierigste.

Das Leichteste zuerst, das Schwierigste zum Schluss, und das Interessanteste möglichst früh, man würde sage, **das** ist "richtig" !!

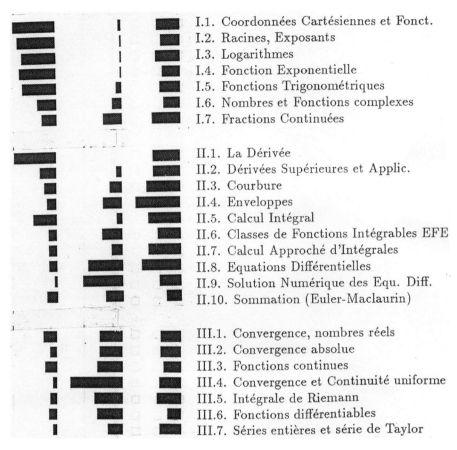

Figure 2: "leicht", "schwierig", "interessant" (von links nach rechts); Antworten zum Fragebogen 1990.

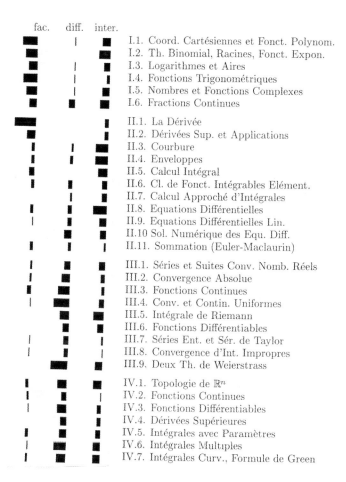

Figure 3: Antworten zum Fragebogen ein Jahr später

Gerhard Wanner
Section de mathematiques
2-4, rue du Lievre
C.P. 64
CH-1211 Geneve 4
Switzerland
Tel: +41 22 379 11 69
Fax: +41 22 379 11 76
http://www.unige.ch/~wanner/
Gerhard.Wanner@math.unige.ch

A

Adams, Georges	156
Al-Hwarizmi	210
Alembert, Jean le Rond D'	213
Alexander der Große	111
Andreae, J. V.	127
Antiphon	32
Apollonius (Apollonios)	233, 238f.
Archimedes	26, 31, 33, 116f., 233, 247, 253
Aristoteles	81, 111, 128, 143f., 153, 208f., 233
Attos von Vich, Bischof	76
Augustinus von Hippo	128

B

Bardy, Peter	41
Bedürftig, Thomas	83f.
Beham, Hans Sebald	58
Benjamin, Benjamin	159
Berkeley, George	251
Bernoulli, Jacob	252, 255, 259
Bernoulli, Johann	252f., 255–257, 259
Bertrand, Joseph	221
Bhaskara	234
Biermann, Heike	49
Bion, Nicola	164, 165
Bois-Reymond, Paul du	222–225
Bolzano, Bernard	33, 231
Brahe, Tycho	172
Brahmagupta	116
Bramer, Benjamin	160, 162
Brianchon, Charles Julien	118
Bruner, Jerome S.	84, 92
Bryson von Herakleia	33
Bürgi, Jost	158
Busch, Wilhelm	248, 260

C

Cantor, Georg	247, 260
Cardano, Geronimo	107
Carnot, Graf Lazare-Nicolas-Marguerite	241
Casorati, Felice	219
Cassini, Jean Dominique	115
Cassirer, Ernst	124
Castillon, Johann	241
Cauchy, Augustin Louis	33, 116, 247
Cervantes, Miguel de	11
Ceva, Giovanni	115
Champollion, François	147
Chou-pei Suan-ching	234
Clairaut, Alexis-Claude	232f.
Clavius, Christoph	142–144, 148, 157
Comenius, Johann Amos	113
Cramer, Gabriel	241
Cusanus, Nicolaus (Nikolaus von Kues)	117, 127f.
Cysat, Johann Baptist	148f., 152

D

Damerow, Peter	156
Dandelin, Germinal Pierre	239
Debeaune	247
Dedekind, Richard	23, 38, 238, 247, 260
De Morgan, Augustus	236
Desargues, Gérard	118
Descartes, René	29, 117, 128, 211, 235, 240, 245, 249, 251, 262f.
Deubner, Fritz und Hildegard	44
Diophant von Alexandria	209f.
Dirichlet, Peter Gustav Lejeune	216–218
Doppelmayer, J. G.	165
Dyck, Walther von	166

E

Eberle, Markus	8
Efimow, N. W.	33
Eichelberger, Harald	50
Elisabeth von der Pfalz, Prinzessin	240
Elliot, D.	242
Engel, Friedrich	199
Enzensberger, Hans Magnus	127
Eudoxus (Eudoxos) von Knidos	233
Euklid	24–26, 28, 31–33, 35, 77, 79f., 127, 131, 141f., 148, 209, 213, 232–238, 240, 242, 245f., 253
Euler, Leonhard	118f., 203, 239, 241, 247, 262

F

Feger, B.	41
Fels, Christian	43
Fermat, Pierre de	108, 124, 247–249, 251, 253f.
Feuerlein, Johann Konrad	123
Feyerabend, Uwe	8
Feynman, Richard Phillips	239
Fibonacci, Leonardo da Pisa	87, 96, 210
Fichte, Johann Gottlieb	128
Fischer, Ernst	165
Freudenthal, Hans	113
Frisius, Gemma	157
Fuchs, Lazarus	220

G

Gaiser, K.	127
Galilei, Galileo	111, 138, 148f., 151, 153f., 157f., 249, 255f., 259
Gallin, Peter	42
Galois, Évariste	244
Gauß, Carl Friedrich	119, 125, 138, 217, 231, 243f.
Geiges, Hansjörg	257
Gerbert de Aurillac, Papst Sylvester II.	76
Gericke, Helmut	83, 92
Gerwien, P.	31
Gilbert, Philippe	221
Gödel, Kurt	36f.
Goethe, Johann Wolfgang von	12, 127
Green, George	263
Gregory St. Vincent, S. J.	248f., 253
Gritzmann, Peter	199
Guldin, Paul, ursprünglich Habakuk	119

H

Hairer, Ernst	7, 231
Hammurapi	15
Hardy, Godfrey Harold	103
Heath, Thomas Little	236
Hegel, Georg Wilhelm Friedrich	128
Heidegger, Martin	128, 132
Heine, Eduard	260
Hentig, Hartmut von	84
Hermite, Charles	222
Heron von Alexandria	116, 118
Heymann, Hans Werner	84f.
Hilbert, David	24f., 31, 33, 199
Hipparcus	233
Hippasus (Hippasos) von Metapontum	78, 235
Hölder, Otto	28, 34, 36
Hulsius, Levinus	157
Huygens, Christiaan	249, 255, 257f.

I

Ifrah, Georges	92
Igl, Josef	93

J

Jacobi, Carl Gustav Jacob	222
Jahnke, Hans Niels	42
Janssen, Ulrich	86
Jaspers, Karl	128

K

Kant, Immanuel 33, 114, 127–132, 213
Käpnick, Friedhelm 41, 48
Karl Joseph von Habsburg, Erzherzog 146
Kepler, Johannes 115, 247, 249
Kircher, Athanasius 144f., 147, 157
Klee, Paul 127
Klein, Felix 244, 252
Kline, Morris 238
Knopp, K. 127
Königsberger, Leo 223
Kopernikus, Nikolaus 129, 138, 149, 153
Kronecker, Leopold 223
Kuhn, Thomas S. 202

L

Lagrange, Joseph Louis 241
Landau, Edmund 23, 34, 37, 260
Langlois, M. 164, 166
Lauter, Josef 84
Leibniz, Gottfried Wilhelm 103, 121f., 128, 213, 247, 249, 251, 253–255, 259
Lessing, Gotthold Ephraim 213
Lichtenberg, Georg Christoph 127
Lipschitz, Rudolf Otto Sigismund 118
Liselotte von der Pfalz 121
Löffler, Eugen 92
Loyola, Ignatius 139, 141
Ludwig XIV., König 121

M

Maclaurin, Colin 262
Madincea, Arne 8
Malewitsch, Kasimir 13
Markow, Andrei Andrejewitsch 110
Marx, Karl 115
Maupertuis, Pierre Louis Moreau de 213

Melanchthon 143
Mendelssohn, Moses 213f.
Menelaos 115, 118
Menninger, Karl 44f., 83, 92, 96
Menon 83, 95
Méray, Charles 260
Mercator, Nikolaus 248
Mersenne, P. 255
Milliet de Chales, Claude Francois 164, 166
Mittelstraß, Jürgen 129
Möbius, August Ferdinand 241, 243
Müller, Gerhard N. 49
Murawski, Roman 84

N

Nadal, Jeronimo 141f.
Napoleon Bonaparte 118, 231
Neumann, Balthasar 158
Newton, Isaac 82, 235, 247, 249, 253, 259
Nietzsche, Friedrich 128
Nikomachos 81
Novalis, Georg Friedrich Philipp Freiherr von Hardenberg 127

P

Pacioli, Luca 106f., 110
Pappus (Pappos) von Alexandria 118f., 233, 241
Papst Gregor XIII. 142
Papst Paul III. 139
Partenai, Cathérine de 211
Pascal, Blaise 30, 108–110, 117f., 245, 247
Pasch, Moritz 27
Patzig, Günther 129
Paul Sabelli von Albano, Fürst 168
Perrault, Claude 254
Pestalozzi, Johann Heinrich 59
Peurbach, Georg von 157
Peyrard, F. 231, 235

Phillips, George 8
Platon 23, 82, 84, 119, 122, 124, 127–131, 233, 238
Poincaré, Henri 222
Poncelet, Jean-Victor 233, 235, 244
Prado, T. M. 41
Prätorius, Johannes 157f.
Proclus (Proklos) 233
Protz, Siegfried 83, 99
Prym, Friedrich 218, 220
Ptolemaios, Klaudios 116f., 119, 141, 157, 233, 239
Pythagoras 31, 69, 76, 78, 80, 94, 116f., 138, 233–235, 240, 245f.

Q

Quensel, Paul 83

R

Regiomontanus, Johannes Müller aus Königsberg 239
Resnikoff, H. L. 83
Rhodius, Ambrosius 172–174, 176
Riccati, Jacopo 256
Ricci, Matteo 144, 148
Riemann, Bernhard 216–218, 220, 223, 225, 262f.
Ries (Riese), Adam 42–45, 55–68, 87, 97
Robson, Eleanor 9
Roch, Willy 43
Roloff, Hartmut 83, 99
Roth, Eugen 245
Rottmann, Thomas 49
Rückert, Friedrich 12
Ruf, Urs 42

S

Scheiner, Christoph 137–198
Schellhas, Walter 43
Schelling, Friedrich Wilhelm Joseph 128, 130f.
Schipper, Wilhelm 49
Schlegel, Friedrich 128
Schopenhauer, Arthur 128
Schott, Kaspar 157
Schübler, J. J. 127
Schwenter, Daniel 158f., 161f.
Scriba, Christoph J. 137, 193, 205
Semler, Christoph 149
Senfthausen, Hans-Günter 93
Simplicius 32
Snell (Snellius), Willebrord van Roijen 251
Sokrates 83f., 94f.
Sommerfeld, Arnold 258
Sophie Charlotte von Hannover, Kurfürstin 121f.
Stahl, Georg Conrad 164
Steuernagel, Ulla 86
Stifel, Michael 81f.
Sylvester, James Joseph 165

T

Taquet 81
Tartaglia, Nicolò 107
Taylor, Brook 247, 252, 262f.
Thabit Ibn Qurra 234f.
Thales von Milet 94, 128, 138, 233, 238, 245f.
Themistius 33
Thomae, Johannes 224f.
Thymaridas von Paros 208
Toeplitz, Otto 7, 23
Trapp, Wolfgang 46

U

Ullrich, Peter 8
Urquhart 242f.

V

Varignon, Pierre de 116
Viète, François 206, 208, 211, 240

W

Wagenschein, Martin	84f., 94
Wallis	247
Wanner, Gerhard	7, 204
Wantzel, Pierre Laurent	244
Weidauer, Manfred	83
Weierstraß, Karl	218f., 221, 223–226, 247, 263
Weizsäcker, Carl Friedrich von	127
Wells, Raymond O'Neil	83
Welser, Markus	153
Widmann, Johannes	211
Winter, Heinrich	83, 95, 204
Wittmann, Erich Ch.	49
Wussing, Hans	83

Z

Zubler, Leonhard	157f.

Bibliographische Angaben:

Biegel, Gerd; Reich, Karin; Sonar, Thomas (Hrsg.):
Historische Aspekte im Mathematikunterricht an Schule und Universität.
Tagungsbericht einer gemeinsamen Tagung der Technischen Universität Carolo-Wilhelmina in Braunschweig, des Braunschweigischen Landesmuseums und der Universität Hamburg am 2. und 3. Oktober 2004,
270 Seiten, 181 Abbildungen (Diagramme, Graphiken, Reproduktionen und 10 Fotos),
16 x 24 cm, Göttingen / Stuttgart: Termessos Verlag 2008, ISBN 978-3-938016-08-4

Textlayout: Sebastian Werder (Ullrich und Wanner die Autoren).
Coverlayout und -foto Vorseite: Klaus P. Sommer [aus der Serie: Die Göttinger Sammlung mathematischer Modelle (http://termessos.de/MatheInstitut.htm), hier Modell 229 im Ausstellungskasten 42: Flächen und Kurven konstanter Breiten und konstantes Umfangs].
Coverfoto Rückseite: Thomas Sonar.
Sämtliche Abbildungen wurden vom Verlag bearbeitet (außer S. 231ff.), waren aber nur teilweise in ausreichender Auflösung zu erhalten. Eventuelle Mängel bitten wir zu entschuldigen.
Druck und Bindung: Hubert & Co, Göttingen
Gedruckt auf säure- und alterungsbeständigem Papier.

© an den Texten bei den Autoren.
Kein Teil des Werkes darf in irgendeiner Form ohne Genehmigung des Verlages reproduziert oder durch elektronische Systeme verarbeitet, vervielfältigt und / oder verbreitet (z.B. auf Server gelegt) werden. Ausgenommen davon sind Kopien für private oder unterrichtliche Zwecke in geringer Menge (maximal 25 Exemplare).

Errata

Leider war der Text S. 231–264 nicht zu korrigieren; die folgenden, beim Lektorat u.a. aufgefallenen Fehler bitten wir zu entschuldigen. Zu lesen ist:

S. 231 drittletzte Zeile: „das Französisch" statt „das französisch"

S. 235: „Pythagoräern" statt „Pytharogäern"

S. 245: „Am Ende der Vorlesung erhielten" statt „… erhelten"

S. 251: „Das Allerkühnste" statt „Das allerkühnste"

S. 254: „die Frage, nach welcher Kurve" statt „… nacxh …"

S. 255: „ein 15 Jahre alter protestantischer" statt „… protestantischen"

ebd.: „Johann, der um 13 Jahre jüngere" statt „… Jahren …"

ebd.: „die Masse in eine einzige schwere Kugel zusammengezogen" statt „… einige …"

S. 256: „Variablentrennung" statt „Varfiablentrennung"

S. 260: „also ist die Zykloide der schnellste Weg" statt „… des …"

S. 261: „man würde sagen" statt „… sage …".

Bücher bei Termessos

Daniela Wuensch *Der Weg der Wissenschaft im Labyrinth der Kulturen. Sieben zentrale Aufgaben der Wissenschaftsgeschichte*

Die Wissenschaft ist ein Teil der Kultur. Wie aber beinflusst die Wissenschaft die Kultur – und welchen Einfluss hat die Kultur auf die Wissenschaft? Trägt die Kultur auch zur inhaltlichen Entwicklung der Wissenschaft bei? Verändert eine reife Wissenschaft die Kultur? Daniela Wuensch stellt in ihrem neuesten Buch sieben zentrale Fragen der Wissenschaftsgeschichte zur Debatte und gibt damit sowohl einen Einblick in die Errungenschaften als auch einen Ausblick auf die offenen Fragen dieses Faches. Ein Buch für jeden, der sich für Grundfragen von Wissenschaft und Kultur interessiert.
140 S., 7 Farb-Fotos und eine sw-Reproduktion, Softcover, fadengeheftet,
ISBN 978-3-938016-10-7, Euro 19,95 [D + CH], Euro 20,50 [A]]

Erinnerungen an den Göttinger Landeshistoriker Ernst Schubert (1941 – 2006)

Ernst Schubert lehrte in Erlangen, Konstanz und seit 1985 in Göttingen. Er war eine ungewöhnliche Persönlichkeit. Einerseits war er ein Historiker mit Verständnis sowohl für die „kleinen Leute" als auch für Könige und Fürsten – und andererseits war er überaus sympathisch. Seine Arbeiten zur Landes-, Sozial- und Verfassungsgeschichte kennzeichnen hohe Gelehrsamkeit, Originalität und Quellensättigung. Der Band sammelt Erinnerungen, Nachrufe, Schuberts Vorlesungskommentare und Fotos.
Softcover, fadengeheftet, ISBN 978-3-938016-07-7, mit 32 S. Farbbildteil

Daniela Wuensch *„zwei wirkliche Kerle" Neues zur Entdeckung der Gravitationsgleichungen der Allgemeinen Relativitätstheorie durch David Hilbert und Albert Einstein*
126 S., 15 Abbildungen, Softcover, fadengeheftet,
ISBN 978-3-938016-09-1, Euro 24,95 [D + CH], Euro 25,70 [A]

„Es ist Daniela Wuenschs großes Verdienst, ein ‚heißes Eisen angefasst', das Problem so gründlich wie möglich untersucht und zur Stellungnahme herausfordernde Thesen aufgestellt zu haben. Hier liegt ein wichtiges Buch vor, das weiterempfohlen wird." Prof. Rainer Schimming, in NTM 17(1) 2007, S. 71ff.

„... ein mustergültiges Beispiel wissenschaftshistorischer Forschung" Prof. Ulrich Eckhardt, in Spektrum der Wissenschaft, 9/2006, S. 100f.

Gustav V. R. Born *The Born Family in Göttingen and Beyond*

Der Physiker und Nobelpreisträger Max Born ist das bekannteste Mitglied der schlesischen Gelehrtenfamilie Born. In Göttingen hatte er bei Hermann Minkowski und David Hilbert studiert, seine Frau gefunden und 1920 bis 1933 mit James Franck ein „Mekka" der Quantenmechanik geschaffen. Max Borns Sohn Gustav gibt in diesem Buch anhand zahlreicher Dokumente aus dem Familienarchiv einen Einblick in seine faszinierende Familie.

70 S., 53 Abbildungen, Softcover, fadengeheftet, ISBN 978-3-938016-05-3
Euro 12,80 [D + CH], 13,00 [A] – *in englischer Sprache!*

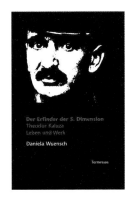

Daniela Wuensch *Der Erfinder der 5. Dimension. Theodor Kaluza. Leben und Werk.*

„... eine vorbildliche, ganz hervorragende wissenschaftliche Biographie, verfasst von einer Wissenschaftshistorikerin mit physikalischem Fachwissen. Ihre Schilderung des Kaluzaschen Lebens und Wirkens ist anrührend, spannend, fachlich klar, erhellend und beim Lesen ein Genuss. Der Göttinger Termessos Verlag hat den Band hervorragend und liebevoll ausgestattet: Eine Perle der wissenschaftlichen Biographie." Prof. Thomas Sonar, in Mathematische Semesterberichte, 2007(54), S. 255ff.

748 S., 91 Abbildungen (davon 44 in einem eigenen 32seitigen Vierfarbbildteil), Hardcover, fadengeheftet, ISBN 978-3-938016-03-9,
Euro 49,95 [D + CH], 51,40 [A]

Ohne zusätzliche Portokosten und schnellstmöglich
erhalten Sie unsere Bücher direkt bei
www.termessos.de